Zwischen den Zeilen 5

Lesebuch

westermann

Der Band für das 5. Schuljahr
wurde erarbeitet von

Ansgar Batzner, Illertissen;
Barbara Keller-Bittner, München;
Ingrid von Engelhardt, Erlangen;
Josef Hammerl, Bad Kissingen;
Gernot Hoffmann, Erolzheim;
Albert Schnitzer, Rosenheim.

Neuauflage überarbeitet von Ansgar Batzner.

Einband und Illustrationen:
Christine Brand

Dieses Werk folgt der reformierten Rechtschreibung und Zeichensetzung.
Bei Texten, die in der bisherigen Rechtschreibung abgedruckt sind,
haben die Rechteinhaber einer Umstellung nicht zugestimmt.

© 2005 Bildungshaus Schulbuchverlage
Westermann Schroedel Diesterweg Schöningh Winklers GmbH, Braunschweig
www.westermann.de

Das Werk und seine Teile sind urheberrechtlich geschützt.
Jede Nutzung in anderen als den gesetzlich zugelassenen Fällen bedarf
der vorherigen schriftlichen Einwilligung des Verlages.
Hinweis zu § 52 a UrhG: Weder das Werk noch seine Teile dürfen ohne eine
solche Einwilligung gescannt und in eine Netzwerk eingestellt werden.
Dies gilt auch für Intranets von Schulen und sonstige Bildungseinrichtungen.
Auf verschiedenen Seiten dieses Buches befinden sich Verweise (Links) auf Internet-Adressen.
Haftungshinweis: Trotz sorgfältiger inhaltlicher Kontrolle wird die Haftung für die Inhalte
der externen Seiten ausgeschlossen. Für den Inhalt dieser externen Seiten sind ausschließlich
deren Betreiber verantwortlich. Sollten Sie bei dem angegebenen Inhalt des Anbieters dieser Seite
auf kostenpflichtige, illegale oder anstößige Inhalte treffen, so bedauern wir dies ausdrücklich
und bitten Sie, uns umgehend per E-Mail davon in Kenntnis zu setzen, damit beim Nachdruck
der Verweis gelöscht wird.

Druck A[1] / Jahr   2005
Alle Drucke der Serie A sind im Unterricht parallel verwendbar.

Redaktion: Claudia Harfst
Lay-out und Herstellung: Sandra Grünberg
Typografie und Satz: AndersARTig, Reproduktion, Werbung & Verlag GmbH, Braunschweig
Druck und Bindung: westermann druck GmbH, Braunschweig

ISBN 3-14-**123135**-4

Inhaltsverzeichnis

Gedichte-Werkstatt — Leitthema 8

- Einführung 8
- Lauter Reimereien 9
  - Das freche Schwein *Monika Seck-Agthe* 9
  - Gewitter *Erwin Moser* 10
  - Leute *Günter Kunert* 11
- Ein Gedicht besteht aus Versen 12
  - Spiegel *Alfred Könner* 12
  - Durch den Schlamm *Josef Guggenmos* 12
- Wie ein Vers dem anderen folgt 13
  - Gefunden *Johann Wolfgang von Goethe* 13
  - Sonntagsbild *Josef Guggenmos* 14
- Auf das richtige Wort kommt es an 15
  - Inserat *Theodor Storm* 15
- Die Gedichte in ihrer Originalfassung 16

Lesetraining — 18

- Einführung 18
- Trimm dich fit im Lesezirkel! 19
- Station 1: Wie flink sind deine Augen? 20
- Station 2: Wie rasch kannst du Wörter erkennen? 22
  - O unberachenbere Schreibmischane *Josef Guggenmos* 23
  - Speibekarte *Unbekannter Verfasser* 23
- Station 3: Wie viele Wörter kannst du mit einem Blick erfassen? 25
  - Traum-Pyramide *Unbekannter Verfasser* 25
  - Wenn die Möpse Schnäpse trinken *James Krüss* 26
- Station 4: Welche Wörter werden zusammengelesen? 28
  - Als ich ein kleiner Junge war *Erich Kästner* 29
- Station 5: Welche Wörter können betont werden? 30
  - Diebstahl im Hotel *Originalbeitrag* 30
  - Wie ein armer Mann seine Zeche zahlte *Unbekannter Verfasser* 32
- Station 6: Wie aufmerksam liest du? 34
  - Die beiden Fuhrleute *Johann Peter Hebel* 35
  - Faule Eier! *Originalbeitrag* 36
  - „Die guten Leutchen …" *Johann Wolfgang von Goethe* 37

Schule, Schule ... 38
Seit sechs Wochen in der Hauptschule *Schülertext* ... 38
Warum müssen wir in die Schule gehen? *Kenzaburô Oe* ... 39
Uli und ich *Irmela Wendt* ... 41
Schulzeit *Fitzgerald Kusz* ... 42
Maslief schreibt einen Brief *Guus Kuijer* ... 42
Kein Trost *Manfred Mai* ... 44
Sag ich's? Oder sag ich's nicht? *Achim Bröger* ... 44
Hinweise zu den Texten ... 47

Ein bisschen anders ... 50
Du und ich *Karlhans Frank* ... 50
Der gelbe Junge *Peter Härtling* ... 51
Die Sache mit Britta *Annette Weber* ... 54
Anna aus Russland *Manfred Mai* ... 57
Hinweise zu den Texten ... 60

Streit – es kommt darauf an, was man daraus macht ... 62
Tom und der Neue *Mark Twain* ... 63
Das traurige Erlebnis in der Schule *Schülerbericht* ... 65
Isabel spricht nicht mehr mit mir *Christa Zeuch* ... 66
Die Wand *Renate Welsh* ... 68
Die Brücke *Renate Welsh* ... 68
Eins zu null für Bert *Hiltraud Olbrich* ... 69
Friedensstifter *e. o. plauen* ... 72
Hinweise zu den Texten ... 73

Kinder dieser Welt ... 76
Chance am Backofen *Sachtext/Jugendmagazin* ... 76
Wo aus Kindern Soldaten werden *Sachtext/Jugendmagazin* ... 76
Sombo verlässt ihr Dorf *Nasrin Siege* ... 77
Ein Leben zwischen Gräbern *Ilse Kleberger* ... 81
Der Fremde *Toril Brekke* ... 85
Oskar, 10 Jahre, Kaffeepflücker *Andreas Boueke* ... 91
Hinweise zu den Texten ... 92

Mit Tieren leben **94**
Tipps für den Tierfreund *nach Barbara Mühlich* 95
auf dem land *Ernst Jandl* 97
Rennschwein Rudi Rüssel *Uwe Timm* 98
Ich will, dass er durchkommt *Hanna Hanisch* 100
Der gerettete Vogel *Schülerbeitrag* 103
Der heilige Franziskus und die Wölfe *Volksgut* 104
Der Hund, der unterwegs zu einem Stern war *Henning Mankell* .. 105
Delfine reden auch durch Berührungen *Sachtext/Jugendmagazin* . 107
Test Aus der Welt der Delfine *Sachtexte* 109
Hinweise zu den Texten 115

Der Ball ist rund **118**
Kick it like Beckham *Filmbegleitheft/Internettexte* 118
Frauenfußball *Sachtext/Internettext* 120
Kannibalistisch-touristische Voodoomacht *Joachim Masannek* ... 121
Fußball-Volley *Sachtext* 123
Hinweise zu den Texten 125

Von Feen, Zwergen und Sagengestalten **128**
Rumpelstilzchen *Jacob und Wilhelm Grimm* 128
Rumpelstilzchen *Rosemarie Künzler-Behncke* 131
Federfrau und Morgenstern *Indianermärchen* 132
Das Märchen vom Glück *Erich Kästner* 135
Bertold und die Seejungfrau *Mi Jepsen-Föge* 138
Der Teufel in der Frauenkirche *Unbekannter Verfasser* 139
Test Der Rattenfänger von Hameln *Volksgut* 140
Hinweise zu den Texten 142

Jahre vergehen **146**
Zu Neujahr *Wilhelm Busch* 146
Der Januar *Erich Kästner* 147
Früahling *Hermann Wächter* 148
Lenz *Mascha Kaléko* 148
summä *Fitzgerald Kusz* 149
Löwenzahnsamen *Unbekannter Verfasser* 149
Der glückliche Garten *Peter Huchel* 150
Herbstbild *Friedrich Hebbel* 151
Herbstwind *Günter Ullmann* 151
Wenn es Winter wird *Christian Morgenstern* 152
Winter *Wolfgang Borchert* 152

Die Vögel warten im Winter vor dem Fenster *Bertolt Brecht* 153
Verkündigung *Ludwig Thoma* 154
Schenken *Joachim Ringelnatz* 155
Gebet *Eduard Mörike* 155
Was einer ist, was einer war *Hans Carossa* 155
Hinweise zu den Texten 156

Wer hätte das gedacht? **162**

Der Löwe und die Maus *Äsop* 162
Die Schildkröte und der Hase *Äsop* 163
Die Schildkröte und der Hase *James Thurber* 163
Der Hase und die Schildkröte *Tony Ross* 164
Der Affe als Schiedsrichter *Volksgut aus Korea* 166
Der Hodscha Nasreddin *Volksgut aus der Türkei* 167
Die Schildbürger bauen sich ein Rathaus *Volksgut* 168
Seltsamer Spazierritt *Johann Peter Hebel* 170
Hinweise zu den Texten 171

Umweltschutz geht alle an   Arbeitstechniken   **174**

Meine Zukunft *Schülerbeitrag* 174
Wie ich die Zukunft sehe *Schülerbeitrag* 174
Sachtexte lesen und verstehen 175
Ein Problem stinkt zum Himmel *Sachtext* 175
Lichtverschmutzung *Sachtext* 179
Sondermüll aus Hightech *Sachtext* 181
Leitfaden für die Arbeit an Sachtexten 183

Ich und die Welt **184**

Wie lange dreht sich die Erde noch? *Sheldon Glashow* 184
Warum bin ich Ich? *Manfred Frank* 187
Wer hat süßes Blut? *Sachtext* 190
Glasherstellung *Sachtext/Lexikonartikel* 192
Fast ohne Worte *Diagramme* 193
Jonglieren – Das Geheimnis der fliegenden Bälle
Sachtext/Jugendmagazin 194
Test Warum Schlafen wichtig ist 195
Hinweise zu den Texten 197

Computer und Internet — Medien 200

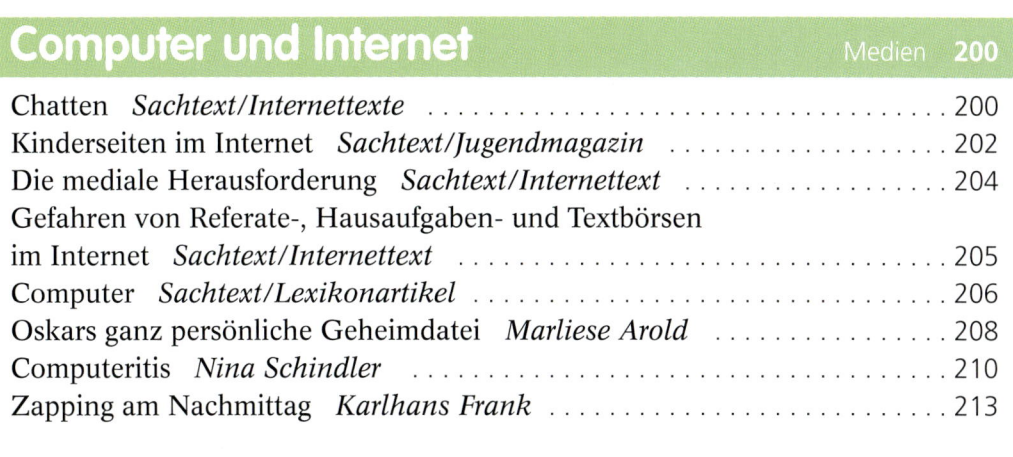

- Chatten *Sachtext/Internettexte* 200
- Kinderseiten im Internet *Sachtext/Jugendmagazin* 202
- Die mediale Herausforderung *Sachtext/Internettext* 204
- Gefahren von Referate-, Hausaufgaben- und Textbörsen im Internet *Sachtext/Internettext* 205
- Computer *Sachtext/Lexikonartikel* 206
- Oskars ganz persönliche Geheimdatei *Marliese Arold* 208
- Computeritis *Nina Schindler* 210
- Zapping am Nachmittag *Karlhans Frank* 213

So spannend kann ein Buch sein — Klassenlektüre 214

- Was ein Buch verrät, bevor man es liest 215
- Was im Buch drinsteht 216
  - Die Miker, die neue Lederjacke, eine Mutprobe, die Gabi und der ungleiche Kampf *Harald Grill* 216
- Leseleine 221
- Lesequiz für aufmerksame Leserinnen und Leser 223
- Der Autor Harald Grill 224
- Worum geht es in der *Schatzinsel*? 227
  - Das Leseversteck *Paul Maar* 228

Die Nacht der Leseratten — Projekt 230

- Abenteuer in der Schule *Zeitungsartikel* 230
- Bücher für 1001 Nacht 231
- Und wie soll eure Lesenacht aussehen? 232
- Auch die Eltern wollen informiert sein 233
- Wie man sich bettet, so liest man! 233
- Wo den Lesestoff finden? 234
- Wie den Lesestoff finden? 235
  - Nimm ein Buch *Wolf Harranth* 235
- Protokoll einer Lesenacht 236
- Der Tag nach einer langen Lesenacht 237
- Von nächtlichen Leseabenteuern 238
  - Der überaus starke Willibald *Willi Fährmann* 238

Textsortenverzeichnis 240
Quellenverzeichnis 242

Gedichte-Werkstatt

Was eine Schreiner-Werkstatt ist,
weiß jeder von euch.
Was aber ist eine Gedichte-Werkstatt?
Wie in jeder anderen Werkstatt
wird auch hier etwas hergestellt –
nämlich Gedichte. Eure Werkstücke sind
die auf den folgenden Seiten
abgedruckten Texte. Diese müsst ihr erst
noch ein bisschen bearbeiten
und verändern, damit daraus richtige
Gedichte werden.
Als Werkzeuge benutzt ihr,
wie die Schriftsteller, eure Sprache
und eure Fantasie – und natürlich
Stift und Papier oder den Computer.

Am Schluss findet ihr alle Texte
in ihren Originalfassungen abgedruckt.
Diese solltet ihr euch erst anschauen,
nachdem ihr eure eigenen Gedicht-
bearbeitungen abgeschlossen habt.
Es geht nämlich nicht immer nur darum,
möglichst genau die ursprüngliche
Fassung wiederherzustellen,
sondern auch darum,
was euch zu den Texten einfällt,
was ihr daraus macht.
Danach ist es dann spannend,
die Originalfassungen zu lesen
und zu vergleichen.
Viel Spaß bei eurer Gedichte-Arbeit!

Lauter Reimereien

Das freche Schwein

nach Monika Seck-Agthe

Der Maulwurf Tom ist jede Nacht
sehr aufgebracht und verärgert.
Ein dickes, freches, altes Schwein
quetscht sich rein in seine Hütte.

Da drin ist's mollig, weich und warm.
Tom schlägt deshalb Alarm und friert:
„Dies Haus ist meins! Ich hab's bezahlt!
Und angemalt auch noch selber!"

So jammert Tom, es nützt nicht viel:
Das Schwein ist stabil und auch dreist.
Tom klettert auf sein spitzes Dach
und hält sich wach mit der Zeitung.

„Lies vor!" So herrscht das Schwein ihn an.
„Was ist passiert? Mann, nun sag's schon!"
Der Maulwurf schluckt, ihm ist nicht gut.
Die Wut wühlt da ganz tief im Bauch.

Das Leben könnte schöner sein,
jedoch nur ohne dieses Schwein.

1 Wenn ihr das Gedicht nur ein bisschen „schüttelt" und ein paar Wörter innerhalb der Zeilen umstellt, dann klingt es gleich ganz anders, nämlich gereimt!
Ihr braucht aber nur die zweite und vierte Zeile in jeder Strophe zu verändern, die übrigen Zeilen wie auch die beiden Schlusszeilen können so bleiben, wie sie sind.

2 Lest die ungereimte und die gereimte Gedichtfassung laut vor: Welche gefällt euch besser? Begründet eure Meinung.

Gewitter
Erwin Moser

Der Himmel ist blau
Der Himmel wird
Wind fegt herbei
Vogel
Wolken fast schwarz
Lauf, weiße   !
Blitz durch die Stille
Donner
Zwei Tropfen im Staub
Dann Prasseln auf
Regenwand
Verschwommenes
Blitze tollen
Donner
Es plitschert und platscht
Es trommelt und
Es rauscht und klopft
Es braust und
Eine Stunde lang
Herrlich
Dann Donner schon fern
Kaum noch zu
Regen ganz fein
Luft frisch und
Himmel noch grau
Himmel bald   !

1 Die Reimwörter in diesem Gedicht sind verschwunden.
Sicher könnt ihr sie wiederfinden.
An drei Stellen hat sich der Dichter jedoch Wörter überlegt,
die sich nicht richtig reimen.
Welche könnten das sein?

Leute

Günter Kunert

Kleine Leute, große Leute
gab es gestern, gibt es ▨,
wird es sicher immer geben,
über, unter, hinter, ▨

dir und mir und ihm und ihr:
Kleine, Große sind wie ▨.
Größer als ein Großer kann
aber sein ein kleiner ▨.

Klein und groß sagt gar nichts aus,
sondern nur, was einer ▨
für sich selbst und alle macht.
Darum habe darauf ▨:

Wer den andern hilft und stützt
und sich nicht nur selber ▨,
hat das richtige Format –
ob ein Zwerg er oder ▨

lang wie eine Latte ist
oder einen Meter ▨.
Kleine Leute, große Leute
gab es gestern, gibt es ▨.

1 In diesem Gedicht ist es nicht so einfach, die verschwundenen Reimwörter zu finden. Die Sätze hören oft nicht mit dem Zeilenende auf, sondern gehen darüber hinaus. Manchmal überspringen sie sogar das Strophenende.
Die Satzzeichen helfen euch zu erkennen, wo so ein Zeilensprung vorliegt und wo der Satz zu Ende ist.

Ein Gedicht besteht aus Versen

Spiegel
nach Alfred Könner

In der kleinen Regenpfütze glitzern tausend Sonnenblitze, spiegelt sich der Störche Zug, eines Drachens Wolkenpflug, zieht ein Flugzeug durch den Raum, steht ein Stück vom Lindenbaum, glänzt das fernste Sternenlicht, schwebt und zittert dein Gesicht.

1 Dieser Text war ursprünglich ein Gedicht.
Versucht ihm wieder die Form eines Gedichts zu geben:
Unterteilt den Text in einzelne Gedichtzeilen
(Verszeilen heißt der Fachbegriff dafür).

2 Vergleicht eure Gedichtfassungen:
Wie verändert sich der Sinn durch verschiedene Versanordnungen?

Durch den Schlamm
nach Josef Guggenmos

Ein Mann stapft durch den Schlamm, ab und zu hält er an, weil er nicht mehr kann. Doch jetzt ist er durch, jetzt marschiert er wieder auf festem Grund und pfeift frohe Lieder.

1 Bringt diesen Text wieder in eine Gedichtform, indem ihr ihn
in Verszeilen und evtl. in Strophen einteilt.

2 Lest eure Texte vor und versucht eure Anordnung zu begründen.

3 Nehmt jetzt auch die ursprüngliche Fassung des Autors hinzu:
Welchen Sinn erkennt ihr in der dort gewählten Anordnung?

Wie ein Vers dem anderen folgt

Gefunden

nach Johann Wolfgang von Goethe

Wie Sterne leuchtend,
Wie Äuglein schön.

Im Schatten sah ich
Ein Blümchen stehn,

Ich grub's mit allen
Den Würzlein aus,

Und nichts zu suchen,
Das war mein Sinn.

Ich ging im Walde
So für mich hin,

Nun zweigt es immer
Und blüht so fort.

Ich wollt es brechen,
Da sagt' es fein:

Und pflanzt' es wieder
Am stillen Ort;

Soll ich zum Welken
Gebrochen sein?

Zum Garten trug ich's
Am hübschen Haus.

---

1 In diesem Gedicht ist etwas durcheinander geraten. Schreibt die einzelnen Verspaare auf Papierstreifen ab und legt sie vor euch auf den Tisch.

2 Schiebt immer zwei passende Verspaare zusammen, sodass daraus vierzeilige Strophen entstehen. Welche Verspaare zusammengehören, könnt ihr auch daran erkennen, dass sich die letzten Zeilen jedes Paares reimen und mit jeder Strophe auch der Satz zu Ende ist.

3 Bringt die Strophen in die richtige Reihenfolge.
Ein Hinweis: Das Gedicht fängt an mit „Ich ging im Walde …"

4 Ihr könnt das Gedicht auf ein Blatt schreiben und dazu malen.

5 Lest das Gedicht vor.

Sonntagsbild

nach Josef Guggenmos

So wird's gut. Die Sonne steht

und das bist du selber.

nimm ein bisschen Grün;

als ein Fleck, ein gelber,

ein paar Tupfen Blau und Rot

über einem, der da geht,

Nimm ein bisschen Birkenweiß,

lass am Wege blühn.

1 Diese Verszeilen müssen neu kombiniert werden, damit daraus ein sinnvolles Gedicht wird. Benutzt dazu, wie beim vorigen Gedicht, Papierstreifen, auf die ihr die einzelnen Verszeilen abschreibt und die ihr dann anordnet.

2 Lest eure Gedichte vor und vergleicht sie.

Auf das richtige Wort kommt es an

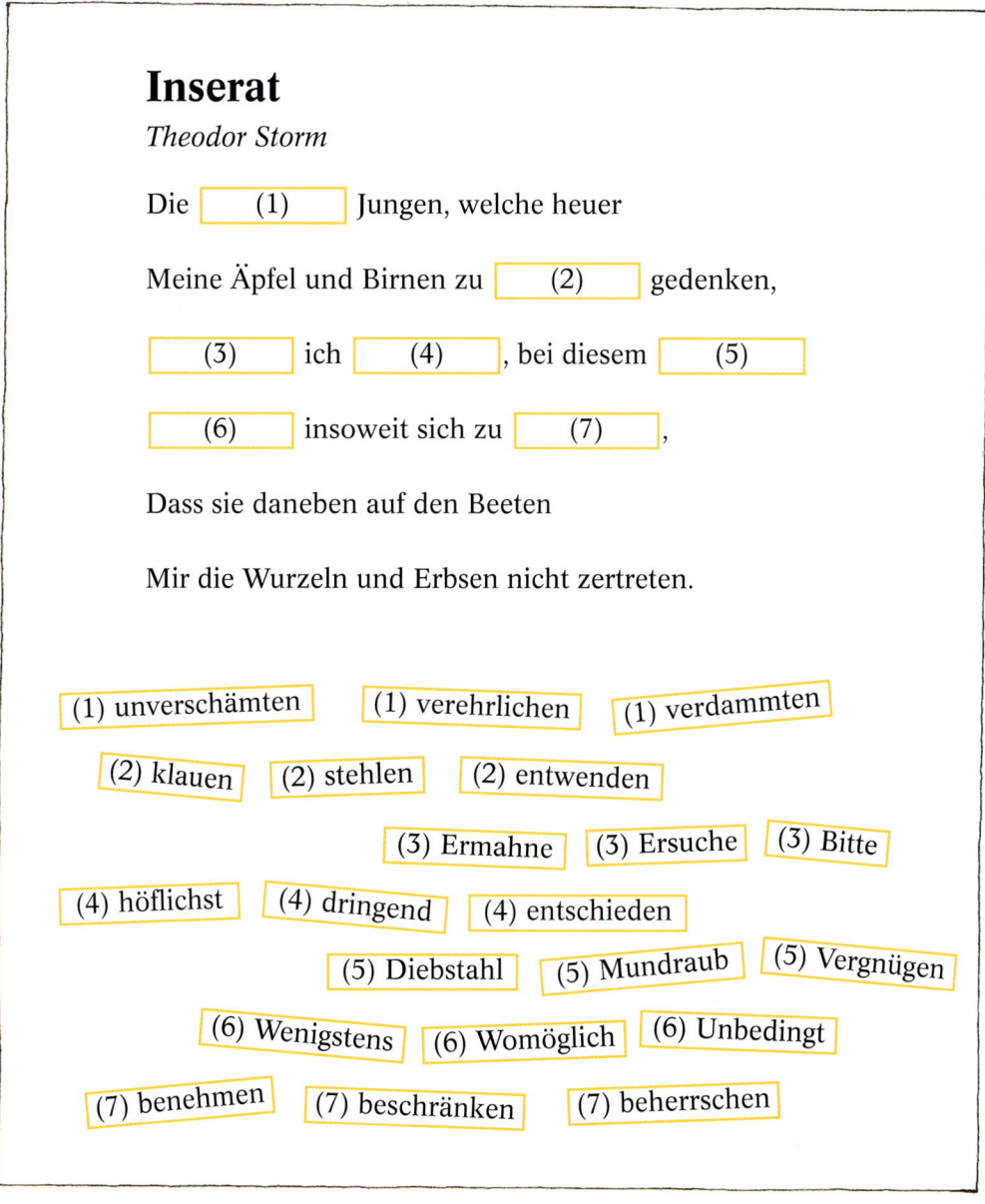

Inserat
Theodor Storm

Die ____(1)____ Jungen, welche heuer

Meine Äpfel und Birnen zu ____(2)____ gedenken,

____(3)____ ich ____(4)____, bei diesem ____(5)____

____(6)____ insoweit sich zu ____(7)____,

Dass sie daneben auf den Beeten

Mir die Wurzeln und Erbsen nicht zertreten.

(1) unverschämten (1) verehrlichen (1) verdammten
(2) klauen (2) stehlen (2) entwenden
(3) Ermahne (3) Ersuche (3) Bitte
(4) höflichst (4) dringend (4) entschieden
(5) Diebstahl (5) Mundraub (5) Vergnügen
(6) Wenigstens (6) Womöglich (6) Unbedingt
(7) benehmen (7) beschränken (7) beherrschen

1 Aus diesem *Inserat* sind ein paar Wörter herausgefallen.
Für jede Lücke habt ihr drei Wörter zur Auswahl:
Entscheidet euch jeweils für ein Wort, das euch am besten gefällt.
Achtet dabei auch darauf, dass die gewählten Wörter im Ton
zueinander passen.

2 Vergleicht eure Fassung mit dem Originaltext auf Seite 17.

Die Gedichte in ihrer Originalfassung

Das freche Schwein
Monika Seck-Agthe

Der Maulwurf Tom ist jede Nacht
verärgert und sehr aufgebracht.
Ein dickes, freches, altes Schwein
quetscht sich in seine Hütte rein.

Da drin ist's mollig, weich und warm.
Tom friert und schlägt deshalb Alarm:
„Dies Haus ist meins! Ich hab's bezahlt!
Und auch noch selber angemalt!"

So jammert Tom, es nützt nicht viel:
Das Schwein ist dreist und auch stabil.
Tom klettert auf sein spitzes Dach
und hält sich mit der Zeitung wach.

„Lies vor!" So herrscht das Schwein ihn an.
„Was ist passiert? Nun sag's schon, Mann!"
Der Maulwurf schluckt, ihm ist nicht gut.
Ganz tief im Bauch, da wühlt die Wut.

Das Leben könnte schöner sein,
jedoch nur ohne dieses Schwein.

Leute
Günter Kunert

Kleine Leute, große Leute
gab es gestern, gibt es heute,
wird es sicher immer geben,
über, unter, hinter, neben

dir und mir und ihm und ihr:
Kleine, Große sind wie wir.
Größer als ein Großer kann
aber sein ein kleiner Mann.

Klein und groß sagt gar nichts aus,
sondern nur, was einer draus
für sich selbst und alle macht.
Darum habe darauf Acht:
Wer den andern hilft und stützt
und sich nicht nur selber nützt,
hat das richtige Format –
ob ein Zwerg er oder grad

lang wie eine Latte ist
oder einen Meter misst.
Kleine Leute, große Leute
gab es gestern, gibt es heute.

Gewitter
Erwin Moser

Der Himmel ist blau
Der Himmel wird grau
Wind fegt herbei
Vogelgeschrei
Wolken fast schwarz
Lauf, weiße Katz!
Blitz durch die Stille
Donnergebrülle
Zwei Tropfen im Staub
Dann Prasseln auf Laub
Regenwand
Verschwommenes Land
Blitze tollen
Donner rollen
Es plitschert und platscht
Es trommelt und klatscht
Es rauscht und klopft
Es braust und tropft
Eine Stunde lang
Herrlich bang
Dann Donner schon fern
Kaum noch zu hör'n
Regen ganz fein
Luft frisch und rein
Himmel noch grau
Himmel bald blau!

Spiegel
Alfred Könner

In der kleinen
Regenpfütze
glitzern tausend
Sonnenblitze,
spiegelt sich der
Störche Zug,
eines Drachens
Wolkenpflug,
zieht ein Flugzeug
durch den Raum,
steht ein Stück vom
Lindenbaum,
glänzt das fernste
Sternenlicht,
schwebt und zittert
dein Gesicht.

Durch den Schlamm
Josef Guggenmos

Ein
Mann
stapft
durch
den
Schlamm,
ab
und
zu
hält
er
an,
weil
er
nicht
mehr
kann.

Doch jetzt ist er durch,
jetzt marschiert er wieder
auf festem Grund
und pfeift frohe Lieder.

Sonntagsbild
Josef Guggenmos

Nimm ein bisschen Birkenweiß,
nimm ein bisschen Grün;
ein paar Tupfen Blau und Rot
lass am Wege blühn.

So wird's gut. Die Sonne steht
als ein Fleck, ein gelber,
über einem, der da geht,
und das bist du selber.

Gefunden
Johann Wolfgang von Goethe

Ich ging im Walde
So für mich hin,
Und nichts zu suchen,
Das war mein Sinn.

Im Schatten sah ich
Ein Blümchen stehn,
Wie Sterne leuchtend,
Wie Äuglein schön.

Ich wollt es brechen,
Da sagt' es fein:
Soll ich zum Welken
Gebrochen sein?

Ich grub's mit allen
Den Würzlein aus,
Zum Garten trug ich's
Am hübschen Haus.

Und pflanzt' es wieder
Am stillen Ort;
Nun zweigt es immer
Und blüht so fort.

Inserat
Theodor Storm

Die verehrlichen Jungen, welche heuer
Meine Äpfel und Birnen zu stehlen gedenken,
Ersuche ich höflichst, bei diesem Vergnügen
Womöglich insoweit sich zu beschränken,
Dass sie daneben auf den Beeten
Mir die Wurzeln und Erbsen nicht zertreten.

Lesetraining

(1) Setze dich entspannt hin.
(2) Schau, dass genügend Licht auf dein Buch fällt.
(3) Gehe mit den Augen nicht zu nahe ans Blatt. (Abstand ca. 30 cm)
(4) Lies nur mit den Augen. (Kein Zeigefinger, kein Lineal)
(5) Entspanne deine Augen von Zeit zu Zeit. (Reibe sie, schließe sie, ...)
(6) Lass dir genügend Zeit beim Lesen.

Trimm dich fit im Lesezirkel!

Ein Radsportler braucht kräftige Beinmuskeln und Ausdauer.
Ein Handballer ist auf starke Armmuskeln und Ballgefühl angewiesen.
Ein Leser benötigt gute Augen und Konzentrationsfähigkeit.
Die Schärfe, Blickfeldweite und Wendigkeit deiner Augen
sowie deine Konzentrationsfähigkeit kannst du
wie ein Sportler trainieren.
Übe dazu wie beim Zirkeltraining in den folgenden Stationen.

Station 2
Wie rasch kannst du Wörter erkennen?

Station 3
Wie viele Wörter kannst du mit einem Blick erfassen?

Station 1
Wie flink sind deine Augen?

Trainingsprogramm

1. Arbeite die Stationen der Reihe nach durch.
2. Übe möglichst oft. Übe auch zu Hause weiter.
3. Finde zu den Stationen weitere Übungen.

Station 4
Welche Wörter werden zusammengelesen?

Station 6
Wie aufmerksam liest du?

Station 5
Welche Wörter können betont werden?

Viel Spaß beim „Trimm-dich-Lesezirkel". Auf die Plätze – jetzt geht's los!

Station 1

Wie flink sind deine Augen?
Unsere Augen müssen beim Lesen innerhalb kürzester Zeit viele Zeichen aufnehmen – eine sportliche Höchstleistung.

Augenreise

1 Welcher Buchstabe gehört zu welcher Zahl?
Du kannst sicherlich das Knäuel entwirren, ohne den Finger zu verwenden. Wenn du immer das passende Ende gefunden hast, ergeben die Buchstaben ein Lösungswort.

Gleich oder ungleich?

2974	osar	OPLS	Olkd	Bücher	Vater
2974	osar	OPLS	Olbd	Bücher	Vater
9845	joet	FLKL	mnPu	stecken	Riesen
6845	joet	FLKL	nmPu	strecken	Riesen
9455	jszp	ÄRET	klPb	Kisten	Vetter
9455	jscp	ÄRET	klPb	Kisten	Retter
0045	wöot	SPOR	hGFR	Winde	Leder
0845	wöot	SPOR	hGFR	Winde	Feder
0996	jlwg	NYXG	LutA	bocken	Luft
0996	jlwg	NYXG	LutA	backen	Luft
8352	qpmy	XXCZ	öLPo	Kranke	Hände
8352	pqmy	XXCZ	oLPo	Kranke	Hände
2845	kloet	LURG	LopU	leiden	Haxen
2845	kloet	LURG	LopU	leider	Hasen

2 Hier haben sich 13 ungleiche Paare eingeschlichen.
Wie schnell kannst du sie finden?
Halte den Kopf gerade und suche nur mit den Augen.

Zum Weiterüben

1 Zeichnet eigene Knäuel wie bei der Augenreise
und versucht sie zu entwirren.
Je mehr Fäden sich kreuzen,
desto schwieriger wird die Aufgabe.

2 Suchbilder in Zeitschriften eignen sich
ebenfalls gut die Augen zu schärfen.
Bringt welche in die Schule mit.
Wer findet am schnellsten die Lösung?

Station 2

Wie rasch kannst du Wörter erkennen?

Die Fähigkeit, ein Wortbild rasch und richtig zu erkennen, hilft dir flüssig und fehlerfrei zu lesen.

Wortzwillinge

A		B		C	
jung	salzig	salzig	billig	teuer	spät
lachen	feige	sauber	feige	laut	brüllen
hungrig	arm	weich	lustig	mutig	schön
weich	langsam	dunkel	warm	hart	hell
flüstern	früh	hässlich	leise	süß	dünn
lustig	falsch	lachen	falsch	reich	alt
sauber	dick	früh	hungrig	weinen	wenig
hässlich	groß	viel	arm	traurig	richtig
dunkel	morgens	flüstern	langsam	abends	kalt
billig	leise	groß	dick	satt	schmutzig
warm	viel	jung	morgens	schnell	klein

D		E		F	
rasch	Sorge	vorsichtig	rasch	Medizin	reden
Stein	Pech	Treppe	Arznei	Unglück	Stille
Frau	vorsichtig	blass	Furcht	fegen	behutsam
klug	rufen	sprechen	Idee	Hütte	schreien
Witz	kehren	Abfall	Mann	Mitgefühl	Kummer
sprechen	Mann	Frau	Sorge	bleich	Stiege
Furcht	Ruhe	klug	Mitleid	Dame	Herr
schauen	Idee	Pech	Haus	schlau	Fels
Mitleid	Haus	Stein	Witz	Scherz	schnell
Abfall	blass	kehren	rufen	Angst	Einfall
Arznei	Treppe	schauen	Ruhe	sehen	Müll

1 In der Tabelle B sind die gleichen Wörter wie in Tabelle A.
Suche möglichst zügig alle Wortpaare.

2 Nimm ein Wort aus Tabelle A und überlege, wie das Gegenteil heißt.
Suche das gegenteilige Wort in der Tabelle C.

3 Mit den Tabellen D, E und F kannst du auf die gleiche Weise üben.
In der Tabelle F stehen Wörter mit ähnlicher Bedeutung wie in Tabelle D.

O unberachenbere Schreibmischane

Josef Guggenmos

O unberachenbere Schreibmischane
was bist du für ein winderluches Tier?
Du tauschst die Bachstuben günz nach Vergnagen
und schröbst so scheinen Unsinn aufs Papier!

Du tappst die falschen Tisten, luber Bieb!
O sige mar, was kann ich dafür?

4 Hier stimmt doch etwas nicht. Lies den Text.

5 Hast du die richtigen Wortbilder trotz der „Druckfehler" erkannt?
   Wie müsste der Text richtig heißen?

6 Wie hat der Dichter die Wörter verändert?

7 Nun eine Aufgabe für Experten. Welche Speisen sind wohl gemeint?
   Versuche die Speisekarte richtig zu lesen.

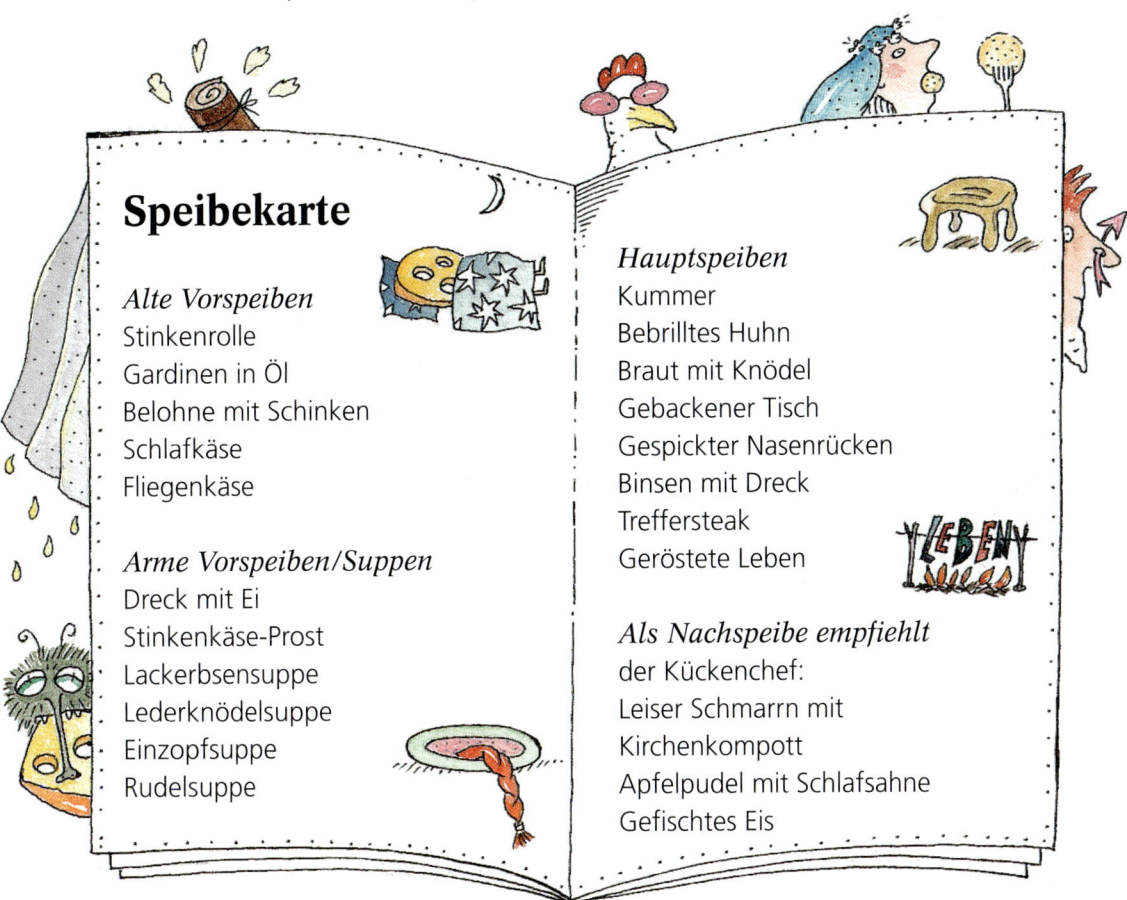

Speibekarte

Alte Vorspeiben
Stinkenrolle
Gardinen in Öl
Belohne mit Schinken
Schlafkäse
Fliegenkäse

Arme Vorspeiben/Suppen
Dreck mit Ei
Stinkenkäse-Prost
Lackerbsensuppe
Lederknödelsuppe
Einzopfsuppe
Rudelsuppe

Hauptspeiben
Kummer
Bebrilltes Huhn
Braut mit Knödel
Gebackener Tisch
Gespickter Nasenrücken
Binsen mit Dreck
Treffersteak
Geröstete Leben

Als Nachspeibe empfiehlt
der Kückenchef:
Leiser Schmarrn mit
Kirchenkompott
Apfelpudel mit Schlafsahne
Gefischtes Eis

schaffen	Kaffee	drehen
heulen	stottern	schnattern
Leselampe	empfohlen	Schlamm
Schund	Rente	Blausäure
schmücken	traben	Organspender
Ehering	mutiger	Blumentopferde
rattern	bärtig	Leber

8 Welche Tiere haben sich in den Wörtern versteckt?

9 Verstecke selbst Tiere, Pflanzen und Gegenstände in anderen Wörtern und gib sie deinem Partner oder deiner Partnerin als Rätsel. Beispiel: Erlaubnis

Zum Weiterüben

10 Vielleicht kennst du dieses Spiel?
Zerlege ein Wort in seine Buchstaben
und lass es deinen Partner oder
deine Partnerin erraten.
Dann könnt ihr gemeinsam überlegen,
wie viele Wörter sich aus den vorhandenen
Buchstaben zusammensetzen lassen.
Noch ein Tipp: Je länger die Wörter sind,
desto mehr Wörter kann man finden.
Beispiel: MELODIEN.
Mögliche Wortbildungen:
LIED, MEDIEN, MOLE …

11 Schreibe mit dem Computer
einen Text aus dem Lesebuch ab.
Verwende dabei nur Großbuchstaben.
Verzichte auch auf die Leerzeichen
zwischen den Wörtern und auf
alle Satzzeichen.
Gib den Text deinem Partner oder
deiner Partnerin zum Entschlüsseln.

EINHUNDUNDEINFUCHS
ERBLICKTENGLEICHZEITIG
EINESCHÖNELANGEWURST
DIEJEMANDVERLORENHATTE
UNDNACHDEMSIEEINEWEILE
UNENTSCHIEDENDARUM…

Station 3

Wie viele Wörter kannst du mit einem Blick erfassen?

Je mehr Buchstaben und Wörter du mit einem Blick aufnehmen kannst, umso flüssiger wirst du lesen können.

Traum-Pyramide

Lotto
Jackpot
Hauptgewinn
10 Millionen DM
Kaum zu glauben!
Ich träum' doch nicht!
Das darf nicht wahr sein!
Eine Reise rund um die Welt.
Dazu ein Traumhaus mit Garten.
Und in der Garage mein Traumauto.
Zum Feiern werden sie alle eingeladen.
Morgen geht's los mit Pauken und Trompeten!
Das hätte ich mir nie im Leben träumen lassen!
Jetzt werde ich künftig auf ganz großem Fuß leben!
Der Wecker klingelt.
Aus der Traum.
Schade!

1 Übe mit deinem Partner oder deiner Partnerin.
Du legst ein Blatt Papier auf die Pyramide und deckst
Zeile für Zeile blitzschnell auf und zu.
Dein Partner bzw. deine Partnerin versucht die gesamte Zeile
mit einem Blick zu erfassen und vorzulesen. Wechselt euch ab.

Wenn die Möpse Schnäpse trinken

James Krüss

Wenn die Möpse   Schnäpse trinken
Wenn vorm Spiegel   Igel stehn
Wenn vor Föhren   Bären winken
Wenn die Ochsen   boxen geh'n
Wenn im Schlafe   Schafe blöken
Wenn im Tal   ein Wal erscheint
Wenn in Wecken   Schnecken stecken
Wenn die Meise   leise weint
Wenn Giraffen   Affen fangen
Wenn ein Mäuslein   Läuslein wiegt
Wenn an Stangen   Schlangen hangen
Wenn der Biber   Fieber kriegt
Dann entsteht zwar   ein Gedicht
Aber sinnvoll   ist es nicht!

2 Dieses Gedicht ist etwas auseinander geraten.
Kannst du es trotz der Abstände flüssig lesen?
Versuche den Kopf dabei nicht zu bewegen.
Springe nur mit den Augen.
Deine Augen werden immer flinker, je öfter du übst.

3 Probiere selbst ein solches Gedicht zu schreiben. Beispiel:
Wenn die Autos   Kinder kriegen
Wenn die Flüsse   aufwärts fließen

    …

Zum Weiterüben

4 Schneide ein schmales „Sichtfenster" in die obere Hälfte eines A5-Blattes.

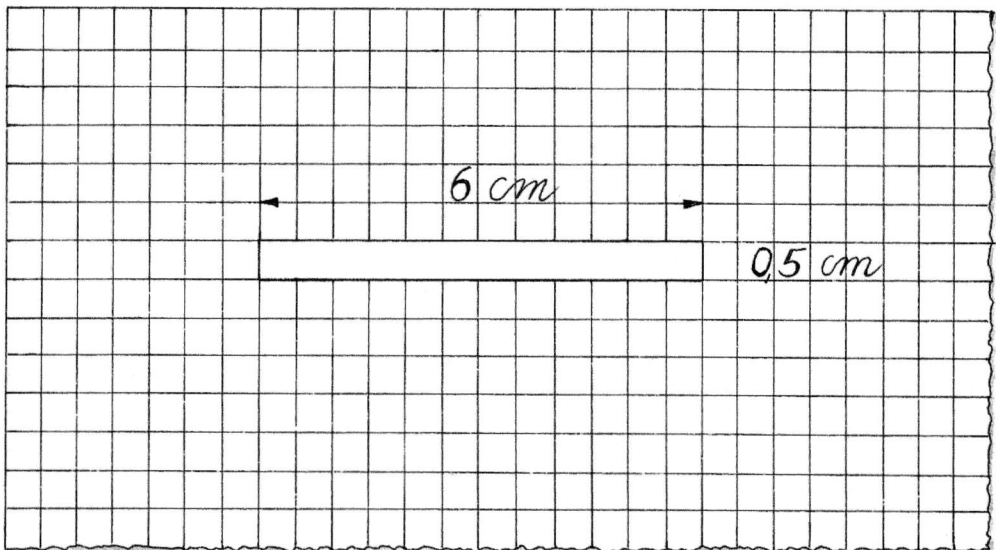

Mit dieser Schablone kannst du das Erweitern
der Blickspanne üben.
Suche dir mit deinem Partner oder deiner Partnerin
im Lesebuch einen Text.
Dein Partner oder deine Partnerin sucht mit der Schablone
einen Textausschnitt und deckt ihn mit einem Blatt ab.
Versuche den Ausschnitt durch kurzes Aufdecken
mit einem Blick zu lesen.
Wenn es dir nicht gelingt, lass dir den Ausschnitt
noch einmal kurz zeigen.
Übe dies auch mit anderen Ausschnitten und versuche jeweils
mit einem Blick zu lesen.

5 Zeitungen und Zeitschriften werden in Spalten gedruckt.
Wähle einen Zeitungstext aus und versuche möglichst alle Wörter
in einer Spalte mit einem Blick zu erfassen.
Wenn es dir nicht gelingt, halte mit den Augen in jeder Zeile zweimal an.
Während du liest, beobachtet dein Partner oder deine Partnerin
die „Augensprünge".

6 Versuche selbst Wortpyramiden wie auf S. 25 zu erstellen.
Achte dabei nicht nur auf die passenden Spaltenlängen,
sondern versuche auch bei einem Thema zu bleiben.

Station 4
Welche Wörter werden zusammengelesen?

So liest der Lese-Anfänger:
Le/se/an/fän/ger le/sen Buch/sta/be für Buch/sta/be und Sil/be für Sil/be und se/tzen so die Wör/ter müh/sam zu/sam/men. In win/zi/gen Le/se/schrit/ten stol/pern und hol/pern sie durch den Text.

So liest der Lese-Lehrling:
In / kleinen / Leseschritten / springt / sein / Auge / von / Wort / zu / Wort. / Er / braucht / noch / viele / Pausen, / damit / er / sicher / ans / Ziel / gelangt. / Um / den / Sinn / zu / verstehen, / muss / er / oft / ein / paar / Schritte / zurückgehen.

Allmählich wird der Lehrling zum Lese-Gesellen:
Seine Leseschritte / werden / größer und sicherer. / Schon gelingt es, / mehrere Wörter / mit einem Blick / zu lesen. / Trotzdem braucht / sein Auge / noch viele Pausen, / die noch / zu viel Zeit kosten.

Endlich ist er zum Lese-Meister aufgestiegen:
In großen Leseschritten wandert er / mit seinen Augen durch den Text. / Sicher und zügig / kommt er mit wenigen Pausen ans Ziel. /
Er verliert keine Zeit / und erfasst mit einem Blick auch den Sinn.

Die Wörter, die vom **Sinn** her zusammengehören, lassen sich beim Lesen zu einem **Schritt** zusammenfassen. Man spricht von **Sinnschritten**. Mit Sinnschritten kannst du Texte gliedern und damit ihren Inhalt leichter erfassen. Sinnschritte können verschieden lang sein. Beim Vorlesen helfen sie dir einen Text sinnvoll zu betonen und an der richtigen Stelle eine Pause zu machen.
Betonungen und Lesepausen braucht der Zuhörer um den Text zu verstehen.

1 Lies den markierten Textausschnitt. Achte dabei auf die Sinnschritte.
   In welche Sinnschritte hättest du den Text eingeteilt?

2 Kopiere den Text und kennzeichne im weiteren Text
   mit einem senkrechten Strich die Wortgruppen, die deine Sinnschritte darstellen.

3 Vergleicht untereinander eure Lösungen.

Als ich ein kleiner Junge war
Erich Kästner

> Wenn ein Kind lesen gelernt hat / und gerne liest, / entdeckt und erobert es / eine zweite Welt, / das Reich der Buchstaben. / Das Land des Lesens / ist ein geheimnisvoller, unendlicher Erdteil. / Aus Druckerschwärze entstehen / Dinge, Menschen, Geister und Götter, / die man sonst nicht sehen könnte.

Wer noch nicht lesen kann, sieht nur, was greifbar vor seiner Nase liegt oder steht: den Vater, die Türklingel, den Laternenanzünder, das Fahrrad, den Blumenstrauß und vom Fenster aus vielleicht den Kirchturm. Wer lesen kann, sitzt über einem Buch und erblickt
5 mit einem Mal den Kilimandscharo oder Karl den Großen oder Huckleberry Finn im Gebüsch oder Zeus als Stier, und auf seinem Rücken reitet die schöne Europa. Wer lesen kann, hat ein zweites Paar Augen, und er muss nur aufpassen, dass er sich dabei das erste Paar nicht verdirbt.
Ich las und las und las. Kein Buchstabe war vor mir sicher. Ich las Bücher und
10 Hefte, Plakate, Firmenschilder, Namensschilder, Prospekte, Gebrauchsanweisungen und Grabinschriften, Tierschutzkalender, Speisekarten, Mamas Kochbuch, Ansichtskartengrüße, Paul Schurigs Lehrerzeitschriften, die „Bunten Bilder aus dem Sachsenlande" und die klitschnassen Zeitungsfetzen, worin ich drei Stauden Kopfsalat nach Hause trug.

Zum Weiterüben

4 Suche dir aus Texten Sätze aus und baue sie in Sinnschritten auf. Beispiel:
   Lesen kann
   Lesen kann wie ein spannender Abenteuerfilm
   Lesen kann wie ein spannender Abenteuerfilm im Kopf sein.

5 Suche weitere Texte zum Üben. Teile sie in Sinnschritte ein. Versuche beim Lesen, einen Sinnschritt mit einem Blick zu erfassen. Denke an Lesepausen.

Station 5

Welche Wörter können betont werden?

Diebstahl im Hotel

Frau Müller verbringt mit ihrer Freundin Ingrid in einem Hotel in St. Moritz ihren Skiurlaub. Am letzten Abend beschließen sie noch einmal groß auszugehen. Bevor sie sich ins Vergnügen stürzen, nimmt Frau Müller noch ein Bad. Ihre Freundin sagt, sie warte solange in der Hotelhalle. Groß ist der Schrecken,
5 als Frau Müller aus dem Badezimmer kommt. Die Balkontüre steht auf. Die Scheibe ist eingeschlagen, auf dem Balkon liegen Glassplitter, die Schubladen sind herausgezogen, selbst die Blumen in der Vase sind in Unordnung, das Schmuckkästchen liegt offen auf dem Boden und – es fehlt die teure Perlenkette. Frau Müller und ihre Freundin wenden sich sofort an den Hoteldetektiv.
10 Dieser hat keine gute Nachricht. Im Nachbarzimmer wohnt ein gewisser Herr Birner, der soeben abgereist ist. Das hat er vom Hotelportier bereits erfahren.

Folgende Fragen hat der Detektiv dem Portier gestellt:

Wer hat das Hotel nach 18.00 Uhr verlassen?	<u>Herr Birner</u> *hat bezahlt und ist aus Termingründen gegen 18.15 Uhr abgereist.*
Warum ist Herr Birner abgereist?	*Herr Birner hat bezahlt und ist <u>aus Termingründen</u> gegen 18.15 Uhr abgereist.*
Wann ist Herr Birner abgereist?	*Herr Birner hat bezahlt und ist aus Termingründen <u>gegen 18.15 Uhr</u> abgereist.*

1 Die Betonung macht deutlich, auf welche Frage du antwortest.

Auch der Gast im gegenüber liegenden Zimmer, Herr Fauner, gibt Anlass zum Verdacht. Es ist bereits bekannt, dass bei seiner Anwesenheit schon des öfteren Schmuck entwendet wurde. Es konnte ihm bisher aber noch nichts nachgewiesen werden. Auch heute hat er wieder ein Alibi, wie das Ergebnis der Befragung zeigt.

2 Lies die Antworten und betone die unterstrichenen Wörter.
Wie lauten die gestellten Fragen?

???: *Von 17.30 bis 18.30 Uhr war ich mit zwei Kollegen ohne Unterbrechung in der Hotelbar.*

???: *Von 17.30 bis 18.30 Uhr war ich mit zwei Kollegen ohne Unterbrechung in der Hotelbar.*

???: *Von 17.30 bis 18.30 Uhr war ich mit zwei Kollegen ohne Unterbrechung in der Hotelbar.*

Mit den betonten Wörtern wird die Aussage des Satzes, auf die es ankommt, herausgestellt. Sie heißen deshalb **Sinnwörter**.

Auch das Zimmermädchen wird befragt. Es wurde schon einmal bei einem Diebstahl ertappt und versucht alle Verdächtigungen von sich zu weisen.

3 a) Wie könnten die Fragen lauten?
b) Welche Wörter wird sie beim Antworten betonen?

In der letzten Stunde war ich zusammen mit dem Koch in der Küche und habe Kaffee getrunken.

Ich habe heute das betreffende Stockwerk noch gar nicht betreten.

Ich wusste gar nicht, dass Frau Müller so viel Schmuck besitzt. Die Schmuckschatulle habe ich bei der Zimmerreinigung nie gesehen.

4 Sicherlich willst du wissen, wie der Kriminalfall gelöst wurde.
Was keiner für möglich gehalten hat, die Freundin Ingrid war die Täterin. Sie wurde allerdings von Frau Müller frühzeitig gestört. In der Eile musste sie die Perlenkette im Zimmer zurücklassen. Wo hat der Detektiv die Kette wohl gefunden? Welche Umstände haben Ingrid noch verraten?
Die Lösung findest du auf Seite 37.

Wie ein armer Mann seine Zeche zahlte

Unbekannter Verfasser

Ein armer Mann kam einmal in ein Gasthaus, das einem habgierigen Wirt gehörte. Über dem Feuer wurde gerade ein großes Stück Fleisch am Spieß gebraten. Der Mann war sehr hungrig. Und das Fleisch roch so gut, dass der arme Mann noch viel hungriger wurde. Aber er hatte nicht genug Geld um eine
5 Mahlzeit zu bezahlen. Da nahm er ein Stück Brot aus seiner Tasche und hielt es zwischen den Braten und das Feuer, damit das Brot den Geruch des Bratens annahm. Er aß das Brot und wollte gehen. Der Wirt aber, der ihn beobachtet hatte, hielt ihn auf und verlangte, er solle seine Zeche zahlen. Der arme Mann sagte: „Ihr habt mir weder etwas zu essen noch zu trinken gegeben. Wofür soll
10 ich zahlen?" Der Wirt entgegnete: „Du hast etwas zu dir genommen, das mir gehört, nämlich den Bratengeruch, und dafür verlange ich Bezahlung." Sie stritten eine Weile, bis der arme Mann schließlich das einzige Geldstück hervorholte, das er besaß. Das warf er auf den Tisch und fragte: „Habt ihr das Geld klingen hören?" Der Wirt sah ihn erstaunt an und nickte. Schnell steckte der arme
15 Mann die Münze wieder ein und sagte: „Dann habt ihr eure Bezahlung erhalten. Der Klang des Geldes ist genauso viel wert wie der Geruch des Bratens."
Da merkte der Wirt, dass der arme Mann noch listiger war als er selber, und musste ihn gehen lassen.

Es gibt drei Wege um in einem Satz die Sinnwörter zu erkennen.

1. Die Betonungsprobe
Die jeweiligen Sinnwörter kannst du herausfinden,
wenn du die verschiedenen Möglichkeiten der Betonung ausprobierst:
Ein armer Mann kam <u>einmal</u> in ein Gasthaus,
das einem habgierigen Wirt gehörte.
Ein armer Mann kam einmal in <u>ein Gasthaus</u>,
das einem habgierigen Wirt gehörte.
Ein <u>armer Mann</u> kam einmal in ein Gasthaus,
das einem habgierigen Wirt gehörte.
Ein armer Mann kam einmal in ein Gasthaus,
das einem <u>habgierigen Wirt</u> gehörte.

2. Die Stellung der Sinnwörter im Satz

Oft stehen die Sinnwörter am Ende eines Satzes oder Satzteiles:
Der Mann war sehr hungrig. Und das Fleisch roch so gut, dass der arme Mann, noch viel hungriger wurde. Aber er hatte nicht genug Geld um eine Mahlzeit zu bezahlen.

3. Die Abstrich- oder Weglassprobe

Durch Verkürzung der Sätze auf die wichtigsten Satzglieder findest du leichter die Sinnwörter.
Der Wirt aber, der ihn beobachtet hatte, hielt ihn auf und verlangte, er solle seine Zeche zahlen.
Verkürzung des Satzes auf die notwendigen Satzglieder:
Der Wirt verlangte, er solle seine Zeche zahlen.
Daraus ergeben sich folgende Sinnwörter:
Der Wirt aber, der ihn beobachtet hatte, hielt ihn auf und verlangte, er solle seine Zeche zahlen.

5 Lies den Text noch einmal und versuche auch in den anderen Sätzen die Sinnwörter zu finden. Trage deinen Text vor und denke dabei an die Betonung deiner Sinnwörter. Es kann durchaus der Fall sein, dass ihr zu unterschiedlichen Ergebnissen kommt.
Stellt die Ergebnisse gegenüber.

Zum Weiterüben

6 Suche dir Texte aus dem Lesebuch und übe daran das sinngestaltende Lesen. Gehe dabei so vor:
  a) Lies den Text zuerst leise und konzentriere dich auf den Inhalt.
  b) Wenn du etwas nicht verstanden hast, schaue im Wörterbuch nach oder frage.
  c) Lies den Text noch einmal leise durch.
  d) Teile den Text in Sinnschritte ein.
  e) Finde die Sinnwörter in den Sätzen heraus.
  f) Lies jetzt den Text langsam im Flüsterton.
  g) Trage den Text laut deinem Partner oder deiner Partnerin vor.
Denke daran: Deine Zuhörer …
  – hören den Text zum ersten Mal, lies deshalb langsam.
  – brauchen Zeit zum Nachdenken, nutze die Sinnschritte für kurze Lesepausen.
  – wollen den Text verstehen, achte deshalb auf die Betonung der Sinnwörter.
  h) Ihr könnt den Text auch auf Video aufnehmen und eure Vorträge vergleichen und gemeinsam verbessern.
  i) Übt das gestaltende Lesen auch in verschiedenen Rollen. Ihr findet im Lesebuch hierfür geeignete Texte, z. B. auf den Seiten 63–65 und 167.

Station 6

Wie aufmerksam liest du?

Aufpass-Geschichten!

Gleich hinter dem Haus ist ein Garten; hinter dem Garten fließt ein kleiner Bach und dahinter steht ein kleiner Baum.

1 Was ist am weitesten vom Haus entfernt?

a) Bach
b) Baum
c) Garten
d) Straße
e) unbestimmt

Auf dem Tisch stehen drei Becher in einer Reihe. Einer ist aus Blech, einer aus Ton, der dritte aus Zinn. Der linke ist aus Blech und der mittlere nicht aus Zinn.

2 Aus welchem Material besteht der rechte Becher?

a) Porzellan
b) Ton
c) Zinn
d) Blech
e) unbestimmt

Heute musste Franz zwei Stunden früher zur Arbeit als gestern.
Vorgestern hingegen eine halbe Stunde später als heute.
Am Donnerstag begann die Arbeit um 10.00 Uhr.
Morgen ist Samstag und arbeitsfrei.

3 Um welche Zeit begann die Arbeit am Mittwoch?

a) 8.00 Uhr
b) 11.00 Uhr
c) 6.30 Uhr
d) 8.30 Uhr
e) 7.30 Uhr

Du bist der Fahrer der Buslinie 9.
An der ersten Station steigen zwei Leute ein,
an der nächsten steigt einer aus und drei steigen ein.
An der dritten Station steigen wiederum vier ein und zwei aus.
An der nächsten Station kommen zehn Leute in den Bus und fünf verlassen ihn.

4 Welche Haarfarbe hat der Busfahrer?

a) blond
b) schwarz
c) weiß
d) grau
e) braun
f) Glatze

Die Lösungen findest du auf Seite 37.

Die beiden Fuhrleute

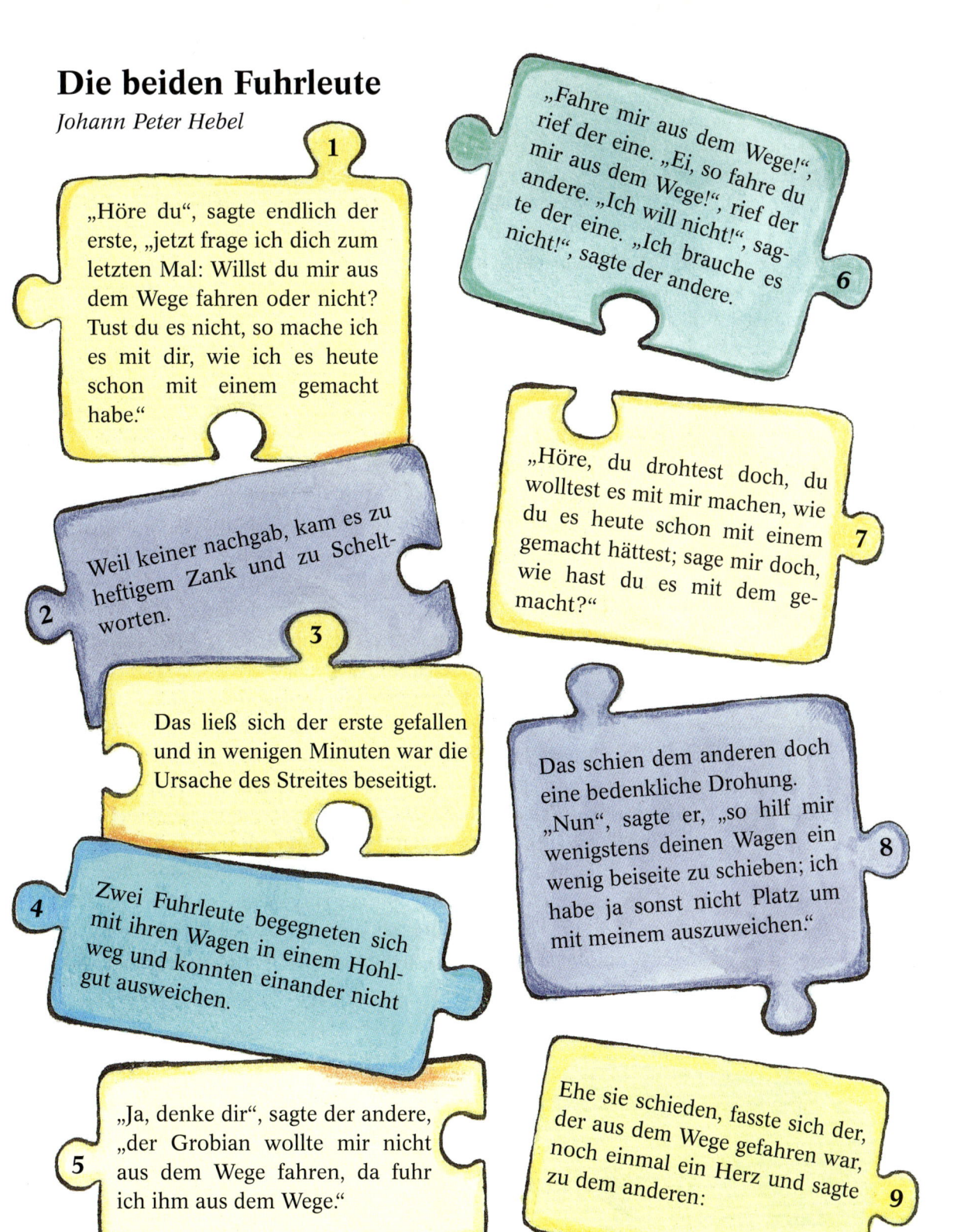

Johann Peter Hebel

1 „Höre du", sagte endlich der erste, „jetzt frage ich dich zum letzten Mal: Willst du mir aus dem Wege fahren oder nicht? Tust du es nicht, so mache ich es mit dir, wie ich es heute schon mit einem gemacht habe."

6 „Fahre mir aus dem Wege!", rief der eine. „Ei, so fahre du mir aus dem Wege!", rief der andere. „Ich will nicht!", sagte der eine. „Ich brauche es nicht!", sagte der andere.

2 Weil keiner nachgab, kam es zu heftigem Zank und zu Scheltworten.

7 „Höre, du drohtest doch, du wolltest es mit mir machen, wie du es heute schon mit einem gemacht hättest; sage mir doch, wie hast du es mit dem gemacht?"

3 Das ließ sich der erste gefallen und in wenigen Minuten war die Ursache des Streites beseitigt.

8 Das schien dem anderen doch eine bedenkliche Drohung. „Nun", sagte er, „so hilf mir wenigstens deinen Wagen ein wenig beiseite zu schieben; ich habe ja sonst nicht Platz um mit meinem auszuweichen."

4 Zwei Fuhrleute begegneten sich mit ihren Wagen in einem Hohlweg und konnten einander nicht gut ausweichen.

5 „Ja, denke dir", sagte der andere, „der Grobian wollte mir nicht aus dem Wege fahren, da fuhr ich ihm aus dem Wege."

9 Ehe sie schieden, fasste sich der, der aus dem Wege gefahren war, noch einmal ein Herz und sagte zu dem anderen:

5 Die Teile der Geschichte sind durcheinander geraten.
Deine Spürnase hilft dir die richtige Reihenfolge schnell zu finden.
Die Lösung findest du auf Seite 37.

Faule Eier!

Ich heiße Martin. Vor einiger Zeit – meine Eltern waren gerade für drei Wochen verreist – besuchte ich nachmittags meinen Freund Jürgen.
Jürgen wohnt im 12. Stock eines Hochhauses. Er war allein zu Hause.
Wir setzten uns an den Wohnzimmertisch und Jürgens Mutter brachte uns zwei Gläser Kakao, der uns herrlich schmeckte. Wir unterhielten uns angeregt hauptsächlich über die Schule. Dabei konnten wir durch das Wohnzimmerfenster Spatzen beobachten, die in dem Kirschbaum im Garten vor dem Haus herumhüpften.
Ich schlug vor einen Spaziergang zu machen. Wir spülten noch die Kakaotassen und dann wanderten wir durch die Felder. Dabei pflückten wir für unsere Eltern jeder einen schönen Strauß Klatschmohn. Die Schatten wurden allmählich kürzer und kürzer. Bald würde die Sonne untergehen. Auf dem Rückweg in die Stadt – es war schon nach sechs Uhr – wurden wir Zeugen eines Unfalls. Auf einer Kreuzung stießen zwei Autos wegen vereister Fahrbahn im dichten Abendverkehr zusammen. Ich schaute hinein und sah, dass einer der Fahrer am Bein schwer verletzt war, das Bein war gebrochen. Jürgen kannte einen Arzt, der in der Nähe wohnte, und ging sofort weg um ihn zu holen. Er kam aber bald zurück und berichtete, er habe den Arzt nicht angetroffen. Der Arzt habe versichert, dass die Verletzung nicht lebensgefährlich sei.
Inzwischen waren auch Polizei und Krankenwagen eingetroffen. Der verletzte Autofahrer stieg in den Krankenwagen und wurde weggefahren. Wir berichteten der Polizei, wie es zu dem Unfall gekommen war, und gingen dann schnell weiter. Unterwegs sahen wir Plakate, dass in vier Wochen in einem Konzert Beethovens 5. Sinfonie gespielt würde; dabei würde der Komponist selbst dirigieren. Das wollten wir unseren Eltern sagen. Jürgen und ich trennten uns. Unser Abend war aber noch nicht zu Ende. Als ich vor meiner Haustür ankam, fand ich meinen Schlüssel nicht. Hatte ich ihn bei Jürgen liegen gelassen? Ich beschloss, vom Telefon in meiner Wohnung aus Jürgen anzurufen. Der fand den Schlüssel tatsächlich auf dem Sofa im Wohnzimmer und war so nett ihn mir zu bringen. So konnte ich endlich ins Haus.

6 Im Text sind 11 Fehler versteckt. Kannst du sie finden?
Die Lösung findest du auf Seite 37.

Zum Weiterüben

7 Dein Partner oder deine Partnerin formuliert zu einem Text mehrere Fragen. Versuche sie nach einmaligem Lesen des Textes ohne Zögern zu beantworten.

Die guten Leutchen

„Die guten Leutchen wissen nicht,
was es einem für Zeit und Mühe
gekostet hat, lesen zu lernen.
Ich habe 80 Jahre dazu gebraucht
und kann jetzt noch nicht sagen,
dass ich am Ziel wäre."
*(Goethe zu Eckermann
am 25. Januar 1830)*

Lösungen

Seite 31
Der Schmuck war in der Blumenvase versteckt.
Weiterhin lagen die Glasscherben außerhalb des Zimmers auf dem Balkon.
Also wurde die Scheibe von innen eingeschlagen um abzulenken.
Zudem hatte Ingrid Zugang zum Zimmer.

Seite 34:
Der Baum ist am weitesten vom Haus entfernt.
Der rechte Becher ist aus Zinn.
Die Arbeit begann am Mittwoch um 8.30 Uhr.
Die Geschichte beginnt mit: „Du bist der Fahrer …"

Seite 35:
Die Reihenfolge muss lauten: 4 – 6 – 2 – 1 – 8 – 3 – 9 – 7 – 5

Seite 36:
1) Allein zu Hause – Mutter serviert Kakao
2) Gläser Kakao – Kakaotassen
3) Kirschbaum – 12. Stock
4) Blumen für Eltern – für drei Wochen verreist
5) Schatten am Abend länger, nicht kürzer
6) Klatschmohn – vereiste Fahrbahn
7) Arzt ist nicht anwesend – hat aber versichert …
8) Arzt hat die Verletzung nicht gesehen
9) Mit gebrochenem Bein ins Auto steigen
10) Beethoven ist tot.
11) Ohne Schlüssel – telefoniert aber aus der Wohnung

Schule, Schule

Seit sechs Wochen in der Hauptschule

Sebastian E., 11 Jahre

Ich bin jetzt schon seit sechs Wochen in der Hauptschule. Ich finde es schade, dass ich von manchen Klassenkameraden weg bin. Als ich das erste Mal das neue Klassenzimmer betrat, hatte ich Angst, was passieren würde. „Werde ich gute Freunde bekommen oder werden mich die anderen ausschließen? Wird die Lehrerin streng sein?", habe ich mir gedacht. Jetzt habe ich mich schon ganz gut eingelebt und auch neue Freunde. Die Lehrerin ist sehr nett und versteht viel Spaß. In der vierten Klasse war es nicht so gut, weil wir über 27 Kinder waren. Wegen meiner Größe sagten einige Mitschüler zu mir „Zwerg" oder „Winzling". Aber das ist jetzt besser. Wir sind nur 22 Kinder und das ist toll, weil man öfter drankommt. Meine Lieblingsfächer sind Mathe und Sport. Ich gehe jetzt ganz gern zur Schule. Nur die Hausaufgaben machen nicht immer Spaß.

Hinweise zum Text: Seite 47.

Warum müssen wir in die Schule gehen?
Kenzaburô Oe

Mein ältestes Kind, ein Junge namens Hikari, kam mit einem missgestalteten Kopf zur Welt. Am hinteren Teil seines Kopfes befand sich eine große Beule, so dass es aussah, als hätte er zwei Köpfe, einen großen und einen kleinen. Die Ärzte entfernten diese Beule, wobei sie sich darum bemühten, dabei das Gehirn so wenig wie möglich zu verletzen, und verschlossen die Wunde wieder.

Hikari wuchs schnell heran, doch auch mit vier oder fünf Jahren konnte er noch nicht sprechen. Er war besonders sensibel für die Höhe und den Klang von Tönen und das Erste, was er lernte, war nicht die menschliche Sprache, sondern die verschiedenen Gesänge der Vögel. Bald konnte er, wenn er die Stimme eines bestimmten Vogels hörte, auch den Namen des Vogels sagen, den er von einer Schallplatte mit Vogelstimmen kannte. So begann Hikari zu sprechen.

Mit sieben Jahren, ein Jahr später als normale Kinder, kam Hikari in die Schule. In eine „Sonderklasse". Dort gab es Kinder mit verschiedenen Behinderungen. Es waren Kinder darunter, die die ganze Zeit laut schrien. Andere konnten nicht still sitzen, sondern mussten immer herumlaufen und stießen dabei an Tische und warfen Stühle um. Wenn ich durchs Fenster hineinsah, hielt sich Hikari immer mit beiden Händen die Ohren zu und hatte sich am ganzen Körper versteift.

Und so stellte ich mir, als Erwachsener, noch einmal die gleiche Frage, die ich mir schon als Kind gestellt hatte. Warum muss Hikari in die Schule gehen? Er kennt die Lieder der Vögel gut und es macht ihm Spaß, ihre Namen von seinen Eltern zu lernen. Wäre es da nicht besser, wir kehrten in unser Dorf zurück und lebten in einem Haus, das wir auf der Wiese auf der Anhöhe im Wald errichteten? Ich würde in meinem Pflanzenbuch die Namen und Eigenschaften der Bäume nachschlagen und Hikari würde den Liedern der Vögel lauschen und ihre Namen nennen. Meine Frau würde uns beide zeichnen und Essen kochen. Warum war das unmöglich?

Aber es war Hikari selbst, der diese schwierige Frage für mich Erwachsenen löste. Eine Weile nachdem Hikari in die „Sonderklasse" gekommen war, fand er einen Freund, der genau wie er laute Geräusche und Lärm hasste. Von nun an saßen sie immer zu zweit in einer Ecke des Klassenzimmers und ertrugen, Hand in Hand, den Lärm um sie herum. Außerdem half Hikari seinem Freund, der körperlich schwächer war als er selbst, wenn dieser auf die Toilette musste. Diese Erfahrung, seinem Freund nützlich sein zu können, bedeutete für Hikari, der zu Hause wegen jeder Kleinigkeit auf seine Eltern angewiesen war, ein ganz neues Glück. Bald darauf sah man die beiden, wie sie etwas entfernt von den anderen Kindern nebeneinander auf ihren Stühlen saßen und Musiksendungen im Radio hörten.

Und nach einem Jahr stellte Hikari fest, dass die Sprache, die er am besten verstand, nicht mehr die Lieder der Vögel waren, sondern die von Menschen gemachte Musik. Er brachte sogar Zettel mit nach Hause, auf die sein Freund die Namen der Stücke aus den Radioprogrammen geschrieben hatte, die ihnen gefallen hatten, und suchte die Platten dazu heraus. Auch die Lehrer bemerkten, dass in den Gesprächen der beiden, die sonst fast immer schwiegen, Wörter wie Bach oder Mozart fielen.

Zusammen mit seinem Freund durchlief Hikari die „Sonderklasse" und die Sonderschule. In Japan endet für geistig behinderte Kinder die Schule mit der zwölften Klasse. Am Tag der Abschlussfeier hörten wir Eltern, wie die Lehrer Hikari und seinen Mitschülern mitteilten, dass ab morgen keine Schule mehr sei.

Bei der anschließenden Party sagte Hikari, der mehrmals erklärt bekommen hatte, dass ab morgen keine Schule mehr sei: „Das ist seltsam." Und sein Freund antwortete aus tiefstem Herzen: „Ja, das ist seltsam." Auf den Gesichtern der beiden erschien ein Lächeln, das Überraschung zeigte und doch Ruhe ausstrahlte.

Ausgehend von diesem kleinen Gespräch schrieb ich für Hikari ein Gedicht und Hikari, der anfangs von seiner Mutter Musikunterricht erhalten hatte und mittlerweile selbst komponierte, machte daraus ein Stück und schenkte es seinem Freund. Das daraus weiterentwickelte Stück „Schulabschluss mit Variationen" ist mittlerweile bei verschiedenen Konzerten gespielt worden und hat viele Zuhörer gefunden.

Heute ist die Musik für Hikari die wichtigste Sprache, um die Tiefe und den Reichtum in seinem Innern zu entdecken, sich anderen Menschen mitzuteilen und sich selbst zu der Gesellschaft in Beziehung zu setzen. Der Keim dazu wurde in seiner Familie gelegt, aber erst in der Schule konnte sich dieser entfalten. Nicht nur Japanisch, sondern auch die Naturwissenschaften und Mathematik und auch Sport und Musik sind Sprachen, die notwendig sind, um sich selbst genau zu verstehen und mit anderen Menschen in Kontakt treten zu können. Das Gleiche gilt auch für Fremdsprachen.

Um das zu lernen, glaube ich, müssen Kinder in die Schule gehen.

Hinweise zum Text: Seite 47.

Uli und ich

Irmela Wendt

Quer durch meine Schrift ging ein Strich und deswegen bekam ich keine Zwei. Zu Hause haben sie gesagt, ich brauchte es mir nicht gefallen zu lassen. „Ich will nicht mehr neben Uli sitzen", habe ich zu meiner Lehrerin gesagt. „Wo willst du denn sitzen, Petra?", hat sie gefragt. „Neben Peter", habe ich gesagt.

5 Ich habe meine Sachen vom Tisch genommen und bin einfach gegangen und habe kein Wort zu Uli gesagt. Und Uli hat auch nichts gesagt. Er ist dagestanden und hat geguckt und hat ganz nasse Augen gehabt.

Dann hat Rolf sich zu Uli gesetzt und ich habe gedacht, wie lange das wohl gut geht. Gleich am nächsten Tag hat Rolf gepetzt, dass Uli mit dem Stuhl wackelt,
10 dass Uli an den Füller stößt, dass Uli den Radiergummi nimmt, dass Uli abguckt. Um jede Kleinigkeit hat Rolf aufgezeigt und es hat mich ganz nervös gemacht.

Jörg ist wieder da; er war lange krank. Er hat sonst neben Peter gesessen und es ist selbstverständlich, dass er seinen Platz wieder nimmt. Ich gucke mich um.
15 Ich sehe, der Platz neben Uli ist auch frei; Rolf fehlt. Ich weiß selbst nicht, weshalb ich mich wieder auf meinen alten Platz setze. Ich will meine Sachen auspacken, da sagt Uli: „Ich finde, man kann nicht einfach wiederkommen, wenn man einmal weggegangen ist."

Ich habe nicht erwartet, dass Uli so was sagt. Ich weiß nicht, was ich tun soll.
20 Ich denke daran, dass er geweint hat, als ich weggegangen bin. Da fragt meine Lehrerin: „Was sagst denn du dazu, Petra?" Ich bringe kein Wort heraus. Da fragt sie noch mal. Ich sage: „Uli hat Recht."

„Ja, und?", fragt die Lehrerin.

„Heute bleibe ich hier sitzen. Morgen kann ich mich ja woanders hinsetzen",
25 sage ich.

Keiner hat weiter ein Wort dazu gesagt. Auch nicht am nächsten Tag. Und nicht die andern Tage. Ich weiß nicht, wie lange ich schon wieder neben Uli sitze. Manchmal stößt er mich an und verschrieben habe ich mich seinetwegen auch. Aber man kann sich auch was gefallen lassen, finde ich. Und so unruhig wie
30 früher ist er gar nicht mehr.

Hinweise zum Text: Seite 47.

Schulzeit
Fitzgerald Kusz

dä lehrä houdmi ned gmechd
weili zviel glachd hou
iich hounern ned gmechd
weilä dägeeng woä dassi glachd hou

su houd ä jedä woss
ghabd wossä ned mooch

Hinweise zum Text: Seite 48.

Maslief schreibt einen Brief
Guus Kuijer

„Heute wird hart gearbeitet", verkündet der Lehrer.
„Das viele Festefeiern – davon kriegt man nur Kopfschmerzen."
„Ich nicht!", ruft Maslief.
5 „Jawohl, du auch", sagt der Lehrer streng. „Deine Nase ist schon ganz weiß."
Maslief lacht laut und die anderen Kinder lachen mit.
Sie schreien durcheinander.
„RUHE!"
Und es wird mäuschenstill.
10 „So ist das", flüstert der Lehrer. „Wir werden heute nicht nur
hart arbeiten. Wir werden knallhart arbeiten."
„Hihihi", kichert hinten in der Klasse ein Kind.
„Ja, warte nur", knurrt der Lehrer. Er geht zur Tafel. Er dreht sie um.
Auf der Rückseite stehen Rechenaufgaben.
15 Schrecklich viele Rechenaufgaben!
„Uije", seufzt die Klasse. So viele Rechenaufgaben auf einmal
haben die Kinder noch nie gesehen.
Maslief schaut sie sich genauer an. Sie findet es nicht so schlimm.
Es sind keine schweren Rechenaufgaben. Eben nur verflixt viele.
20 Aber warum macht der Lehrer das? Sie versteht es nicht.
Will er die Kinder unter Druck setzen?

„Und diesmal wird kein Wort gesprochen", sagt der Lehrer weiter.
„Kein Ton, verstanden?"
Nein, eigentlich versteht Maslief überhaupt nichts.
25 Soll das etwa 'ne Strafe sein? Und wofür?
Die Kinder nehmen ihre Hefte. Sie machen sich verbissen an die Arbeit.
Maslief auch. Aber sie grübelt immer noch über das Ganze nach.
Der Lehrer geht leise an den Tischen entlang. Er sagt nichts.
Es ist unangenehm still. Maslief rechnet und rechnet. Ab und zu
30 schaut sie auf, zu Tinchen. Die ist noch lange nicht so weit wie sie.
Sie guckt mal nach draußen. Auf der anderen Straßenseite sitzt
der alte Herr wieder am Fenster. Den hatte sie schon beinahe vergessen.
Ob sie ihm mal winkt? Sie schaut unter dem Arm durch, wo der Lehrer ist.
Der steht hinten in der Klasse. Mit dem Rücken zu ihr.
35 Vorsichtig streckt sie ihren Arm in die Höhe. Und sie winkt.
Nichts geschieht, gar nichts. Der alte Herr hat es sicher nicht gesehen.
Sie probiert es noch einmal. Jetzt lässt sie ihre Hand schnell
hin und her flattern. Prima! Jetzt winkt er zurück!
„Ist was, Maslief?", fragt der Lehrer.
40 Seine Stimme klingt gar nicht freundlich.
„Nee, nix", sagt Maslief. Sie macht sich schnell wieder an die Arbeit.
Bah, was hat der Mann für 'ne schlechte Laune.
Sie findet ihn überhaupt nicht nett heute. Man wird ja richtig nervös davon. Sie
schaut mal wieder auf. Tinchen hat sie eingeholt.
45 Sie versucht schneller zu arbeiten, aber das nützt nichts.
Tinchen bleibt ihr voraus. Vorsichtig zieht Maslief ein Stück Papier
aus der Schublade. Sie legt es neben ihr Heft. Dann schreibt sie:

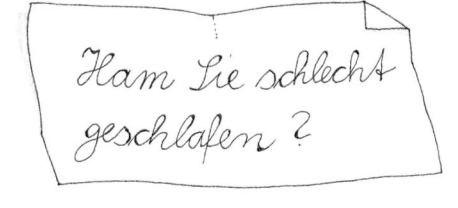

> *Ham Sie schlecht geschlafen?*

Sie faltet das Blatt zusammen und steht auf.
Sie läuft auf Zehenspitzen auf den Lehrer zu.
50 Sie gibt ihm den Zettel und huscht wieder zurück an ihren Tisch.
Ihr Herz klopft. Was wird er sagen? Sie wagt nicht sich umzusehen.
Sie macht sich schnell wieder an die Arbeit.
Kurze Zeit später kommt der Lehrer an ihr vorbei.
Er legt einen Zettel auf ihren Tisch.
55 Sie faltet den Zettel auseinander und da steht:
„Gut geschlafen – nur ein bisschen wenig.
In einer Stunde bin ich wieder so wie immer."

Hinweise zum Text: Seite 48.

Kein Trost
Manfred Mai

Tina sitzt neben mir
und weint

2+
steht unter meiner Arbeit
ich möchte mich freuen
4–
unter ihrer

dabei haben wir
wie immer
zusammen gelernt
und jetzt

Hinweise zum Text: Seite 49.

Sag ich's? Oder sag ich's nicht?
Achim Bröger

Vorsicht! Ich klingele wie wild. Mensch, was macht denn dieser Doofmann in seinem Auto? Schläft der? Beinahe hätte er mich beim Überholen umgestoßen. Wahrscheinlich hat er was gegen Radfahrer. Das ist gerade noch mal gutgegangen. Puuh. Gleich bin ich zu Hause. Warum beeil ich mich eigentlich so? Ich sollte langsamer fahren. Zu Hause muss ich meiner Mutter nämlich was beichten. Und das tue ich gar nicht gerne.

Sag ich ihr das wirklich? ... Ach, ich weiß noch nicht. Diese Mist-Mathearbeit. Da hinten in meiner Tasche liegt sie. Auf eine Vier habe ich gehofft. Eine Fünf ist es geworden. Zum Wimmern finde ich das.

Erzähl ich die Fünf? Oder lasse ich's? Wenn ich's lasse, werden die Eltern über meine Mathezensur im Zeugnis staunen. Das ist nämlich schon die zweite Mathe-Fünf in diesem Jahr und die erste habe ich ihnen nicht gesagt.

Ein blödes Gefühl, so nach Hause zu fahren. Sehr blöd. Es müsste irgendwas passieren, damit meine Eltern die Arbeit nicht mehr wichtig finden, ein Unfall zum Beispiel. Den schaffe ich auch noch, wenn ich weiter so wenig auf den Verkehr achte. Da ist unser Haus. Am liebsten würde ich jetzt immer weiterfahren. Vielleicht höre ich dann eines Tages im Radio, dass sie mich suchen und unbedingt wollen, ich soll zurückkommen. Mit jeder Note. Egal.

Diese Mist-Zensuren, die versauen einem alles! Ob sie mich eigentlich mit den schlechten Noten genauso gern mögen wie meinen Bruder? Das Rad stelle ich vor dem Haus ab und geh die Treppe hoch. Die Tasche mit der Fünf habe ich in der Hand. Oben bin ich und jetzt wird geklingelt. Dabei überlege ich: Sag ich's? Oder sag ich's nicht? In meinem Kopf geht alles durcheinander.

Mutter öffnet die Tür. „Wie war's?", fragt sie. Ich brumme: „Na ja, wie's in der Schule eben ist."

Aus der Küche höre ich Musik. Klaus, mein großer Bruder, sitzt am Tisch. Das Essen kocht und es riecht prima. Sonst bin ich eigentlich immer gern mit in der Küche. Aber heute nicht. Die beiden haben sich was erzählt. Mächtig gut gelaunt wirkt alles. Oh, die Laune könnte ich ihnen verderben, vor allem meiner Mutter. Ich müsste nur die Fünf beichten. „Komm bald zum Essen", sagt sie.

„Ja", sage ich und verschwinde erstmal in meinem Zimmer. Die Tasche mit der Fünf drin schmeiße ich unter den Tisch und setz mich aufs Sofa.

Ich sag's ihr, nehme ich mir vor. Aber erst nach dem Essen.

Schimpfen wird sie gar nicht viel, meine Mutter. Ob ich nicht genug geübt habe, fragt sie garantiert. Und mein Bruder sagt: Mensch, das ist alles ganz leicht. Ich hab's dir doch erklärt. Das hat er auch, wirklich. Sie geben sich Mühe mit mir. Und ich war sicher, dass die Arbeit dieses Mal nicht schief geht. Einen Punkt mehr hätte ich gebraucht. Einen einzigen. Dann wär's eine Vier geworden. Bei mir fehlt oft ein Punkt. Mein Bruder hat diesen Punkt immer ... na ja ... und noch etliche dazu.

Einige in meiner Klasse sagen: Mit einer Fünf darf ich mich zu Hause nicht sehen lassen. Die haben richtig Angst, dass sie bestraft werden. Davor muss ich keine Angst haben. Aber natürlich ist meine Mutter enttäuscht. Und schlechte Laune hat sie, wenn ich eine Fünf mitbringe. Abends erfährt Papa von meiner Glanzleistung. Vielleicht sagt der: Nimm dir ein Beispiel an Klaus.

Wenn der wenigstens ein richtiger Streber-Heini wäre, der Klaus. Dann könnte ich mir denken: Ne, an dem nehm ich mir kein Beispiel. Leider ist er kein Streber. Er schafft das einfach so. Dabei tu ich mehr als er.

Eben höre ich meine Mutter aus der Küche: „Komm zum Essen!" Und ich weiß immer noch nicht: Sag ich's? Oder sag ich's nicht?

Am liebsten würde ich hier in meinem Zimmer sitzen bleiben.

„Hast du nicht gehört?", fragt meine Mutter.

„Komme schon", sage ich und trotte in die Küche.

Kartoffeln, Rotkohl und Rindfleisch gibt es.

„Hm, das riecht gut", sagt Klaus. „Hab ich einen Hunger."

Und dann sagt er zu mir: „Deck schon mal den Tisch."

„Blödmann! Mach doch selber!", donnere ich.

„Mensch, sei nicht so unfreundlich", sagt Mutter. „Natürlich hilft der Klaus beim Tischdecken." Natürlich. Klar. Dieser Musterjunge. Und der tut in letzter Zeit wie ein Pascha. Der hat mir gar nichts zu sagen.

Ich hole die Teller. „Stell dir vor", sagt Mama, „Klaus hat seine Deutscharbeit wiederbekommen. Rate mal, was es für 'ne Zensur geworden ist?"

„Na, was meinst du?", fragt Klaus lässig. Dieser Angeber, wie der dasteht und am Kühlschrank lehnt. „Weiß ich nicht", sage ich. Dabei weiß ich's genau.

Wenn sie so gucken und aus der Note ein Rätsel machen, gibt's keine große Auswahl. Entweder hat er eine Zwei oder eine Eins.

„Eine Zwei hat er", sagt Mutter. „Um einen Punkt. Beinahe wär's eine Eins geworden."

Prima finde ich, dass er auch mal einen Punkt zu wenig hat.

Aber das behalte ich für mich. Mensch, ich wünschte mir einen Bruder, der schlechter in der Schule wäre als ich. „Na, ist das nicht toll?", fragt Mutter.

„Hm", murmele ich.

„Richtig stoffelig bist du heute", beschwert sie sich. „Was ist dir denn für 'ne Laus über die Leber gelaufen?"

Zum Glück erwartet sie keine Antwort. Sie stellt das Gemüse, das Fleisch und die Kartoffeln auf den Tisch. Gleich nimmt sich Klaus wieder das größte Fleischstück, jede Wette. Das kann ich besonders leiden.

Wir sitzen hinter den Tellern. Plötzlich guckt mich Klaus an und fragt: „Habt ihr eigentlich die Mathearbeit wieder?"

Mir schießt noch mal durch den Kopf: Sag ich's? Oder sag ich's nicht? Und ich sage: „Wir haben sie zurückbekommen."

„Und?", fragt Mutter.

„'ne … Vier", sage ich. Im nächsten Augenblick denke ich schon: Verdammt, warum habe ich bloß nicht die richtige Zensur gesagt?

„Na ja", seufzt Mutter und klingt unzufrieden. Wenn die wüsste.

„Ist ja nicht das Gelbe vom Ei", sagt mein Bruder.

„Ich habe eine schlechte Vier. So gerade noch. Um einen Punkt", sage ich hastig, damit es nicht zu sehr gelogen ist.

„Schade", sagt Mutter und fragt dann: „Hast du nicht genug geübt?"

Ich wusste, dass das kommt. „Keine Ahnung", sage ich. „Vor der Arbeit konnte ich alles."

„Jedenfalls so einigermaßen", sagt mein Bruder.

„Das reicht eben nicht", meint Mutter.

Jetzt muss ich in der nächsten Arbeit unbedingt eine Drei schreiben, damit aus den zwei Fünfen im Zeugnis noch eine Vier wird. Schon heute Nachmittag übe ich. Ganz bestimmt. Hoffentlich hilft mir der Klaus.

„Na ja", sagt Mutter. „Zieh nicht so ein Gesicht. Eine Vier ist immerhin besser als eine Fünf."

Das tröstet mich wirklich sehr, was sie da sagt.

„Zeig mir nachher mal die Arbeit", verlangt sie plötzlich. Auch das noch!

„Hm", mache ich und hoffe, dass sie das später vergessen wird. Wenn sie's nicht vergisst, sage ich: Wir sollten die Hefte in der Schule lassen, weil der Lehrer die Verbesserung der letzten Arbeit nachsehen will.

Ach, ist das alles doof. Da zieht eines das andere hinterher.

„So, wir essen", sagt Mutter.

Aber mir ist der Appetit eigentlich schon längst vergangen.

Hinweise zum Text: Seite 49.

Schule, Schule

Sebastian E.:
Seit sechs Wochen
in der Hauptschule

1 Welche Erfahrungen hat Sebastian E. in der Hauptschule gemacht?
2 „Seit sechs Wochen in der Hauptschule" – was fällt dir dazu ein?
3 Eure Erfahrungen in der Hauptschule könnt ihr auch so festhalten:
Schreibt die Buchstaben des Wortes HAUPTSCHULE untereinander und findet zu jedem Buchstaben ein Wort, das zur Hauptschule passt (z. B. *Hausaufgabe, Andere Mitschüler* usw.)

Kenzaburô Oe:
Warum müssen wir
in die Schule gehen?

Kenzaburô Oe, geb. 31.1.1935, bekam 1994 den Literaturnobelpreis für sein Gesamtwerk. Er lebt in Tokio und lehrt als Gastprofessor auf der ganzen Welt. Sein Roman *Grüner Baum in Flammen* erschien im September 2000 und ist der erste Band einer Trilogie.

1 a) Welche besondere Fähigkeit besitzt Hikari?
   b) Wie hilft ihm die Schule dabei, diese Fähigkeit weiter zu entwickeln?
2 Stell dir vor, Hikari wäre nie zur Schule gegangen. Wie wäre sein Leben weiter verlaufen?
3 Welches Glück lernt der Junge in der Schule kennen?
4 Hikari ist ein Kind mit Schwierigkeiten in der geistigen Entwicklung und besucht eine Sonderklasse.
   a) Wie schaut der Schulalltag in Deutschland für geistig behinderte Kinder aus?
   b) Informiere dich über ein Förderzentrum in der Nähe deines Schulortes.
5 Über den Nobelpeisträger Kenzaburô Oe kannst du dich im Internet informieren:
www.nobelpreis.org/Literatur/oe.htm

Irmela Wendt:
Uli und ich

Irmela Wendt wurde 1916 in Donop (Kreis Detmold) geboren. Viele Jahre lang war sie Lehrerin. Nach ihrer Pensionierung 1979 widmete sie sich ganz dem Schreiben. Sie hat mehrere Kinderbücher und zahlreiche Erzählungen veröffentlicht und lebt heute in Dörentrup im Kreis Lippe/Westfalen.

1 „Man kann nicht einfach wiederkommen,
   wenn man einmal weggegangen ist" –
   was meint ihr dazu?
2 Stell dir vor, Petra wird von einer Klassenkameradin
   gefragt, weshalb sie wieder neben Uli sitzt.
   Was, glaubst du, antwortet sie?
3 „Aber man kann sich auch was gefallen lassen",
   findet Petra am Schluss. Wie hättest du reagiert?
4 Wie hat wohl Uli die Geschichte erlebt?
   Schreibe auf, was er dazu in sein Tagebuch notiert
   haben könnte.

**Fitzgerald Kusz:
Schulzeit**

Fitzgerald Kusz, eigentlich Rüdiger Kusz, wurde 1944 in Nürnberg geboren. Nach dem Studium arbeitete er zehn Jahre als Lehrer und lebt seit 1982 als freier Schriftsteller in Nürnberg.
Obwohl er in fränkischer Mundart schreibt, ist er inzwischen weit über Franken hinaus bekannt geworden, vor allem mit seinem Theaterstück *Schweig, Bub!*. Kusz schreibt Gedichte, Geschichten, Hörspiele, Filmdrehbücher und Theaterstücke.

1 a) Das Gedicht ist in fränkischer Mundart geschrieben. Lest das Gedicht laut, dann könnt ihr es verstehen, selbst wenn ihr eine andere Mundart sprecht.
   b) Versucht einmal den Text ins Hochdeutsche zu übertragen. Wie klingt das Gedicht jetzt?
2 a) Schüler und Lehrer mögen sich manchmal nicht. Welche Gründe werden im Text genannt?
   b) Welche anderen Ursachen dafür kennt ihr noch?

**Guus Kuijer:
Maslief schreibt
einen Brief**

Guus Kuijer wurde 1942 in Amsterdam geboren. Nach Schule und Studium wurde er Lehrer. Seit Anfang der 70er Jahre arbeitet er als freier Schriftsteller. 1982 erhielt er den Deutschen Jugendliteraturpreis. Kuijer lebt mit zwei Hunden, elf Gänsen und vielen Enten auf einem Bauernhof in der Nähe von Amsterdam.

1 Woran merkt Maslief, dass der Lehrer schlechte Laune hat?
2 Wie verhält sich der Lehrer wohl normalerweise?
3 „Ich finde, die Maslief war ganz schön mutig, dass sie sich getraut hat, dem Lehrer diesen Brief zu schreiben." Was meint ihr?
4 Wie hat der Lehrer diese Unterrichtsstunde wohl erlebt?

**Manfred Mai:
Kein Trost**

Der Autor wurde 1949 in Winterlingen auf der Schwäbischen Alb geboren. Nach Abschluss seiner Malerlehre holte er das Abitur nach, studierte und wurde Lehrer. Heute arbeitet er als freier Schriftsteller. Er schreibt Gedichte, Erzählungen, Romane und Hörspiele für Kinder, Jugendliche und Erwachsene.

1 Warum weint Tina?
2 Was denkt ihre Freundin?
3 Was ist mit dem Titel *Kein Trost* wohl gemeint?
4 Habt ihr beim Lernen mit einem Mitschüler oder einer Mitschülerin schon einmal ähnliche Erfahrungen gemacht? Wie seid ihr damit umgegangen?

**Achim Bröger:
Sag ich's?
Oder sag ich's nicht?**

Achim Bröger wurde 1944 in Erlangen geboren. Nach der Schule arbeitete er in mehreren Berufen, u. a. als Schriftsetzer, Polizist und Werbetexter. Seit 1980 ist er freier Schriftsteller. Er hat Kinder- und Jugendromane, aber auch Geschichten und Hörspiele verfasst, für die er inzwischen viele Auszeichnungen bekommen hat.

1 Bis zuletzt kann sich das Mädchen nicht entscheiden, ob sie zu Hause von ihrer Note erzählen soll. Welche Gründe gehen ihr durch den Kopf, die dafür sprechen? Welche sprechen dagegen?
2 „Sag ich's oder sag ich's nicht?" Was hättest du dem Mädchen geraten?
3 Wie wäre das Mittagessen wohl verlaufen, wenn das Mädchen der Mutter die Note wahrheitsgemäß gesagt hätte?
Schreibe den Schluss der Geschichte entsprechend um. Du kannst mit der Frage des Bruders anfangen: „Habt ihr eigentlich die Mathearbeit wieder?"
4 Das Mädchen fragt sich: „Ob sie (die Eltern) mich eigentlich mit den schlechten Noten genau so gern mögen wie meinen Bruder?" Was meint ihr?

Ein bisschen anders

Du und ich
Karlhans Frank

Du bist anders als ich
ich bin anders als du.
Gehen wir aufeinander zu,
schauen uns an,
erzählen uns dann,
was du gut kannst,
was ich nicht kann,
was ich so treibe,
was du so machst,
worüber du weinst,
worüber du lachst,
ob du Angst spürst bei Nacht
welche Sorgen ich trag,
welche Wünsche du hast,
welche Farben ich mag,
was traurig mich stimmt,
was Freude mir bringt,
wie wer was bei euch kocht,
wer was wie bei uns singt…
Und plötzlich erkennen wir
– waren wir blind? –
dass wir innen uns
äußerst ähnlich sind.

Hinweise zum Text: Seite 60.

Der gelbe Junge

Peter Härtling

Mark bekam seine Eltern ganz anders als die Kinder sonst. Er wurde von seiner Mutter nicht geboren; er war schon fünf, als er sie kennen lernte. Und er hat ganz anders geheißen. Er ist nämlich in Vietnam zur Welt gekommen, mitten im Krieg. Von seinem Vater wusste man nichts mehr; er war im Krieg verschollen – wahrscheinlich hatte ihn eine Kugel oder Granate getroffen. Als um das Dorf gekämpft wurde, floh seine Mutter mit ihm und seinen vier Geschwistern. Sie liefen mit vielen anderen Menschen auf der Straße und wussten eigentlich nicht, wohin. Überall im Land war Krieg.

Ein Flugzeug kam tief herunter und schoss in den Menschenzug hinein. Die Mutter wurde getroffen, stürzte hin und starb. Die Kinder blieben bei ihr, hockten sich neben sie, weinten. Andere Leute packten sie und zerrten sie mit. In irgendeiner Stadt wurden sie in einem Heim abgegeben. Damals war Mark drei Jahre alt. Seine Geschwister kamen mit der Zeit in andere Heime. Er blieb allein, vergaß allmählich alles – nur manchmal träumte er noch davon, wie die Mutter im Straßenstaub lag. Dann heulte er im Schlaf, wachte davon auf und eine Schwester musste ihn beruhigen. Das war nicht einfach. Der Schrecken saß tief in ihm.

Nach zwei Jahren, in denen er immer wieder krank war, brachte ihn eine der Schwestern zu einem großen Flugzeug, in dem er mit anderen vietnamesischen Kindern in ein fernes Land flog, wo neue Eltern auf ihn warteten. Er hatte Angst vor alldem.

Alles war da anders als zu Hause. Es gab keinen Krieg. Niemand fürchtete sich vor Bomben. Die neuen Eltern waren bleichhäutig und viel größer als seine ersten Eltern. Sie schüchterten ihn ein. Aber sie waren freundlich zu ihm. Sie wohnten in einem Haus mit Garten und zeigten ihm ein Zimmer, das ihm ganz allein gehörte. Sie gaben ihm neue Namen und er hatte mit einem Mal auch eine neue Schwester: Sie hieß Renate und war zwei Jahre älter als er.

Zu essen gab es, was er wünschte. Trotzdem war er noch oft krank und die neue Mutter sagte: Das hast du aus dem schrecklichen Krieg mitgebracht.

Er hieß jetzt Mark Dobler. Es fiel ihm nicht leicht, seinen Namen auszusprechen, doch er lernte rasch die neue Sprache, Deutsch, und nach einem Jahr redete er wie Renate. Er hätte auch nicht mehr gemerkt, dass er anders war als die Kinder hier, wenn sich nicht die Leute nach ihm umgedreht hätten. Dann sagte sein Vater: Die sind blöd. Das kann dir egal sein. Die Kinder, mit denen er spielte, hatten sich längst an ihn gewöhnt. Er war einer von ihnen. Dass er nicht ganz so aussah wie sie, pechrabenschwarzes Haar und gelbe Haut hatte, fiel ihnen nicht mehr auf. Er war ihr Spielkamerad, ihr Freund. Wenn einer doch mal eine dumme Bemerkung machte, bekam er es mit Renate zu tun. Renate hatte ihn gern wie eine Schwester.

Mit der Schule änderte sich das. Am ersten Tag brachten ihn die Eltern hin, der Lehrer war allzu freundlich zu ihm, was ihm nicht behagte, und die Kinder starrten ihn an, als käme er vom Mars. Er hatte Angst und Wut. Er wusste, dass er sich würde prügeln müssen.

Die Eltern mussten gehn. Der Unterricht begann. Der Lehrer bat die einzelnen
45 Kinder ihren Namen zu nennen. Als die Reihe an ihm war, sagte er: Mark Dobler. Der Lehrer schrieb nicht wie bei den anderen den Namen in ein dickes Buch, sondern begann eine Rede zu halten: Wie ihr wahrscheinlich schon wisst, kommt Mark aus Vietnam. Er hat seine Eltern verloren und ist von Doblers an Kindes Statt angenommen worden.
50 Mark fand dieses „an Kindes Statt" ganz grässlich. Irgendwie falsch und gemein. Doch er sagte nichts, hielt den Kopf gesenkt, schämte sich.

Der Lehrer sagte weiter: Seid nett zu ihm, behandelt ihn aufmerksam.

Da stand Mark auf und sagte leise: Aber ich bin doch wie die andern.

Der Lehrer lachte: Wenn du meinst, Mark.
55 Ja, das stimmt, sagte Mark.

In der Pause kam niemand zu ihm. Er stand allein. Er war nahe daran zu weinen. Aber er verbiss es. Vor denen wollte er sich nicht schwach zeigen. Nein.

Eine Horde von Jungen kam auf ihn zu. Es waren größere, aus der zweiten oder dritten Klasse. Sie bildeten einen Kreis um ihn und der, den sie Tom riefen, sag-
60 te: Wo kommst'n du her?

Mark sagte: Ich wohne in der Bieberstraße.

Nee, wo du herkommst, will ich wissen, sagte Tom.

Von hier, sagte Mark.

Jetzt wird der Gelbe auch noch frech, sagte Tom.
65 Lass ihn, sagte ein anderer.

Warum? sagte Tom. Wenn er mich auf den Arm nimmt.

Mark versuchte, aus dem Kreis herauszukommen, doch die Jungen ließen es nicht zu. Jetzt muss ich mich eben prügeln, dachte er; am liebsten hätte er sich auf den Boden gelegt, zusammengerollt und geheult. Sie waren hundsgemein.
70 Sie hatten ihn „der Gelbe" genannt. Jetzt, sagte er sich, rannte mit gesenktem Kopf auf Tom los, doch der fing ihn auf und schlug ihm ins Gesicht. Er trommelte mit den Fäusten auf Tom ein.

Mensch, der Chinese hat ja Mut, sagte Tom.

Ich bin kein Chinese, schrie
75 Mark.

Du bist doch gelb im Gesicht, sagte Tom.

Bist du auch gelb am Bauch und am Hintern?
80 Ich bin aus Vietnam, sagte Mark.

Nun konnte er das Weinen kaum mehr unterdrücken.

Du bist nicht aus Vietnam.
85 Du bist gelb. Du bist ein Chinese.

Ich bin ein Deutscher, sagte er sehr leise. Aber Tom hatte es gehört.
Der will ein Deutscher sein! Habt ihr gehört?
Der ist gelb und will ein Deutscher sein.
Mark gab auf, legte die Hände vors Gesicht und schluchzte. Einer der Jungen zog Tom zurück und sagte: Lass ihn doch in Ruhe. Er kann ja nichts dafür, dass er gelb ist.
Endlich kam einer der Lehrer und holte ihn heraus. Er schimpfte mit den Jungen.
Tun Sie's nicht, sagte Mark.
Aber sie haben dich doch beleidigt.
Ja, sagte Mark.
Am nächsten Tag wollte er nicht in die Schule gehn. Der Vater schlug vor, er werde ihn hinbringen. Das wollte er aber nicht. Er ging mit Renate.
Auf dem Hof hörte er, wie einer zum anderen tuschelte: Da ist er, der gelbe Junge. Er riss sich von Renates Hand, rannte auf den Jungen zu, sprang an ihm hoch, klammerte sich an dessen Hals, sodass der Angst bekam und flehte: Lass mich los.
Nenn mich nicht noch einmal „gelber Junge", sagte Mark.
Nein, nein.
Er ließ den Jungen los. Als er sich von ihm abkehrte, gab der ihm einen Tritt in den Hintern. Mark flog nach vorn. So listig seid ihr ... ihr Weißen ... Er schämte sich, fühlte sich krank, packte den Ranzen, lief aus dem Schulhof, nach Hause.
Heute musst du nicht in die Schule. Morgen, sagte Mutter.
Ich will nach Hause, sagte er.
Du bist doch hier zu Hause, sagte seine Mutter. Er sah, dass sie traurig war.
Bei euch schon, sagte er. Aber sonst nicht.
Manchmal denke ich das auch, sagte Mutter. Aber wir werden es schon schaffen.
Er schaffte es, gewöhnte sich daran, „gelber Junge" genannt zu werden. Mit der Zeit taten das nicht mehr viele. Als er in die dritte Klasse kam, wäre er beinahe zum Klassensprecher gewählt worden. Es fehlten nur vier Stimmen.
Wir haben dich lieb wie Renate, sagten seine Eltern. Es war so. Er wusste es. Er spürte es.
Aber nachts träumte er noch immer, dass ihn eine Horde weißhäutiger Kinder verfolgt, ihn jagt, hetzt und dass er am Ende sich hinwirft, darauf wartet, von ihnen gequält und verspottet zu werden. Der gelbe Junge!
Er war nicht sicher, ob diese Träume je aufhören würden, obwohl seine Eltern ihn liebten, obwohl er hier zu Hause war und obwohl er sich an das Land, aus dem er gekommen war, und an seine ersten Eltern nicht mehr erinnern konnte.

Hinweise zum Text: Seite 60.

Die Sache mit Britta

Annette Weber

Das erste Jahr in Deutschland war ereignisreich und ging schnell vorbei. Sevim und ich hatten schon viel Deutsch gelernt, aber wir spielten nachmittags immer mit den türkischen Kindern aus unserer Klasse. Uns gefiel es hier in Deutschland sehr gut. Auch Habibe war zufrieden. Sie ging jetzt vormittags in einen
5 Kindergarten und hatte dort auch etwas Deutsch gelernt. Nur das Wetter, fanden wir, hätte besser sein können. Es regnet doch ziemlich oft hier.

Papa und Mama waren hier aber nicht zufrieden. Papa musste in dem Stahlwerk schwer arbeiten und seine Arbeitszeit war sehr unregelmäßig. Mal musste er morgens, mal nachmittags und mal nachts arbeiten. Wenn er nachts gearbei-
10 tet hatte, mussten wir in der Wohnung immer sehr leise sein, weil Papa dann tagsüber schlief. Auch die Arbeitskollegen gefielen Papa nicht, weil sie Türken nicht mochten.

„Ihr Türken nehmt uns hier die Arbeit weg", sagten sie immer und das machte Papa sehr wütend.

15 Mama war unglücklich in Deutschland, weil sie die Sprache nicht verstand. Und da türkische Frauen nicht oft aus dem Haus gehen dürfen, machte sie keine Bekanntschaften. Manchmal erzählte sie uns, wie einsam sie hier in Deutschland sei und wie viele Freunde und Bekannte sie in der Türkei gehabt habe. Aber davon wollten Sevim und ich nichts wissen.

20 Eines Tages ging ich wieder einmal von der Schule nach Hause. Ich hatte einen kleinen Umweg gemacht, weil ich noch kurz mit zu Selda gegangen war. So kam ich an diesem Tag durch die Hermannstraße. Plötzlich sah ich vor einem Straßengully ein deutsches Mädchen sitzen, das mit zwei Stöckchen darin herumstocherte. Es schluchzte dabei verzweifelt vor sich hin.

25 „Was hast du?", fragte ich betroffen. Das Mädchen sah erschrocken auf.

„Mir ist mein Geld in den Gully gefallen", sagte es leise. „Es waren fünf Mark. Wenn das meine Mutter erfährt, verprügelt sie mich wieder."

Das Mädchen schluchzte erneut und stocherte noch verzweifelter in dem Gully herum.

„Ist dein Geld da drinnen?", fragte ich ungeschickt und zeigte auf den Gully, denn ich war mir nicht sicher, ob ich es richtig verstanden hatte.

„Ja, doch", rief das Mädchen verzweifelt. „Mein Vater verdient nur wenig Geld und wenn ich fünf Mark verliere, gibt es eine gehörige Tracht Prügel, verstehst du?"

Mit den schmutzigen Händen wischte sie sich die Tränen ab, wobei schwarze Spuren in ihrem Gesicht zurückblieben. Ich setzte mich zu dem Mädchen und schaute in den Gully. Das Geld war auf den Rand des Abflussrohres gefallen und gut zu sehen, aber nicht zu erreichen. Ich nahm die beiden Stöckchen und steckte sie durch die Gitterstäbe des Kanaldeckels. Durch eine geschickte Drehung bekam ich mit dem Stöckchen das Geldstück zu fassen und zog es langsam und vorsichtig hoch. Aber kurz bevor ich den Kanaldeckel erreicht hatte, stieß das Mädchen einen freudigen Schrei aus. Ich erschrak so sehr, dass mir das Geldstück wieder entglitt und in das Abflussrohr fiel. Es ging sofort unter und wir konnten es nicht mehr sehen. Das Mädchen schlug die Hände vors Gesicht und fing wieder so schrecklich an zu weinen, dass ich es kaum ertragen konnte. Ich suchte nach einer Lösung.

„Komm", sagte ich schließlich. „Meine Mutter gibt dir das Geld."

„Meinst du wirklich?", fragte das Mädchen.

Ich nickte und machte ihr ein Zeichen mitzukommen. Wir liefen nach Hause.

An der Wohnungstür angekommen, wollte das Mädchen einfach so in unsere Wohnung laufen. Da musste ich ihr erst einmal erklären, dass man sich bei türkischen Familien an der Tür die Schuhe auszieht. Sie folgte meinem Beispiel. Ihre Strümpfe hatten große Löcher und das schien ihr sehr unangenehm zu sein.

„Wer ist denn das Mädchen?", fragte Mama erstaunt.

Ich erzählte ihr schnell auf Türkisch, was uns passiert war, und bat sie dem Mädchen die fünf Mark zu geben.

Mama hörte in Ruhe zu, strich dann dem Mädchen über die schönen blonden Haare, ging zum Küchenschrank und holte das Geld aus ihrem Portemonnaie.

Das Mädchen sah Mama ungläubig an, nahm das Geld schnell an sich und lief zur Tür, als hätte sie Angst, Mama könne ihr das Geldstück wieder wegnehmen. Aber dann kam sie noch einmal zurück.

„Danke", sagte sie zu Mama. „Das werde ich dir nie vergessen", sagte sie zu mir. „Übrigens, ich heiße Britta. Ich wohne in der Friedrichstraße, gleich um die Ecke. Wir sehen uns bestimmt bald wieder."

Dann zog sie ihre Schuhe an und lief weg.

Den ganzen Nachmittag musste ich an Britta denken.

Als ich am nächsten Tag zur Schule kam, wurden mir plötzlich die Augen zugehalten.

„Selda?", fragte ich.

„Falsch", hörte ich eine Stimme hinter mir.

Ich drehte mich um und sah Britta vor mir stehen.

„Gehst du auch in diese Schule?", fragte ich ungläubig.

„Ja, was denkst du denn?", lachte Britta.

Fast jeden Nachmittag traf ich mich mit ihr. Wir redeten miteinander und spielten auf der Straße oder in unserer Wohnung. Zu Britta gingen wir nie.

„Bei uns ist immer Zoff", sagte Britta.

„Zoff?", fragte ich erstaunt, weil ich das Wort noch nie gehört hatte.

„Na, Streit", erklärte Britta. „Wenn mein Vater von der Arbeit kommt, geht er oft noch in eine Kneipe und trinkt. Und dann kommt er betrunken nach Hause und meckert über alles. Meine Mutter heult dann und schon ist wieder der schlimmste Familienstreit im Gange. Hier bei euch ist es schön. Deine Eltern sind lieb und deine Schwestern auch. Ich bin gerne bei euch."

Mama und Papa behandelten Britta wie eine Tochter. Mama brachte Britta Stricken bei und Britta lernte mit Mama Deutsch. So verging die Zeit ruhig und schön, bis zu dem Tag, den ich bis heute nicht vergessen habe und wohl auch nie vergessen werde.

Ich war auf dem Weg zur Schule. Plötzlich sah ich Britta mit einem anderen Mädchen vor mir gehen. Ich klemmte meine Tasche unter den Arm und rannte los um sie einzuholen.

„Hallo, Britta!", rief ich fröhlich, als ich sie endlich eingeholt hatte.

Aber Britta beachtete mich nicht, sondern sprach weiter mit dem anderen Mädchen. Ich schloss mich ihnen an. Plötzlich blieb Britta stehen.

„Mensch, kapierst du nicht", schrie sie. „Ich will nichts mehr mit dir zu tun haben. Mit dir nicht und mit deinen Eltern schon gar nicht."

Ich stand wie erstarrt da.

„Guck nicht so doof", brüllte Britta weiter. „Es ist doch überall dasselbe mit euch Türken. Wenn ihr nichts verstehen wollt, dann versteht ihr einfach nichts."

„Aber ich verstehe wirklich nicht", sagte ich.

„Dann will ich dir das mal erklären", sagte Britta in höhnischem Ton. „Mein Vater ist seit gestern arbeitslos und weißt du, warum? Weil ihr Türken allen Deutschen die Arbeitsplätze wegnehmt: Haut wieder ab in die Türkei, wo ihr hingehört, bevor alle Deutschen keine Arbeit mehr haben!"

Dann ging sie mit dem anderen Mädchen weiter. Ich stand noch immer an derselben Stelle und konnte einfach nicht fassen, was Britta mir gesagt hatte.

An diesem Tag war ich im Unterricht nicht sehr aufmerksam. Ich musste immer wieder an Britta denken. Frau Becker ermahnte mich mehrmals aufzupassen und ich riss mich schließlich zusammen. Als ich nach Hause kam, war Papa noch da, denn er hatte an diesem Tag Spätschicht. Ich erzählte ihm mein Erlebnis mit Britta. Papa wurde sehr traurig.

„Brittas Vater wurde entlassen, weil er betrunken zur Arbeit gekommen ist", erzählte er. „Aber auch ohne triftigen Grund werden im Moment viele Arbeiter entlassen, weil es nicht mehr genügend Arbeit gibt. Bei jedem Deutschen, der entlassen wird, wird der Hass auf uns Ausländer größer. Dabei werden auch viele Türken entlassen."

„Es tut mir um Britta Leid", sagte Mama. „Nun wird ihr Vater sicher noch mehr trinken. Vielleicht kommt sie doch noch einmal bei uns vorbei, wenn der Streit zu Hause zu groß wird."

Aber Britta kam nicht wieder und sprach auch nicht wieder mit mir. Wenn sie mich auf dem Schulhof sah, tat sie so, als ob sie mich noch nie in ihrem Leben gesehen hätte.

Zuerst tat mir das sehr weh, aber langsam gewöhnte ich mich daran. Ich spielte wieder mit Selda und den anderen türkischen Kindern aus meiner Klasse. Trotzdem versetzte es mir immer einen Stich, wenn ich sie sah oder an ihrer Haustür vorbeikam.

Hinweise zum Text: Seite 61.

Anna aus Russland
Manfred Mai

Vor einem halben Jahr kam Anna mit ihrer Familie nach Deutschland. Obwohl sie in Russland aufgewachsen ist, sprach sie ein wenig Deutsch, genau wie ihre Eltern und Großeltern. Trotzdem hatte Anna in der Schule von Anfang an Probleme. Weniger mit dem Unterricht, mehr mit den anderen Kindern. Denn Anna war anders als die andern. Das begann bei den langen Zöpfen und ihren altmodischen Kleidern und endete damit, dass sie sich vor und nach dem Unterricht bekreuzigte.

Die Kinder machten sich oft lustig über sie und Anna war oft traurig. Eines Morgens kam Herr Müller in die Klasse, stellte seine Tasche ab und setzte sich auf den Lehrertisch.

Die Mädchen und Jungen freuten sich, denn sie wussten, was das bedeutete: Ihr Lehrer würde eine Geschichte vorlesen oder etwas erzählen. Schnell wurde es ruhig.

„Ich möchte euch mal wieder eine Geschichte erzählen, die ich selbst erlebt habe", begann Herr Müller. „Als ich ungefähr so alt war wie ihr, hatte Adolf Hitler die Macht in Deutschland. Wie ihr ja schon wisst, benutzte er diese Macht, um Krieg gegen andere Länder zu führen. Zuerst eroberten die deutschen Soldaten große Teile von Europa und drei, vier Jahre lang sah es so aus, als würde Deutschland den Krieg gewinnen. Doch dann änderte sich die Lage. Und als russische Soldaten sich langsam unserem Dorf näherten, bekam mein Vater Angst. Wir packten das Nötigste zusammen und verließen unseren Hof, wie viele andere Familien auch.

An die Flucht kann ich mich kaum noch erinnern, obwohl sie einige Monate dauerte. Ich weiß nur noch, dass ich oft schrecklich gefroren habe. Sehr gut erinnern kann ich mich allerdings noch daran, wie es war, als wir nach Winterlingen kamen. Meine Eltern, meine zwei Schwestern und ich mussten über ein Jahr lang in einem Zimmer wohnen. Doch das war nicht einmal so schlimm; wir hatten wenigstens wieder ein Dach über dem Kopf. Am schlimmsten war, wie die Kinder des Dorfes uns behandelt haben. Und wisst ihr, warum?" Herr Müller machte eine kleine Pause. Die meisten Schüler waren so mit Zuhören beschäftigt, dass sich niemand meldete, um die Frage zu beantworten.

„Nur weil wir Flüchtlinge waren, anders sprachen und noch viel ärmlichere Kleider trugen als sie. Ich weiß noch ganz genau, dass sich in der Schule niemand neben mich setzen wollte. Immer haben sie mich gehänselt, verspottet und ausgelacht. Das hat mir sehr weh getan. Ich konnte doch nichts dafür, dass wir fliehen mussten. Ich wäre viel lieber zu Hause bei meinen Freunden geblieben. Doch darüber machten sich die Winterlinger Kinder keine Gedanken. So saß ich allein zwischen ihnen, bis ein anderer Flüchtlingsjunge in unsere Klasse kam. Er hieß Jürgen und wurde mein Freund. Die andern haben uns zwar noch lange gehänselt und verspottet, aber mit einem Freund war das nicht mehr ganz so schlimm."

Herr Müller hörte auf zu reden. In der Klasse war es mucksmäuschenstill. Alle wussten genau, dass Herr Müller diese Geschichte wegen Anna erzählt hatte. Deswegen senkten manche auch den Kopf.

Frank hatte während der ganzen Geschichte an Anna gedacht. Plötzlich sagte er in die Stille hinein:

„Anna ist auch wirklich ein bisschen komisch."

Kaum hatte er den Satz ausgesprochen, presste er beide Hände vor den Mund. Was hab' ich nur gesagt! schoss es ihm durch den Kopf. Doch bevor er weiter darüber nachdenken konnte, hörte er Herrn Müllers Stimme:

„Was du ein bisschen komisch nennst, Frank", sagte er so leise, dass alle besonders genau hinhörten, „nenne ich ein bisschen anders. Anna ist ein bisschen anders als ihr, das ist alles. Habt ihr euch vielleicht schon mal gefragt, warum sie so ist? Oder habt ihr sie selbst schon gefragt?"

Während Herr Müller die Mädchen und Jungen der Reihe nach anschaute, hörte man Anna schluchzen.

„Wahrscheinlich nicht", antwortete Herr Müller selbst auf seine Frage. „Ihr macht es euch viel einfacher: Anna hat Zöpfe und tut nicht alles, was ihr tut – also ist sie altmodisch und dumm. Wenn sie jedoch gute Noten schreibt, nennt ihr sie eine Streberin – auch diejenigen, die noch bessere Noten schreiben. Ein paar von euch benutzen Anna um den andern zu beweisen, was sie für tolle Mädchen und Jungen sind. Aber wer das durch solche Streiche erst beweisen muss, tut mir Leid. Ich bin sicher, dass auch einige in der Klasse diese Streiche und das dauernde Hänseln nicht gut finden. Nur trauen die sich leider nicht, das laut zu sagen."

Simone nahm ihren ganzen Mut zusammen. „Manchmal ist es fies, wie Anna behandelt wird, das stimmt. Aber sie ist auch selbst ein bisschen schuld daran. Nie macht sie etwas mit. Nicht einmal zu unserem Klassennachmittag ist sie gekommen."

Ein vielstimmiges Murmeln und Tuscheln begann. Herr Müller konnte heraushören, dass die meisten so wie Simone dachten.

„Wenn jeder nur dem andern die Schuld an den Schwierigkeiten gibt, kommen wir nicht weiter", sagte Herr Müller. „Damals so wenig wie heute. Bei mir hat es damals lange gedauert, bis mich die andern wenigstens in Ruhe ließen. Erst als sie merkten, dass ich ganz gut Fußball spielen konnte, wollten sie mich auch sonst mitspielen lassen. Aber da wollte ich nicht mehr, weil ich dachte: Die sind alle so blöd und gemein, mit denen spiele ich nicht! Ich wollte sogar eine eigene Fußballmannschaft gründen, nur um es den blöden Winterlinger Jungen zu zeigen."

„Das hätte ich auch getan", sagte Tommi.

Herr Müller nickte. „Das glaub' ich dir. Aber Gott sei Dank hat es mit der eigenen Mannschaft nicht geklappt. Weil ich aber unbedingt Fußball spielen wollte, blieb mir nichts anderes übrig, als mit den Winterlinger Jungen zu spielen. Dabei lernten wir uns langsam besser kennen und ich merkte, dass manche gar nicht so blöd waren, wie ich gedacht hatte."

„Sollen wir Anna vielleicht in unserer Fußballmannschaft mitspielen lassen?", fragte Tommi.

„Warum nicht?", fragte Herr Müller zurück. „Vielleicht ist sie ein Ass im Fußball. Vielleicht möchte sie auch lieber etwas anderes spielen. Ich würde sie einfach mal fragen."

Die Kinder schauten einander an, einige zuckten mit den Schultern.

„Es muss ja nicht gleich sein", sagte Herr Müller. „Vielleicht ergibt sich in der Pause oder auf dem Heimweg eine Gelegenheit. Könnte ja sein, oder?"

Hinweise zum Text: Seite 61.

Ein bisschen anders

Immer wieder begegnet man Menschen, die anders aussehen, eine andere Sprache sprechen oder andere Gewohnheiten haben. Das erlebt ihr täglich in der Schule oder auf der Straße. Es passiert oft, dass man diese Menschen ablehnt, nur weil sie sich anders verhalten. Wenn man aber mit ihnen spricht und sie kennen lernt, stellt man immer wieder fest, dass es auch viele Gemeinsamkeiten gibt. Wie wichtig es ist, sich gegenseitig verstehen zu lernen, davon handeln die Texte in dieser Sequenz.

Karlhans Frank:
Du und ich

Karlhans Frank wurde 1937 in Düsseldorf geboren. Seit 1961 arbeitet er hauptberuflich als freier Schriftsteller. Er schreibt für Kinder und Erwachsene Bücher, Hörspiele und Liedertexte.

1 Wer könnte alles mit dem Du in dem Gedicht gemeint sein?
2 Der Text fordert dazu auf, auf andere Menschen zuzugehen und sich gegenseitig voneinander zu erzählen.
Was könntest du von dir alles erzählen?
3 a) Was meint der Dichter, wenn er am Schluss feststellt, dass wir uns „innen äußerst ähnlich sind"?
b) Was glaubt ihr, warum fällt es den Menschen so schwer, diese innere Ähnlichkeit zu erkennen?

Peter Härtling:
Der gelbe Junge

Der Autor, geb. 1933 in Chemnitz, war erst von Beruf Journalist und Lektor. Heute lebt er als freier Schriftsteller in Mörfelden-Walldorf (Hessen) und schreibt Gedichte, Erzählungen und Romane für Erwachsene und Kinder. Besonders bekannt wurden seine Kinderbücher *Oma*, *Das war der Hirbel* und *Ben liebt Anna*.

Vietnam ist ein Land in Südostasien, in dem von 1961 bis 1975 Bürgerkrieg zwischen Nord- und Südvietnamesen herrschte, in den auch ausländische Staaten verwickelt waren. Viele vietnamesische Kinder verloren damals ihre Eltern. Ehepaare in Amerika und Europa haben Waisenkinder adoptiert, um ihnen eine neue Heimat zu geben.

1 Das Leben von Mark ändert sich mit dem ersten Schultag. Eine Sache ärgert ihn besonders.
2 Warum wird er in der Pause angegriffen?
3 Was meint Mark, wenn er sagt: „Ich will nach Hause"? Worunter leidet er am meisten?
4 Versetzt euch in seine Lage. Wie könntet ihr ihm helfen seine Ängste abzubauen?

**Annette Weber:
Die Sache mit Britta**

Annette Weber wurde 1956 in Lemgo (Westfalen) geboren. Sie ist Lehrerin, verheiratet und hat zwei Kinder. Das Schreiben gehört schon lange zu ihren Hobbys. Als junges Mädchen schrieb sie Tagebücher, später dann Geschichten, Märchen, Gedichte und Theaterstücke, überwiegend für Kinder, aber auch für Erwachsene. Bei ihrer Arbeit an einer Grundschule in Duisburg lernte sie die Probleme türkischer Kinder kennen. Um diese Kinder besser verstehen zu können, lernte sie ihre Sprache und reiste einige Male in die Türkei.

1 Die Eltern des türkischen Mädchens sind mit ihrem Leben in Deutschland nicht zufrieden.
   Schreibt die Gründe in Stichpunkten auf!
2 Ein Straßengully spielt in der Geschichte eine wichtige Rolle. Warum?
3 Die beiden Mädchen treffen sich sehr häufig am Nachmittag. Wie verbringen sie dabei die Zeit?
4 Warum endet die Freundschaft der beiden Mädchen? Spielt die entscheidende Szene auf dem Weg zur Schule!
5 Wie könnte diese Geschichte anders ausgehen?

**Manfred Mai:
Anna aus Russland**

Informationen über Manfred Mai findet ihr auf Seite 49.

1 „Denn Anna war anders als die andern." Sucht die entsprechenden Textstellen, die das belegen.
2 a) Der Lehrer erzählt der Klasse eine Geschichte, die er selbst erlebt hat. Was hat er dabei als besonders schlimm empfunden?
   b) Was will er mit seiner Schilderung erreichen?
   c) Wie reagiert die Klasse auf die Geschichte?
3 Am Ende bittet der Lehrer Annas Mitschüler und Mitschülerinnen sich mehr um sie zu kümmern: „Vielleicht ergibt sich in der Pause oder auf dem Heimweg eine Gelegenheit." Welche Möglichkeiten fallen dir ein? Schreibt die Geschichte weiter!

Streit – es kommt darauf an, was man daraus macht

BÄÄÄH!

Du tust mir weh.

Ich tu dir auch weh.

Siehst du? Jetzt fühlst du es auch.

Wo?

Ich sehe nichts.

Du kannst deine Gefühle nicht sehen.

Du kannst sie nicht riechen.

Du kannst sie nicht anfassen.

Aber ich kann deine Gefühle mit Worten anrühren.

DUMMKOPF!

Siehst du?

So fühlt sich BÄÄÄH an.

BÄÄÄH!

BÄÄÄH!

Jetzt fühle ich mich gut.

Ich mich auch.

Tom und der Neue

Mark Twain

Plötzlich brach Tom sein Pfeifen ab. Ein Fremder stand vor ihm, ein Junge, nur ein wenig größer als er selbst. Ein neu Zugezogener, gleich welchen Alters oder Geschlechts, war stets eine eindrucksvolle Neuigkeit in dem kleinen St. Petersburg. Dieser Junge war noch dazu gut angezogen und das an einem Werktage!
Das war erstaunlich. Sein Hütchen war zierlich, seine blaue Tuchjacke neu und überfein, ebenso seine Hosen. Zudem hatte er Schuhe an und es war doch erst Freitag! Sogar ein Halstuch von heller Farbe trug er. Er hatte so etwas Großstädtisches an sich, was Tom im Innersten aufwühlte. Je länger er das prächtige Wunder anstarrte, desto mehr rümpfte er die Nase über so viel Feinheit, während ihm gleichzeitig insgeheim seine eigene Kleidung und seine eigene Erscheinung immer fragwürdiger erschienen. Keiner der Jungen sagte ein Wort. Wenn sich einer von den beiden bewegte, so bewegte sich auch der andere und so ging's langsam im Kreis herum. Die ganze Zeit standen sie Stirn gegen Stirn und hielten einander fest im Auge. Endlich sagte Tom: „Ich kann dich erledigen!"
„Versuch's doch einmal!"
„Jawohl, ich bring's fertig."
„Nein, das kannst du nicht!"
„Doch, ich kann's!"
„Nein, du kannst es nicht!"
„Doch!"
„Nein!"
Nun folgte eine ungemütliche Pause. Dann sagte Tom: „Wie heißt du?"
„Das geht dich nichts an!"
„Ich werde dir schon zeigen, ob es mich etwas angeht!"
„Warum zeigst du es mir denn nicht?"
„Wenn du noch viel daherredest, dann tue ich's."
„Ich rede so viel, wie es mir passt! Komm doch!"
„Du denkst wohl, dass du ein riesig tüchtiger Kerl bist? Mit einer Hand auf den Rücken gebunden verprügele ich dich noch, wenn ich will."
„Und warum tust du's denn nicht? Du sagst doch, dass du es fertig bringst."
„Ich tu's noch, wenn du mich noch länger zum Narren hältst!"
„Freilich, ja, ich habe schon ganze Familien gesehen, die genauso wie du in der Klemme saßen."
„Bürschchen, du denkst wohl, dass du etwas Besonderes bist? Was hast du denn für einen Hut auf?"
„Du kannst den Hut ja haben, wenn er dir nicht passt. Wenn du dich getraust, so schlag ihn mir doch herunter! Wer es versuchen sollte, der kann sich auf etwas Ordentliches gefasst machen."
„Du bist ein Lügenmaul!"
„Du auch!"

„Du kämpfst mit dem Maul, traust dich aber nicht zuzupacken."
„Mach endlich, dass du weiterkommst!"
„Wenn du mir noch mal so unverschämt kommst, dann werfe ich einen Stein an deinem Kopf entzwei."
„O bitte, tu's doch!"
„Ich tu's aber auch."
„Warum tust du es denn nicht? Wozu reißt du dann das Maul so weit auf? Du tust es eben nicht, weil du Angst hast."
„Ich hab' keine Angst!"
„Doch!"
„Nein!"
„Jawohl!"
Wieder gab's eine Pause. Sie hielten einander immer noch fest im Auge und bewegten sich weiter langsam im Kreise herum. Bald jedoch standen sie Schulter an Schulter. Tom rief jetzt: „Mach, dass du dich trollst!"
„Geh doch selber weg!"
„Nein, ich will nicht!"
„Ich auch nicht!"
Da standen sie nun, ein Bein wie einen Stützbalken eingestemmt und beide schoben mit voller Kraft; die Augen glühten vor Hass. Aber keiner konnte einen Vorteil erringen.
So kämpften sie, bis sie in Schweiß gerieten und außer Atem kamen. Beide ließen gleichzeitig vorsichtig in ihrer Anstrengung nach.
Tom höhnte: „Du bist ein Feigling und ein Affe zugleich. Ich sag's meinem großen Bruder. Der erledigt dich mit seinem kleinen Finger!"
„Was kümmert mich dein großer Bruder? Ich hab' einen noch viel größeren Bruder, der wirft deinen mit Leichtigkeit über den Zaun da." (Beide Brüder waren natürlich nur in der Einbildung vorhanden.)
„Das ist glatt gelogen."
„Weil du das sagst, deswegen ist es doch noch lange nicht so."
Tom zog nun mit seiner großen Zehe einen Strich in den Staub und sagte: „Wenn du dich da herübertraust, dann haue ich dich, dass du nicht mehr aufstehen kannst."
Der fremde Junge sprang sofort hinüber und rief: „Nun, was ist jetzt?"
„Dräng mich nicht dazu, es ist besser für dich, wenn du dich etwas mehr in Acht nimmst!"
„Aber warum tust du mir denn jetzt nichts?"
„Alle zum Teufel! Für zwei Cent werd' ich's machen."
Der fremde Junge zog sofort zwei Kupfermünzen aus der Tasche und hielt sie Tom spöttisch unter die Nase. Tom schlug sie ihm aus der Hand und im Nu rollten und wälzten sich die beiden im Staub, wie Katzen aneinander geklammert. Wohl eine Minute lang zerrten und rissen sie sich gegenseitig an den Haaren und Kleidern, zerschlugen und zerkratzten sich die Nasen und bedeckten sich mit Staub und Ruhm.

Bald jedoch nahm der Wirrwarr Gestalt an und aus der Staubwolke des Kampfgewühls tauchte Tom auf. Er saß rittlings auf seinem Gegner und trommelte mit den Fäusten auf ihm herum. „Schrei: Genug!", rief er.

Der fremde Junge aber kämpfte wortlos weiter um sich zu befreien. Er weinte, aber aus Wut.

„Schrei: Genug!" Das Trommeln mit den Fäusten ging weiter. Endlich stieß der Fremde ein leises „Genug!" aus. Tom ließ ihn sofort frei und sagte: „Das war bestimmt eine gute Lehre für dich. Das nächste Mal schaust du dir den, mit dem du anbinden willst, vorher etwas genauer an!"

Der fremde Junge trollte davon. Er klopfte den Staub von seinen Kleidern, schluchzte und schnupfte auf. Gelegentlich sah er sich um und drohte, dass er es Tom schon noch besorgen würde, wenn er ihn das nächste Mal zwischen die Finger bekäme. Darauf antwortete Tom natürlich nur mit Hohn und Spott; in gehobener Stimmung ging er weiter. Kaum hatte er dem Unterlegenen jedoch den Rücken zugewandt, als der auch schon einen Stein aufhob und warf. Der Stein traf Tom zwischen die Schulterblätter. Der Wurfschütze drehte sich sofort um und rannte wie eine gehetzte Antilope davon. Tom verfolgte den Verräter bis zu seinem Haus und fand so heraus, wo er wohnte. Eine Zeitlang behielt er das Gartentor im Auge und forderte den Feind wiederholt auf herauszukommen. Aber dieser schnitt ihm vom Fenster heraus nur Fratzen und weigerte sich. Schließlich kam die Mutter des Feindes, nannte Tom einen schlechten, bösartigen und gemeinen Jungen und befahl ihm sich sofort zu entfernen. Da ging er denn, wobei er brummte, er werde den Jungen schon noch zu fassen bekommen.

An diesem Abend kam Tom ziemlich spät nach Hause. Als er vorsichtig durchs Fenster hineinkletterte, fiel er in einen Hinterhalt in Gestalt seiner Tante. Als sie den Zustand seiner Kleider sah, wurde ihr Entschluss, ihn am freien Sonnabend zu harter Arbeit zu verdonnern, felsenfest.

Hinweise zum Text: Seite 73.

Das traurige Erlebnis in der Schule
Schülerbericht

In den letzten Wochen gehe ich nicht mehr gerne in die Schule, weil ich wegen meiner Kleidung ausgelacht werde. Matthias meint, nur Markenkleidung sei modern. In der Pause nannten Matthias und Florian mich Klettverschlussträger, zogen mir die Schuhe aus und warfen sie durch die Gegend und schleiften mich auf dem Rücken über die Wiese. Darüber bin ich sehr traurig und hoffe, dass es sich in Zukunft wieder ändern wird!

Isabel spricht nicht mehr mit mir
Christa Zeuch

Genau genommen ist das seit Montagmorgen so, dass Isabel nicht mehr mit mir spricht. Dabei sitzen wir in der Schule nur zwei Plätze auseinander! Sonst haben wir in jeder Pause zusammen gespielt. Doch seit Montag geht Isabel erst gar nicht raus auf den Schulhof. In den Pausen ist sie spurlos verschwunden.
5 Und den Heimweg machen wir seitdem auch nicht mehr gemeinsam. Ich habe nachgedacht. Bestimmt ist sie sauer auf mich. Nur, mir fällt nicht ein, woran das liegen könnte. Gestritten haben wir uns schon lange nicht. Außerdem sagt sie mir normalerweise, was sie nicht gut findet. Vielleicht hat ihr jemand etwas über mich erzählt, etwas Gemeines, Schlimmes. Und nun kann sie mich nicht
10 mehr leiden. Ich könnte sie ja einfach mal fragen. Oder ich könnte sie anrufen. Mein Herz pocht bis in den Hals hinein, als ich den Hörer abnehme. Wie soll ich anfangen? Hoffentlich stottere ich nicht. Ich wähle ihre Nummer, ich warte. Isabels Mutter hebt ab.
Jetzt muss ich etwas sagen.
15 „Hallo, guten Tag, Frau Landau. Ist Isabel zu Hause?"
„Ja", sagt sie, und: „Moment. Hast du Halsschmerzen, Moritz? Du sprichst so heiser."
Sie ruft Isabel. Der Hörer zittert in meiner Hand. Dann ist Isabel am Apparat.

„Ach du, Moritz", sagt sie.

„Ja, ich wollte dich nämlich fragen, also …" stammle ich. Es ist verflixt schwierig, einfach mit dem rauszurücken, was einem auf der Seele liegt.

„He, was ist, Moritz?"

Isabels Stimme hört sich etwas gelangweilt an. Oder sogar abweisend? Plötzlich habe ich Angst zu erfahren, was man ihr über mich erzählt hat. Nein, ich kann die Frage nicht stellen.

„Was haben wir in Mathe auf? Hab's mir nicht aufgeschrieben", sage ich rasch und fühle mich wie ein Feigling.

Sie gibt mir die Hausaufgaben durch. Dann sagen wir uns „Tschüs" und weiter nichts.

Nach dem Telefonieren geht es mir noch schlechter. Was hat Isabel gegen mich? Wer könnte mich bei ihr schlecht gemacht haben? Der Ingo … schießt es mir durch den Kopf. Mit dem verstehe ich mich nicht so gut. Ich werde ihn zur Rede stellen. Aber eigentlich hat das auch Zeit bis morgen. Ja, morgen in der Schule werde ich ihn fragen. Oder noch besser, ich beobachte ihn erst ein Weilchen …

Am nächsten Tag in der Schule soll Isabel an die Tafel kommen. Unsere Lehrerin Frau Bödemann will ihr einige Wörter diktieren. Als Isa zur Tafel geht, stolpert sie über ihre eigenen Füße. Die Klasse lacht. Dann schreibt Isa „geboren" mit h, und zum Schluss fällt ihr die Kreide aus der Hand.

„Isabel!" Frau Bödemann lächelt etwas ungeduldig. „Was ist los mit dir? Du machst ein Gesicht wie sieben Tage Regenwetter."

Das hätte Frau Bödemann besser nicht sagen sollen. Obwohl Isabel sich nicht umdreht, kann ich sehen, dass sie jetzt weint. Frau Bödemann legt den Arm um sie und lässt sie erst einmal in Ruhe. Dass Isabel Tränen runterkullern, kann ich gar nicht mit ansehen. Am liebsten würde ich sie auch umarmen. Aber sie will ja nichts mehr von mir wissen. Keinen einzigen Blick wirft sie mir zu. Und im Unterricht macht sie auch nicht richtig mit.

Auf dem Nachhauseweg halte ich es nicht mehr aus. Ich renne ihr nach und gehe neben ihr her. Bis zur Kreuzung bleiben wir stumm wie Fische. Dann nehme ich all meinen Mut zusammen.

„Was hab ich dir getan, Isa?", rufe ich. „Sag es mir endlich!"

Bestürzt schaut mich Isa an. „Wieso getan? Gar nichts!"

„Und warum redest du dann nicht mehr mit mir?"

Mit sehr leiser, stockender Stimme sagt Isa dann: „Ach, das hat doch nichts mit dir zu tun. Es ist ja nur … meine Oma, die ist sehr krank. Sie wird – bald sterben."

Ich erschrecke. Die fröhliche, liebe Oma Kunze, die ich auch kenne! Bei der ich mit Isabel in den letzten Ferien ein ganzes Wochenende verbracht habe! Kein Wunder, dass Isabel so verschlossen ist.

Wegen der Oma ist sie traurig und besorgt. Und ich Blödmann könnte mich selber ohrfeigen. Hätte ich Isabel doch nur früher gefragt, dann hätte ich sie trösten können.

„Vielleicht wird deine Oma wieder gesund", sage ich.

Isabel schüttelt den Kopf. In meiner Hosentasche habe ich Kaugummis. Ich halte ihr einen hin. Sie will keinen. Aber ich möchte so gern etwas für sie tun. Da nehme ich ihr die Schultasche ab.

Sie sagt: „Gib wieder her. Kann ich selber tragen. Du, Moritz, kommst du nachher ein bisschen zu mir rüber?"

Ich nehme ihr die Tasche wieder ab. Und dann hat sie wieder die Schultasche in der Hand. Und dann ich. Und dann sie.

„Bis nachher", sage ich, als wir zu Hause angekommen sind. Isabel nickt mir zu. Und ein wenig lächelt sie dabei.

Hinweise zum Text: Seite 74.

Die Wand
Renate Welsh

Worte
Worte
Worte
Worte
Worte
Worte
Worte
Worte
Worte
Worte
Worte
Worte
Worte
Worte
Worte
Worte
Worte
Worte
Worte
Worte
Worte
Worte
Worte
Worte
Worte
Worte
ICH Worte DU

Die Brücke
Renate Welsh

Worte Worte Worte
Worte Worte Worte Worte
Worte   Worte
Worte   Worte
Worte   Worte
ICH Worte   Worte Du

Hinweise zu den Texten: Seite 74.

Eins zu null für Bert

Hiltraud Olbrich

Es wird gleich regnen, denkt der Junge mit dem Kinderwagen. Gott sei Dank wird es gleich regnen. Dann trainieren sie nicht, dann wird es nicht auffallen, wenn ich wieder nicht dabei bin. Bert schiebt den Wagen schneller. Vater wird es freuen, wenn ich schon eingekauft habe, überlegt der Junge.

5 Seit Berts Mutter fort ist, fährt der Vater nur noch Nachtschicht im großen Schacht auf der Zeche: als Schachthauer, Nacht für Nacht.

Nachmittags schläft er. Dann ist Bert da, hilft im Haushalt und achtet auf den Kleinen.

Und deswegen kann Bert nicht mehr zum heiß geliebten Fußballspiel in den
10 Klassenklub, deswegen muss er das Training auslassen und deswegen wird er wieder Ärger bekommen, ganz bestimmt.

Aber es geht nicht anders, das weiß Bert. Es wird sich erst ändern, wenn seine Mutter wiederkommt. Hoffentlich kommt sie bald!

Manches Mal bedrängt der Gedanke den Jungen, wie lange das noch gut gehen
15 wird. Was ist, wenn sie sich einen anderen Torwart nehmen, einen, der immer zum Training kommt?

Das Einkaufsnetz zieht wie ein Bleigewicht an Berts Arm. Der Junge hält den Kinderwagen an. Vorsichtig schiebt er die Beinchen des schlafenden Bruders zur Seite, schafft Platz für das Netz.

20 Als sich Bert dann aufrichtet, sieht er sie, alle zehn.

Ratlos zieht er die Unterlippe durch die Zähne. Jetzt haben sie mich.

Und natürlich sehen sie ihn. Sie kommen direkt auf ihn zu, die ganze Fußballmannschaft. Bedrohlich heben sich ihre Körper vom gelben Horizont ab. Dann bleiben sie stehen, bilden geschickt einen Halbkreis um Bert mit dem Kinder-
25 wagen: eine wütende, schweigende Mauer.

Wie ruhig es plötzlich ist. Bert versucht an seinen Klassenkameraden vorbeizuschauen. Wenn irgendjemand käme. Aber kein Mensch außer ihnen ist zu sehen, eine leere, ausgestorbene Straße. Ausgerechnet jetzt.

Was werden sie tun? Berts Blick sucht in ihren Gesichtern. Es wird Keile geben, das steht fest. Man belügt nicht ungestraft den Klub, man lässt den Klub nicht im Stich. Das ist eiserne Regel.

„So, so!" Martin, der Lange, wippt herausfordernd auf den Zehenspitzen. „Mal wieder auf Omas Beerdigung, was?"

Ein Stein trifft Berts Schienbein. „Zum Training zu faul, aber spazieren gehen!"

Frank, den sie den Bär nennen und den alle fürchten, steht direkt neben Bert. Der Junge kann den Atem des anderen spüren. Krampfhaft schaut Bert geradeaus.

Jetzt wissen sie es, denkt er gequält. Jetzt wissen sie, dass ich sie immer belogen habe. Immer, wenn ich nicht zum Training konnte.

Alles Mögliche hat Bert als Entschuldigung angegeben: Arztbesuch, Beerdigung, wichtige Fahrt in die Kreisstadt. Alles Mögliche, nur nicht die Wahrheit.

„Au", Bert stöhnt auf. Der Bär hat Berts Arm gepackt und dreht ihn nach hinten um. Ein Spezialgriff. Man kommt nicht aus ihm heraus. Mit einem kurzen Ruck reißt der Bär den Arm hoch. Der Schmerz zieht heftig durch Berts Körper.

„Sag endlich, was du dir dabei gedacht hast!" Noch dichter tritt der Bär an Bert heran. „Uns so anzulügen!"

Bert beißt sich auf die Lippen und schweigt. Sie würden ihn doch nicht verstehen.

„He, bist du schwerhörig? Wo warst du jedes Mal?" Irgendjemand aus der Menge ruft es. Irgendjemand. Bert weiß nicht, wer. Die Gesichter verschwimmen vor seinen Augen. Ihm ist, als sprächen sie mit einer Stimme, aus einem einzigen riesigen Maul. Das Maul eines Raubtiers, das jeden Augenblick bereit ist zuzuschnappen.

Berts Arm schmerzt. Noch mehr aber verletzen ihn die verächtlichen Blicke der Jungen. Sie zeigen es deutlich. Sie wollen ihn nicht mehr. Aus ist's mit dem Klub – vorbei! Alle Lügen waren umsonst.

Berts Knie zittern vor Anspannung. Wenn sie doch endlich mit dem Prügeln anfangen würden! Aber nicht mal das.

„Mensch, zisch ab", sagt jetzt einer. „Bei dir lohnen sich nicht mal Prügel. Wäre reine Kraftverschwendung. Hau ab, zur Mami!"

Bert merkt, wie ihm das Blut in den Kopf steigt. Was wissen sie von der Mutter? Sie können alles machen, nur seine Mutter sollen sie aus dem Spiel lassen. Aber schon geht es los.

„Bert kann nicht zur Mami. Mami ist in der Klapsmühle", schreit einer. „Bert muss selbst Mami spielen."

Es war wie ein Signal. Die Jungen grölen jetzt durcheinander, „Klapsmühle!", schreien sie und „Mamispielen". Dabei hüpfen sie herum und boxen sich schadenfroh in die Seiten. „Klapsmühle, Mamispielen!"

Bert steht wie betäubt, noch immer im Griff von dem, den sie Bär nennen. Und der Lärm weckt schließlich den kleinen Bruder auf. Verstört schaut er auf die vielen Köpfe über ihm. Dann schreit er los, kräftig und anhaltend.
Überrascht verstummen die Jungen und blicken auf das schreiende Baby. Der Bär lässt irritiert Berts Arm los.
Bert reibt sich das schmerzende Handgelenk. Der Kleine hat Angst, denkt er. Er spürt sie wie ich, die Feindseligkeit und die Gefahr. Saubande, blöde.
Das Weinen des Kindes wird heftiger, drängender. Hilflos streckt es Bert die Arme entgegen. Der kleine Oberkörper beugt sich weit vor, als suche er durch eigene Kraft in die Nähe des großen Bruders zu kommen. Dahin, wo er sich sicher glaubt, wo er Schutz vermutet.
Einen Augenblick lang zögert Bert. Dann bückt er sich, ohne die anderen eines Blickes zu würdigen, nimmt ruhig den Kleinen auf den Arm und drückt ihn zärtlich an sich. Dann gibt er ihm einen Kuss mitten auf die Nasenspitze.
„Ganz wie Mami", höhnt einer und lacht dazu. Aber die anderen lachen nicht mehr mit. Sie sind still. Nur der Bär sagt etwas. „Halt die Klappe", sagt er und ist dann auch so merkwürdig still. Eine eigenartige plötzliche Stille.
Bert bemerkt sie nicht. Er spürt das nasse Gesichtchen an seinem Hals und eine warme, weiche Hand, die Halt in seinem Haar sucht.
Da lächelt Bert. „Sucht euch mal einen anderen Torwart", sagt er leise, „ich verzichte." Entschlossen schiebt er mit der freien Hand den Kinderwagen auf die Gruppe der Jungen zu. Verwundert machen sie Platz.
Ganz fest hält Bert den kleinen Kinderkörper. Schon lange hat der Junge nicht mehr ein so gutes Gefühl gehabt. Er spürt das Gewicht des Kleinen kaum. Leicht wie eine Feder scheint er zu sein.
Als ihn dann die anderen einholen, hat Bert noch das Lächeln im Gesicht. Er hört ihre Schritte, dreht sich ruhig um. Erstaunt, als hätte er sie eine lange Zeit nicht gesehen, schaut er sie an und fragt: „Ist was?"
Keiner der Jungen gibt eine Antwort. Die ersten Regentropfen fallen. Warmer Sommerregen wäscht die staubige Straße.
Es dauert eine kleine Ewigkeit, ehe Martin zögernd spricht: „Du könntest den Kleinen ja zum Training mitbringen. Wir passen dann abwechselnd auf ihn auf. Ganz bestimmt. Du kannst dich auf uns verlassen."
Nun hätte Bert zum ersten Mal an diesem Tag fast geweint. Er holt tief Luft und seine Schultern heben sich. Dann nickt er, erst schwach, dann immer kräftiger.
„In Ordnung", sagt er, „bis morgen also, zum Training." Er geht ein paar Schritte und dreht sich noch mal um. „Und den Kleinen bring' ich mit."

Hinweise zum Text: Seite 74.

Friedensstifter

e. o. plauen

Hinweise zur Geschichte: Seite 75.

Streit – es kommt darauf an, was man daraus macht

Überall, wo Menschen zusammenleben, kommt es zwangsläufig zu Meinungsverschiedenheiten. Das erlebt ihr täglich in der Schule, in der Familie, in der Freizeit …
Meinungsverschiedenheiten können auf Grund von unterschiedlichen Erfahrungen oder Einstellungen, aber auch durch Missverständnisse entstehen. Wenn es gelingt, die Missverständnisse aufzuklären, kann eine Auseinandersetzung vermieden werden. Aus einer Meinungsverschiedenheit kann aber auch ein handfester Streit mit kränkenden Worten oder gar Schlägen werden. Wie weh das tut, wisst ihr selbst. Vielleicht habt ihr aber auch schon einmal erlebt, dass durch einen Streit, nachdem er beendet war, eine Freundschaft entstanden oder eine schon bestehende Freundschaft noch fester geworden ist. Um die verschiedenen Möglichkeiten, wie Menschen sich auseinander setzen, geht es in den Texten dieser Sequenz.

Mark Twain: Tom und der Neue

Mark Twain (1835–1910) war amerikanischer Schriftsteller, der seine eigene Jugend in dem kleinen Dorf Hannibal am Mississippi verbracht hat. In seinem späteren Leben ist er immer wieder dorthin zurückgekehrt, so zum Beispiel als Lotse auf einem Mississippi-Dampfer. Außer als Schriftsteller arbeitete er auch als Drucker, Goldgräber und Journalist um nur einige seiner Berufe zu nennen. Zu seinen berühmtesten Büchern gehören *Tom Sawyers Abenteuer* und *Huckleberry Finns Abenteuer und Fahrten*.

Diese Geschichte stammt aus dem Buch *Tom Sawyers Abenteuer*. Sicherlich habt ihr schon von Tom Sawyer gehört, dem Jungen, der am Ufer des Mississippis bei seiner Tante Polly aufwächst.

1 „An diesem Abend kam Tom ziemlich spät nach Hause." Erzählt, wie es zu der Verspätung kam.
2 Wieso wühlt das feine Aussehen des fremden Jungen Tom in seinem Innersten auf?
3 Lest mit verteilten Rollen, wie sich der Streit zwischen den beiden langsam zu einer handfesten Prügelei entwickelt!
4 Wie endet die Auseinandersetzung?
5 Am Abend liegen die beiden „Kampfhähne" in ihren Betten. Da gehen noch eine Menge Gedanken durch ihre Köpfe. Welche könnten das sein?

Schülerbericht: Das traurige Erlebnis in der Schule

1 Weshalb geht der Junge nicht mehr gerne zur Schule?
2 a) An wen könnte er sich mit seinem Kummer wenden?

    b) Was würdest du ihm raten um seine Situation zu ändern?
 3 Viele Jugendliche legen sehr großen Wert auf Markenkleidung. Sie sind bereit, dafür eine Menge Geld auszugeben.
    a) Was glaubt ihr, was für sie daran so wichtig ist?
    b) Wie geht es euch damit?

Christa Zeuch:
Isabel spricht nicht mehr mit mir

Christa Zeuch, 1942 in Berlin geboren, arbeitete in mehreren Berufen. Seit 1984 schreibt sie Gedichte, Erzählungen, Liedertexte und Romane. Sie hat auch schon Musik für Kinder komponiert. Geschichten, meint sie, sollte man nicht nur lesen, sondern nach Möglichkeit auch mit ihnen spielen oder dazu tanzen und singen.

 1 Welche Gedanken quälen Moritz?
 2 Moritz greift zum Telefon. Doch nach dem Telefonieren geht es ihm noch schlechter. Weshalb?
 3 Moritz gelingt es, das Missverständnis zwischen Isabel und ihm aufzulösen. Wie schafft er das?
 4 a) Missverständnisse zwischen Menschen tauchen sehr oft auf. Nennt einige Beispiele aus eurem Schulalltag, aus der Familie, aus der Freizeit.
    b) Wie ist es euch gelungen, ein Missverständnis aus dem Weg zu räumen?

Renate Welsh:
Die Wand/Die Brücke

Die österreichische Kinder- und Jugendbuchautorin Renate Welsh wurde 1937 in Wien geboren. In der Erzählung *Ülkü, das fremde Mädchen* beschreibt sie das Schicksal eines Gastarbeiterkindes. Der Roman Johanna wurde 1980 mit dem Deutschen Jugendliteraturpreis ausgezeichnet.

 1 Worte lassen sich so anordnen, dass sie ein Bild ergeben. Dahinter verbirgt sich meist ein vom Dichter, der Dichterin beabsichtigter Sinn. Welche „Sinn-Bilder" erkennt ihr in diesen beiden Gedichten?
 2 Kennt ihr noch andere solcher bildhaften (visuellen) Gedichte?
 3 Auch ihr könnt mit Sicherheit solche Gedichte schreiben. Versucht es. Ihr werdet sehen, das geht ganz leicht und macht Spaß.

Hiltraud Olbrich:
Eins zu null für Bert

Hiltraud Olbrich wurde 1937 in Herten geboren. Sie arbeitete zunächst als Religionspädagogin und ist seit 1991 als freiberufliche Schriftstellerin tätig. Sie schreibt Kinder- und

Jugendbücher und arbeitet auch an Schulbüchern mit. Das Buch „Eins zu null für Bert" ist bislang in Deutschland, England und Holland erschienen und wurde kürzlich ins Chinesische übersetzt.

1 Bert kann am Nachmittag nicht mehr zum heiß geliebten Fußballtraining gehen. Warum?
2 a) Seinen Klassenkameraden gegenüber erfindet er eine Menge Ausreden. Welche?
   b) Was hält ihn ab, den wirklichen Grund zu nennen?
3 Eines Nachmittags steht plötzlich die ganze Fußballmannschaft Bert gegenüber. „Bedrohlich heben sich ihre Körper vom gelben Horizont ab. Dann bleiben sie stehen, bilden geschickt einen Halbkreis um Bert mit dem Kinderwagen: eine wütende, schweigende Mauer." Stellt diese Situation in der Klasse in einem Standbild dar. Hinweise dazu findet ihr im Kasten.
4 a) Wie verläuft die Auseinandersetzung zwischen Bert und der Mannschaft?
   b) Welche Rolle spielt der kleine Bruder dabei?
5 Wie passt die Überschrift zur Geschichte?

Rollenspiel: Wir bauen ein Standbild
1. Bestimmt einen Spielleiter oder eine Spielleiterin.
2. Schaut euch die Stelle in der Geschichte noch einmal genau an.
3. Stellt euch jetzt entsprechend auf: Bert und ihm gegenüber im Halbkreis die Mannschaft! (Mädchen, bitte auch mitspielen!) Achtet auf eure Körperhaltung und euren Gesichtsausdruck.
4. Jetzt „friert das Bild ein", d. h. keiner bewegt sich, keiner sagt etwas.
5. Der Spielleiter/die Spielleiterin geht nun leise herum und tippt jeden Mitspieler und jede Mitspielerin der Reihe nach ganz kurz an. Derjenige, der angetippt worden ist, sagt ganz laut, was er gerade denkt; z. B.: „Na, warte nur, du Lügner, dir werden wir's besorgen!"
6. Nun löst das Standbild wieder auf. Jeder sollte jetzt erzählen, wie es ihm in seiner Rolle ergangen ist.

---

e. o. plauen: Friedensstifter

e. o. plauen ist ein Pseudonym (Künstlername) für Erich Ohser (1903–1944). Seine Bildergeschichten *Vater und Sohn* sind in der ganzen Welt bei Alt und Jung bekannt und beliebt.

1 Betrachtet die einzelnen Bilder in Ruhe.
2 Überlegt euch zu jedem Bild, was die Personen sagen könnten. Schreibt die Dialoge auf.
3 Wer ist Friedensstifter?

Kinder dieser Welt

Chance am Backofen

Der Duft von frisch gebackenem Brot weht auf die Straße, als sich die Schultür öffnet. Mit Bastkiepen auf dem Rücken ziehen Francisco und seine Mitschüler zum Marktplatz der alten Inkastadt Cuzco in Peru. Jeden Abend verkaufen die Kinder dort Kuchen und Brot aus ihrer Schulbäckerei. Francisco strahlt. Noch vor kurzem lebte der Neunjährige auf der Straße – ohne Eltern, ohne regelmäßiges Essen. Dann aber hörte er vom Projekt „Huch'uy Runa", was so viel heißt wie „kleine Menschen, die vorankommen". In der Ganztagsschule lernen rund 200 peruanische Straßenkinder nicht nur Lesen und Schreiben sondern auch ein Handwerk. Die Lehrer haben Francisco sogar geholfen, einen Schlafplatz bei Verwandten zu bekommen. Seine eigentliche Familie aber, so sagt der Junge, sind „Huch'uy Runa" und die Freunde aus der Backstube.

In der Backstube lernen die Jungen, welche Zutaten in einen Kuchenteig gehören. Ihr Ausbilder war früher auch ein Straßenkind, das bei „Huch'uy Runa" Hilfe gefunden hat.

Wo aus Kindern Soldaten werden

Mädchen und Jungen werden immer noch bewaffnet, zum Töten ausgebildet und als Soldaten missbraucht. Aus dem neuesten „Weltreport Kindersoldaten" geht hervor, dass in den vergangenen drei Jahren Kinder in mindestens 20 Ländern kämpfen mussten. Dazu zählen Afghanistan, Kolumbien, Indien, Irak, Indonesien und Russland. Seit 2002 haben zwar 116 Staaten ein zusätzliches Abkommen zur Uno-Kinderrechtskonvention unterzeichnet, das es verbietet, Kinder unter 18 Jahren zu Soldaten zu machen. Aber nicht alle Staaten halten sich daran. Wie viele Kinder kämpfen müssen, weiß niemand genau. Nach UNICEF-Schätzungen sind es Hunderttausende. Eine Sprecherin forderte nun von den betreffenden Ländern, endlich den Mut aufzubringen, ihre Kinder vor diesem schrecklichen Schicksal zu schützen.

Hinweise zu den Texten: Seite 92.

Sombo verlässt ihr Dorf
Nasrin Siege

Sombo lebt mit ihrer Familie in einem kleinen Dorf im Nordwesten Sambias. Um die weiterführende Schule besuchen zu können, muss sie ihr Dorf verlassen und in die Stadt gehen. Ihre beste Freundin Wime hat die Aufnahmeprüfung nicht geschafft und kann deshalb nicht mitkommen.

Als die Hähne anfangen, sich von einem Dorf zum anderen laut krähend zu unterhalten, wache ich auf, ziehe mich leise an und trete vor die Hütte. Es ist kurz vor Sonnenaufgang.

Tante Linongo macht Feuer in ihrer Küche. Als sie mich erblickt, kommt sie auf mich zu. „Ich bin froh, dass du schon auf bist. Nun kann ich dich doch noch sehen, bevor ich aufs Feld gehe. Wenn ich heute Abend zurückkomme, wirst du nicht mehr hier sein." Sie legt ihre Hände auf meine Schultern und schaut mich ernst an. „Wir alle sind stolz darauf, dass du in die Oberschule gehst", sagt sie. „Vergiss das nicht!"

Ich begleite sie bis zum Dorfausgang und schaue ihr nach, wie sie mit einer Hacke in der Hand und dem Baby Mutango auf dem Rücken im dichten Busch verschwindet. Ich setze mich in Großmutters Küchenhaus und warte. Im Dorf wird es allmählich lebendig.

Ich sehe, wie Vater in die Versammlungshütte der Männer, den Zango, geht und ein Feuer entfacht. Dann setzt er sich auf einen kleinen Hocker und wärmt sich die Hände.

Ich höre, wie Mutter mit Chilombo schimpft. Er hat gestern Abend nicht genug Feuerholz gesammelt. Aus Linongos Hütte dringt das laute Weinen des kleinen Kasumbi, der aufgewacht ist und seine Mutter vermisst.

Dies ist mein letzter Morgen hier für lange Zeit und ich spüre, wie sich ein Gewicht wie ein großer Stein auf meine Brust legt und mir das Atmen schwer macht.

Mutter gibt mir ihren grauen Stoffbeutel, in den ich meine Sachen packen soll.

„Schreib mir so oft du kannst", bittet sie mich noch einmal. „Der Lehrer oder Wime können mir deinen Brief ja vorlesen."

Großmutter kommt auf ihren Stock gestützt langsam auf mich zu. Sie gibt mir eine kleine Flasche mit einer schwarzen Flüssigkeit. „Das ist Medizin", erklärt sie mir. Ihre Stimme klingt plötzlich sehr alt. „Ich habe sie extra für dich gemacht. Du musst sie dir auf den Scheitel reiben, wenn du Kopfschmerzen hast. Vielleicht bekommst du ja welche von dem vielen Lernen. Und dies hier musst du dir um die Hüften binden", sagt sie und löst umständlich einen kleinen Lederbeutel von ihrem Hals. „Das ist ein Mittel gegen den bösen Blick."

Ich nehme das Geschenk entgegen und weiß gar nicht, was ich sagen soll, beiße mir auf die Lippen und habe Mühe meine Tränen zu unterdrücken.

Sie lacht mich aufmunternd an und tätschelt meine Hand.

Vater und Großvater kommen dazu und schauen mich ernst an. Ich weiche ihren Blicken aus und drücke ihnen allen die Hände. Dann mache ich mich schnell mit Wime auf den Weg. Sie will mich bis zur Hauptstraße begleiten.

40 Es ist noch immer früh am Morgen und wir müssen auf den alten Fährmann warten, der schließlich verschlafen aus dem Busch hervortritt. „Wo wollt ihr denn hin, so früh?", fragt er etwas unfreundlich. Wir klatschen in die Hände und begrüßen ihn so mit Respekt.

„Ich fahre nach Sambesi zur Schule", erkläre ich ihm.

45 „So, so", grummelt er und fängt langsam an zu rudern. „Dann nimm dich dort vor den bösen Geistern in Acht!"

Auf der anderen Seite des Flusses folgen wir schweigend dem schmalen Trampelpfad, der nach Kabompo führt. Diesen Weg bin ich schon so oft gegangen. Ich kenne jeden Stein, jedes Erdloch und jeden Baum hier. Das Gras steht hoch
50 und es ist grün. Wenn ich zurückkomme, wird es gelb und trocken sein. Dann werden unsere Männer und Frauen das Gras schneiden und die Hüttendächer damit ausbessern.

Die alte Bushaltestelle liegt an der Hauptstraße, die nach Sambesi führt. Hier treffen wir Mununga und Zenia und die drei Jungen Azukiwe, Afunika und Pa-
55 blias. Mit Mununga und Afunika bin ich in dieselbe Klasse gegangen. Wime hält meine Hand, doch dann muss sie sich von uns verabschieden. „Schreib mir bald", flüstert sie mir noch leise zu. Ich nicke und dann tun wir so, als ob dies kein richtiger Abschied sei und er uns deshalb nichts ausmache.

„Ich warte hier schon seit drei Tagen", sagt ein Mann, der auf einem Sack mit
60 Mais sitzt. In seinen Händen hält er ein Huhn, dessen Füße er zusammengebunden hat.

„Vielleicht haben wir heute Glück", meint ein anderer Mann. „Ich bin seit zwei Wochen unterwegs nach Hause. Das meiste bin ich gelaufen, aber jetzt bin ich müde."

65 „Manchmal hat man Glück und schon der erste Wagen hält an und nimmt einen mit", meint der Mann mit dem Huhn. „Aber meistens muss man lange warten."

„Habt ihr auch Fahrgeld dabei?", fragt uns eine Frau.

Wir nicken alle, nur Afunika guckt betreten.

70 „Aber du weißt doch, dass du den Fahrer fürs Mitnehmen bezahlen musst!", sagt Mununga aufgebracht.

Afunika schüttelt den Kopf. „Aber doch nur, wenn ich mit dem Bus fahre! Und die fahren doch zur Zeit nicht!", verteidigt er sich. Alle Umstehenden und auch wir anderen lachen ihn aus.

75 „Mann, bist du dumm!", schimpft Mununga. „Jetzt kannst du nicht mitfahren!"

Afunika sagt nichts mehr. Er ist den Tränen nahe.

„Wir müssen unser Geld zusammenlegen und für ihn mitbezahlen", schlägt Mununga vor. Als in der Ferne ein großer Lastwagen auftaucht, stellen wir uns alle an die Straße und winken. „Anhalten! Anhalten!", brüllen wir. Doch der Fahrer
80 schaut nicht einmal zu uns herüber.

Enttäuscht setzen wir uns wieder an den Wegrand.

„Der war doch ganz leer", sagt Pablias böse. „Warum hat er uns nicht mitgenommen?" Als zwei Autos kurz nacheinander an uns vorbeifahren, werden wir mutlos. Doch dann hält der Lastwagen der neuen Honigfabrik und wir klettern schnell und lachend vor Freude hinten auf die Ladefläche. Wir sind nicht die einzigen Fahrgäste. Etwa zehn weitere Reisende liegen da zwischen ihrem Gepäck und den leeren Honigeimern.

Der Fahrer verlangt von jedem von uns sechzig Kwacha. Da wir aber zusammen nur dreihundertdreißig haben, müssen wir mit ihm handeln. Er will zuerst, dass einer von uns wieder hinuntersteigt.

„Aber wir müssen doch alle zur Schule nach Sambesi", sage ich aufgebracht. „Keiner von uns kann hier bleiben!"

Die anderen Fahrgäste unterstützen uns und schließlich gibt der Fahrer murrend nach. Wir sind erleichtert, aber auch aufgeregt, denn wir alle sind noch nicht so oft mit dem Auto gefahren. Endlich geht die Reise los! Wir stellen uns hinter das Führerhäuschen und halten die Gesichter in den Fahrtwind. Überall an der Straße liegen kleine Siedlungen, die genauso aussehen wie unser Dorf: ein Zango auf dem Platz in der Mitte und drum herum einige grasgedeckte kleine Lehmhütten und Küchengebäude. Kinder laufen herbei und winken und lachen. Dann rennen sie uns johlend hinterher. Ziegen, Schweine und Hühner, die auf der Straße dösen oder dort nach Fressen suchen, schrecken durch den Krach des herannahenden Lastwagens auf und rennen kopflos und im Zickzack davon. Der Fahrer bremst nicht, weicht ihnen auch nicht aus und so überfährt er einmal ein Huhn, um das sich gleich die Kinder scharen, während wir unsere Fahrt ohne anzuhalten fortsetzen. Manchmal kommen uns Ochsenkarren entgegen und die Bauern haben Mühe ihre Tiere, die vor unserem laut hupenden Auto scheuen, auf der Fahrbahn zu halten.

Auf der Straße haben sich tiefe Löcher gebildet, in denen sich das letzte Regenwasser angesammelt hat. Andere Stellen bestehen nur noch aus dickem Schlamm, durch den sich der Wagen nur langsam und schlingernd vorwärts bewegt. Hoffentlich kippen wir nicht um, denke ich. Immer wieder stehen winkende Menschen am Straßenrand, die mitgenommen werden wollen. Der Fahrer hält dann an, verhandelt mit ihnen und lässt sie gegen Bezahlung aufsteigen. Er muss viel verdienen, denn auf der Ladefläche wird es immer enger. Irgendwie schaffe ich es, mich neben Mununga zu zwängen.

„Hast du noch was zu trinken?", fragt sie mich und ich gebe ihr meine Wasserflasche.

„Gib mir auch was", sagt eine Frau mit einem Baby, die neben uns eingequetscht zwischen Säcken, Taschen und Honigeimern sitzt. Sie nimmt einen großen Schluck, wischt sich mit ihrer Chitenge[1] über den Mund und lacht mich an. „Eigentlich mag ich keine Lastwagen", sagt sie. „Sie sind wie Elefanten. Man muss sehen, dass man ihnen ausweicht, sonst wird man von ihnen niedergewalzt. Und ich sage dir, ich habe Angst!"

Ich kann sie gut verstehen, denn inzwischen geht es mir genauso. Manchmal kommen uns Autos entgegen, denen wir auf der schmalen Straße ausweichen müssen. Der Fahrer tut das aber immer erst in letzter Sekunde und dabei schlingern wir so, dass ich jedesmal befürchte, wir kippen um.

Einmal will der Fahrer einen kleineren Wagen nicht überholen lassen. Er bleibt einfach auf der Mitte der Fahrbahn, lässt ihn nicht vorbei und wir sehen, wie sich der Mann in dem Auto hinter uns furchtbar aufregt. Zuerst finden wir das ganz lustig und lachen über ihn. Aber dann brüllt einer der Männer, er soll ihn doch endlich vorbeilassen. Ich weiß nicht, ob der Fahrer ihn gehört hat, aber er fährt etwas mehr zur Seite und der andere Wagen überholt uns.

„Wir sind gleich da!", ruft eine Frau aufgeregt. Ich stehe auf, damit ich die Stadt besser sehen kann. Das wollen auch die anderen und so entsteht ein großes Gedränge. Ich verliere den Halt und stürze nur deswegen nicht, weil um mich herum so viele Menschen stehen, dass ich nicht umfallen kann.

Die Straße säumen nun einige Steinhäuser. Kinder winken uns zu, ein Junge treibt mit lauten Rufen seine Ziegen von der Fahrbahn. Mit lang anhaltendem Gehupe fährt der Lastwagen in die Stadt hinein und hält schließlich am Marktplatz an.

[1] *Chitenge: Tragetuch, mit dem Babys auf den Rücken der Mutter gebunden werden*

Hinweise zum Text: Seite 92.

Ein Leben zwischen Gräbern
Ilse Kleberger

„Ischrake, Ischrake!" Die Stimme der Stiefmutter weckte das Mädchen auf. Es reckte sich und gähnte, schob die Pappe, die es als Kopfkissen benutzt hatte, beiseite und stieg über die drei jüngeren Kinder, welche kreuz und quer in tiefem Schlaf auf der Matte lagen, die den kahlen Fußboden bedeckte. Der acht-
5 jährige Kamal wachte kurz auf, trat ärgerlich gegen Ischrakes Fuß und schlief wieder ein. Mona, die Stiefmutter, stand in dem winzigen Küchenraum, wo ein niedriger Kohlenherd und rußgeschwärzte Töpfe den meisten Platz einnahmen. Sie trug ein schwarzes Kleid und ein Kopftuch, das jedes Haar verbarg. Als sie sich reckte um einen Blechteller vom Regal an der Wand zu nehmen, sah man
10 an ihren nackten Beinen dicke Krampfadern. „Wo bleibst du nur?", rief sie ärgerlich. „Hol Wasser!" Sie zeigte auf einen großen Plastikkanister.
Das Mädchen nahm das Gefäß und trat auf den schmalen Weg zwischen würfelförmigen Häusern und Grabsteinen hinaus. Ischrake und ihre Familie wohnten auf dem Mameluckenfriedhof in der ägyptischen Riesenstadt Kairo und ihr
15 Wohnhaus war ein Grab. Viele arme Familien lebten hier in Gräbern.

Die Besitzer gaben ihnen für die Bewachung der Gräber etwas Geld und verlangten keine Mietzahlung. Eine solche hätte Ischrakes Familie auch gar nicht leisten können, denn sie war sehr arm. Das Mädchen balancierte das Gefäß auf dem Kopf und versuchte mit seinen nackten Füßen spitze Steine zu vermeiden.

20 An der Wasserstelle drängten sich schon viele Frauen und Kinder. Es machte ihnen nichts aus, wenn sie warten mussten, bis sie an der Reihe waren, denn so konnten sie sich den neuesten Klatsch erzählen. Es war eine der wenigen Abwechslungen, die es hier gab. Immer passierte etwas auf dem riesigen Gräberfeld, wo zahllose Menschen lebten. Ischrake hörte neugierig zu.

25 Als sie an der Wasserstelle angekommen war, füllte sie Wasser in ihren Kanister und setzte ihn sich auf die Schulter. Eine mitleidige Frau half der Zehnjährigen, die klein und schmal war, dabei. „Kann deine Mutter das Wasser nicht selber holen?", fragte sie.

Das Mädchen schüttelte den Kopf. Doch der Rückweg fiel ihr nicht leicht. Als 30 sie zu Hause ankam, tat ihr die Schulter weh, sie war blass und keuchte ein wenig. Aber die Stiefmutter sagte trotzdem ungeduldig mit ihrer scharfen Stimme: „Konntest du nicht mehr Wasser holen? Wie sollen sich die Kleinen mit dem bisschen waschen?"

Nie war Mona mit ihr zufrieden. Während sie ihre eigenen Kinder oft streichel-
35 te und in den Arm nahm, hatte sie für Ischrake nur Unfreundlichkeit übrig. Am liebsten war es dem Mädchen, wenn die Stiefmutter sie in Ruhe ließ. Doch

Schläge bekam sie von Mona nie, das musste sie zugeben. Ganz anders war es mit Hussein gewesen, Ischrakes Bruder, der zwei Jahre älter war als sie. Ihn hatte die Stiefmutter oft geprügelt. Deshalb war er auch weggelaufen. Er fehlte Ischrake sehr. Mona hatte unterdessen für den Vater das Frühstück bereitet. Auf einer Steinbank vor dem Grabhaus breitete sie eine Zeitung aus und stellte einen Blechteller mit dicken Bohnen darauf. Daneben legte sie ein flaches Fladenbrot. Der Vater kam aus dem hinteren Raum und hockte sich schweigend vor die Bank. Eigentlich war er in seiner blauen Djellabah, dem Hemd, das bis auf die Knöchel reichte, und dem kunstvoll geschlungenen Turban ein schöner Mann, aber seine Miene war stets finster und bedrückt. Früher, als Ischrakes und Husseins Mutter noch lebte, war er anders gewesen. Damals wohnten sie auf dem Dorf, waren zwar nicht reich, hatten aber immer genug zu essen. Ischrakes und Husseins Mutter war eine fröhliche Frau, die viel lachte und sang. Sie verstand auch den Vater zum Lachen zu bringen. Der arbeitete unten am Nil in einer Zuckerrohrplantage. Hussein und Ischrake brachten ihm, wenn geerntet wurde, das Essen aufs Feld. Sie waren gerne dort und ruhten stets im Schatten eines großen Baumes aus. In ihrem Dorf gab es nur Sand und Steine, keine Bäume und Ischrake liebte diesen Baum sehr mit seinem großen Laubdach und den vielen Vögeln, die darin saßen. Es war lustig zu sehen, wie die Männer die Blätter von den langen Zuckerrohrstangen streiften und diese auf kleine Eisenbahnwagen luden oder auf Esel und Kamele.

Ischrake mochte besonders gern die Kamele. Wie hochmütig sie aussahen und wie stolz sie daherschritten trotz ihrer Last! Wenn die Kinder wieder in ihr Dorf zurückliefen, knabberten sie an Zuckerrohren, die der Vater ihnen zugesteckt hatte. Als Hussein sechs Jahre alt war, fing er an in die Schule zu gehen. Auch die Schüler arbeiteten ab und zu auf der Zuckerrohrplantage.

Doch eines Tages änderte sich alles. Die Mutter starb bei der Geburt eines neuen Babys, das auch nicht lange lebte. Der Vater war verzweifelt. Er lachte nicht mehr, saß im Teehaus bei der Wasserpfeife, starrte trübe vor sich hin und versäumte oft die Arbeit. Bald wurde er von dem Plantagenbesitzer entlassen. Es war nun auch für die Kinder ein trauriges Leben. Zwar brauchten sie nicht zu hungern, weil die Nachbarn, die zum Teil Verwandte waren, ihnen zu essen gaben, aber es fehlte ihre fröhliche Mutter. Der Vater kümmerte sich kaum um sie. Eines Tages fuhr er nach Kairo, weil er dort, wie er sagte, Arbeit suchen wollte. Er kam zurück um die Kinder zu holen, erklärte, er habe eine Wohnung und eine neue Frau gefunden. Die Frau war Mona, die schon einen zweijährigen Sohn hatte, und ihre Wohnung war das Grabhaus auf dem Mameluckenfriedhof. Der Vater arbeitete als ungelernter Arbeiter auf dem Bau und Mona bekam bald ein Kind nach dem andern, von denen manches wieder starb. Dem Vater machte das nur etwas aus, wenn es ein Sohn war. Aber mit Hussein hatte er Schwierigkeiten. Das lag hauptsächlich an Mona. Hussein konnte hier nicht zur Schule gehen. So wies die Stiefmutter ihm „Mädchenarbeiten" zu wie Fegen und Waschen, was er hasste. Er war aufsässig und Mona schlug ihn. Einmal schlug er zurück. Der Vater nahm ihn sich daraufhin am Abend vor und verprügelte ihn so sehr, dass der Junge überall blaue Flecke und ein zugeschwollenes Auge hatte. In der Nacht darauf lief Hussein fort. Das war jetzt vier Wochen her.

Als der Vater sein Frühstück beendet hatte, holte er eine Hacke, legte sie sich über die Schulter und ging mit ihr fort. In der Stadt würde er sich an einer der belebtesten Ecken auf den Rinnstein setzen, wie andere Männer auch, und warten. Wenn jemand in Kairo ein Haus bauen wollte, einen Garten anlegen oder etwas Ähnliches, ging er hierher und suchte sich einen wartenden Arbeiter aus. Nicht immer fand der Vater auf diese Weise einen Arbeitgeber. War er ergebnislos gewesen, kam er abends bedrückt nach Hause, noch missmutiger als sonst schon. Er verschwand dann bald ins Teehaus, das am Platz mitten zwischen den Gräbern lag, hockte zusammen mit anderen Männern bei der gurgelnden Wasserpfeife und gab Geld aus, obgleich er doch gar nichts verdient hatte. Mona schniefte und murrte, aber sie wagte nicht ihm Vorwürfe zu machen. In ägyptischen Familien ist der Mann stets der Herr und niemand darf ihm etwas sagen.

Zum Frühstück gab Mona jedem Kind ein Stück Brot und eine Zwiebel in die Hand und erlaubte ihnen etwas von dem abgekochten Wasser zu trinken, das auf dem Herd stand. Das Wasser im Kanister, in dem sich die Kinder flüchtig gewaschen hatten, benutzte sie nun zum Wäschewaschen.

Unterdessen musste Ischrake die anderen beiden Räume säubern. Sie legte die Zeitungen und Pappen, die sie als Zudecken und Kopfkissen benutzt hatten, in der Ecke auf einen Haufen und fegte mit einem Reisigbesen die beiden Räume aus, erst den, in dem die Kinder schliefen, der bis auf eine Matte leer war, und dann den zweiten, in dem drei Särge standen. Anfänglich war Ischrake erschrocken gewesen, dass sie in einem Haus leben sollte, in dem Tote lagen, aber sie hatte sich längst daran gewöhnt. Der Besitzer des Grabes durfte allerdings nicht wissen, dass neben den Särgen nachts die Eltern schliefen und am Tag die Kinder spielten. Auch jetzt wieder hüpfte Kamal von einem Sarg zum andern. Ischrake versuchte ihn davon abzuhalten, doch er lachte nur und hörte nicht auf sie. Mutwillig streute er Papierfetzen umher, die er in der Tasche seines löchrigen Kittels hatte. Kamal und seine Geschwister ärgerten Ischrake ständig. Nie sagte Mona etwas dazu und wenn der Raum nicht sauber war, machte sie das Mädchen dafür verantwortlich.

Während Ischrake die Küche fegte, hängte die Stiefmutter draußen die Wäsche zwischen zwei Grabsteinen auf: eine weiße Djellabah, zwei Turbanstreifen des Vaters und ein eigenes Kleid. Die Kinder besaßen nur das, was sie auf der Haut trugen. Ihre Sachen wurden erst gewaschen, wenn die Sonne heiß schien und sie nackt sein konnten. Ischrakes rotes, geblümtes Kleid, das noch von ihrer Mutter stammte, und ihr Kopftuch wurden nie gewaschen, weil sie schon zu groß war um nackt herumzulaufen. Sie gab sich Mühe sich nicht zu beschmutzen und rieb Flecken aus, wenn sie an der Zapfstelle Wasser holte.

Hinweise zum Text: Seite 93.

Der Fremde
Toril Brekke

Zuerst sahen sie das Boot. Eines Morgens, als Amir und Parmann aufwachten, schwamm es auf dem Fluss. Sie hatten in ihren gehäkelten Hängematten auf der Terrasse geschlafen.

Amir entdeckt es als Erster.

„Sieh mal!", rief er eifrig und weckte seinen Bruder. „Sieh dir das an!"

Sie starrten über das Geländer. Ein so schönes Boot hatten sie noch nie gesehen. Jedenfalls nicht aus der Nähe. Sie sprangen auf den Holzboden, jeder packte sich eine Handvoll getrockneter Silberfische und rannte, nur mit Shorts bekleidet, die Treppe hinunter.

Es war ein schönes Boot, ganz anders als die anderen Boote am Ufer. Es war lang und schmal und hatte einen weiß angestrichenen Rumpf. Es hatte einen Überbau mit Fenstern, mit glänzenden blanken Fenstern, es hatte einen hohen weißen Mast und hinten eine schräg stehende Fahnenstange.

Die Brüder standen nebeneinander, jeder hatte dem anderen einen Arm um die Schulter gelegt. Ihre nackten Zehen bohrten sich in den feuchten Sand. Sie beugten sich vor und reckten die Hälse um den schönen Anblick auf der glitzernden Wasseroberfläche genießen zu können.

Das schöne Schiff lag ein Stück vom Land entfernt. Die Brüder machten das Boot des Großvaters los und ruderten hinüber. Das Boot des Großvaters war viel kleiner. Es war ein ganz normales Fischerboot, aus Treibholz zusammengesetzt. Aus Brettern, die an Land geschwemmt worden waren, und die der Großvater zurechtgesägt hatte. Auf jeder Seite hatte es Ausleger, um sicherer im Wasser zu liegen.

Die Jungen ruderten ganz dicht an das fremde Schiff heran, berührten die Seiten mit den Händen und bewunderten die riesige Schiffsschraube.

Und dann rief jemand etwas mit wütender Stimme.

Amir und Parmann stießen sich einige Meter weit ab um zu sehen, wer dort oben an Deck stand. Es war ein breitschultriger, kräftiger Mann in weißen Hosen und weißer Jacke. Er hatte unter einer blauweißen Schirmmütze silbergraue Haare und er musterte sie mürrisch. „Macht, dass ihr wegkommt!", rief er. „Ich brauche nichts. Rein gar nichts!"

Die Jungen blickten einander verblüfft an. Warum der Mann wohl so böse auf sie war? Und was brauchte er nicht?

„Schönes Boot", sagte Amir.

Der Fremde grunzte. Dann klatschte er in die Hände, als ob sie Vögel wären, die er verscheuchen wollte.

Parmann und Amir ruderten zurück. Sie rannten zum Haus ihres Großvaters und kletterten hinein, als er gerade beim Frühstück saß.

„Auf dem Meer ist ein kranker Mann!", sagte Amir.

Der Großvater sprang auf und ging mit ihnen auf die Terrasse.

„Da!", rief Parmann und zeigte auf das Schiff.

„Was für ein schönes Schiff", sagte der Großvater anerkennend. „Und ist der Kranke da draußen? Braucht er Hilfe? Hat er euch gebeten einen Erwachsenen zu holen?"

Die Jungen schüttelten den Kopf. Nein, so war das nicht. Der Mann hatte sich einfach nur seltsam benommen.

Als der Großvater die ganze Geschichte gehört hatte, nickte er nachdenklich.

„Ach so", sagte er. „So ist das. Ja, solche Leute habe ich schon öfter gesehen. Aber er weiß sicher am besten, was ihm fehlt, stelle ich mir vor. Achtet gar nicht auf ihn. Habt ihr übrigens schon etwas gegessen?"

Sie gingen mit ihm ins Haus und teilten seinen Reis mit Fischen mit ihm.

Und als sie noch aßen, hörten sie draußen ihre Freunde lachen.

Bald darauf waren die Jungen mit den anderen am Strand.

Zuerst spielten sie Fußball, zwei Mannschaften mit einem Tor. Danach holten sie ihre Stelzen und versuchten damit zu spielen. Es sah ziemlich komisch aus. Die Stelzen versanken im Sand, wenn sie sie nicht dauernd bewegten, und es war nicht leicht, gleichzeitig um den Ball zu kämpfen. Sie stolperten und fielen um und brüllten vor Lachen.

Bald hatten Amir und Parmann den Kranken fast vergessen.

Als sie ihn das nächste Mal sahen, war er mit der fetten Königin zusammen. Die beiden spazierten nebeneinander am Strand entlang. Der Mann trug noch immer seine kreideweißen Kleider. Die Königin trug ein oranges Kleid, das über ihrem breiten Hintern spannte. Amir und Parmann und ihre Freunde saßen im Kreis und aßen Ananas. Sie sprangen auf ihre Stelzen und umringten die beiden Erwachsenen wie langbeinige Wasservögel.

„Weg", rief der Fremde.

„Weg", wiederholte die Königin.

Die Jungen lachten. Sie stießen sich spielerisch an, und einer fiel von den Stelzen und wäre fast auf die dicke Dame gefallen. Er sprang wieder auf und schlug auf dem Sand Räder.

„Wer ist der Mann?", riefen die Jungen.

„Woher kommt er?"

„Was macht er hier?"

Die Königin achtete nicht auf sie. Aber der Fremde sah immer wütender aus. Dann sah er die Kinder an und brüllte: „Weg hier! Pack! Rotzgören!"

Sein Gesicht war dunkelrot und sein Mund zitterte.

Die Jungen lachten nicht mehr.

„Ist er sehr krank?", fragte Amir besorgt.

Die Königin musterte ihn überlegen und watschelte mit hoch erhobener Nase weiter.

Den Rest des Tages verbrachten die Jungen bei den Booten. Sie sprangen von den Auslegern und tauchten mit ihren kleinen Harpunen bis auf den Boden. Als Amir und Parmann zwei ziemlich große Fische und außerdem einen schönen Hummer erwischt hatten, warfen sie ihre Geräte ins Boot und tauchten nur noch zum Spaß. Sie sprangen ins Wasser und planschten. Dann setzten sie wieder ihre Taucherbrillen auf und schwammen zum Korallenriff hinaus. Unter ihnen wimmelte es von kleinen und großen Fischen, die ihnen auswichen, die sich in den Sand bohrten oder versuchten sich zwischen Seegras und Steinen zu verstecken. Es gab große und kleine, vom Meer glatt geschliffene Steine. Sie waren blau und weiß, schwarz und rotbraun, sie hatten schöne Muster. Sie waren wie Schmuckstücke. Einige schienen durchsichtig zu sein, wie Glasscherben. Als sie noch klein waren, hatten die Jungen schöne Steine gesammelt. Sie hatten sie in einer großen Schüssel mit Wasser aufbewahrt, denn wenn sie trockneten, dann verloren sie ihren Glanz.

Das Riff war noch schöner als die Steine auf dem Meeresgrund. Die weißen Korallen waren wie seltsame gezackte, schöne Bäume. Sie konnten blau oder rosa leuchten, wenn sich die Sonnenstrahlen an der Wasseroberfläche brachen und das Wasser mit blassgrünem oder blassgelbem Licht erfüllten. Wenn sich die Jungen ganz still treiben ließen, dann kamen sie sich vor wie in einer leise rauschenden Blase. Leises Rauschen, wie leise Musik.

Und dann mussten sie zum Luftschnappen nach oben.

Wenn sie müde waren, ließen sie sich auf der Wasseroberfläche treiben. Ihre Beine und Arme sanken unter, und vom Land aus waren nur ihr Bauch und ihre Nasenspitzen zu sehen. Ihre Körper waren schwer wie Steine, aber sie sanken nicht, so lange sie tief Atem holten und sich zu einem mit Luft gefüllten Ballon werden ließen.

Dann drehten sie sich um und tauchten wieder zum Boden hinunter.

Die, die ihre Häuser gleich am Ufer bauten, benutzten Korallen für die Grundmauern. Die Königin und ihr Mann hatten so ein Haus.

Die meisten bauten allerdings auf Pfählen. Auf jeden Fall die Menschen, die vom Bajovolk abstammten – dem Bootsvolk. Sie schlugen kräftige Pfähle ein und bauten ihre Häuser aus Furcht vor Schlangen und Raubtieren zwei bis drei Meter über dem Boden.

Für Amir und Parmann waren Korallen Dinge, die sie bewunderten, aus denen sie aber keine Häuser bauten.

Als ihre Eltern von ihrer Arbeit an den Trögen zurückkehrten, schwammen in einem Eimer auf der Terrasse zwei Fische und ein Hummer herum. Die Mutter konnte gleich mit dem Kochen anfangen.

Beim Essen fiel den Jungen plötzlich der kranke Fremde ein und sie erzählten, wie sie, zusammen mit ihren Freunden, versucht hatten ihn aufzumuntern um ihm das Gesundwerden zu erleichtern.

„Vielleicht hilft es ihm, wenn wir ihm schöne Steine oder ein Stück Koralle schenken?", überlegte Amir.

„Er ist offenbar ein Freund der Königin", sagte Parmann.

„Sicher ist er der reiche Mann", sagte der Vater.

„Wer denn?", fragte die Mutter.

Mehrere Tage lang wanderte der Fremde am Strand entlang. Dann war er verschwunden.

Aber die Gerüchte schwirrten. Es hieß, er wolle eine neue Hummeranlage bauen, eine viel größere und bessere als die schon vorhandene, in der die Eltern von Amir und Parmann arbeiteten. Das hatten sie von der Königin gehört.

Andere meinten, er wolle eine Schlangenzucht anfangen. Auch das wollten sie von der Königin gehört haben. Aber als Parmann und Amir Fragen zu ihrer Terrasse hochriefen, bekamen sie keine Antwort.

135 Die Königin blickte bloß träumerisch auf das Meer und die rosa Nachmittagssonne und hob ein Glas mit einer weinroten Flüssigkeit an ihre vollen Lippen.
Ihr Mann saß neben ihr. Er räusperte sich und wollte etwas zu den Jungen sagen, verstummte dann aber unter dem scharfen Blick seiner Frau. Sie war nämlich die Chefin im Bezirk, nicht er. Er war der Vorgesetzte der Offiziere und
140 Soldaten. Aber alle wussten, dass er vor seiner Frau zur Maus wurde. Und deshalb wurde sie von allen „Königin" genannt.
Es hieß, der Fremde sei nicht nur reich, sondern gleich der pure Krösus[1]. Er kam angeblich aus Europa, seinen Hauptsitz aber sollte er in Djakarta haben. Seinen „Hauptsitz".
145 Amir zerbrach sich den Kopf darüber, was wohl ein Hauptsitz war.
Parmann dachte lange darüber nach. Dann kam er zu dem Schluss, dass „Haupt" „das Wichtigste" bedeutet und „Sitz" „Hintern". „Sein wichtigster Hintern ist in Djakarta", kicherte Parmann.
„Wie viele Hintern der wohl hat?", fragte Amir.
150 Eine Woche darauf war der Fremde wieder da. Jetzt kam er mit dem Flugzeug. Und zum ersten Mal sahen die Jungen vor ihrem Haus am Strand ein Wasserflugzeug landen.
Aber der Fremde war noch immer böse und sauer. Sogar, als eines Tages ein kleines Mädchen angerannt kam um ihm einen Blumenkranz um den Hals zu
155 legen, wandte er sich ab, als ob er Blumen und kleine Mädchen einfach unerträglich fände.
Auf die jungen Frauen achtete er auch nicht. Obwohl sie sich die Gesichter mit der feinsten Creme einrieben. Diese Creme stellten sie aus Reispuder her. Sie feuchteten den Reispuder an und schmierten sich damit ein und dann wurden
160 Wangen und Stirn hell. Und sie malten sich die Lippen rot und lächelten den Fremden an.
„Diese dusseligen Dussel", kicherten die Jungen.
Die Frauen sahen immer so aus, wenn sie sich feinmachten. Und sie wollten gern fein sein, wenn Fremde auftauchten. Aber dieser Fremde schien sie nicht
165 einmal zu bemerken, wenn sie in frisch gewaschenen bunten Blusen und Röcken vor den Häusern standen. Angeblich hatte er viele Autos, neben dem Boot und dem Flugzeug. Und große Häuser. Läden und Restaurants.
„Was macht er mit dem vielen Kram?", fragte Amir.
„Was sind Touristen?", fragte Amir seinen Großvater, als er ihm eines Vormit-
170 tags half das Boot zu reparieren.
Der Großvater hatte ein großes Stück Treibholz gefunden. Jetzt entfernte er ein altes Brett aus dem Boot, weil es langsam morsch wurde und Wasser zog.

---

[1] *Krösus: sehr reicher Mann*

„Touristen?", fragte der Großvater und strich sich über den Schnurrbart. „Touristen, das sind Ausländer. Und sie haben Fotoapparate an einer Schnur um den Hals hängen. Sie machen Fotos."

„Der Fremde will offenbar ein Hotel für Touristen bauen", sagte Amir.

„Und ein Restaurant, wo die Touristen unter schönen Laternen sitzen und Hummer essen können."

„Ach", sagte der Großvater.

Auch er hatte diese Gerüchte gehört. Aber er wusste nicht so recht, was er davon halten sollte.

„Werden die auch so krank sein… wie der Fremde?", fragte der Junge besorgt.

Der Großvater schüttelte den Kopf. „Bestimmt nicht. Der Fremde hat sicher irgendwo Schmerzen. Vielleicht im Magen. Und davon wird man so mürrisch."

Und dann gab es ein Fest. Die Königin hatte das angeregt und der Fremde war der Ehrengast. Alle machten sich schön. Die Königin trug ein neues Kleid und breite, klirrende Armreifen. Sie aßen und tranken, sangen und spielten, redeten und tanzten.

Aber der Fremde saß stumm da. Er gab keine Antwort, wenn er angesprochen wurde. Und er sang und tanzte auch nicht mit, auch wenn die anderen versuchten ihn dazu zu bringen.

Und dann hielt die Königin eine kleine Rede. Sie sprach über die Zukunft. Über die Veränderungen. Über Reichtum und Fortschritt. Sie lächelte schlau und blickte kokett und geheimnisvoll den Fremden an. Aber der starrte nur den Boden oder das Meer an. Dann schaute er auf die Uhr und stand mitten in der Rede auf.

„Als ob er mit seinen Gedanken ganz woanders wäre", sagte später die Mutter.

„Seinen Haupthintern hat er jedenfalls in Djakarta", sagte Amir.

Der Großvater nickte.

„Ganz bestimmt. Überall hat er Dinge und Gedanken. Der arme Mann."

„Vielleicht wird er gesund, wenn er seine Sachen zusammenholt?", überlegte Amir.

„Vielleicht", sagte der Großvater. „So wie wir … ehe wir an Land gehen mussten."

Parmann und Amir tauschten einen Blick. Sie waren damals noch nicht geboren. Aber ihre Eltern hatten das erlebt. Und der Großvater.

Sie hatten in ihren Booten gelebt. Mit allem, was sie besaßen. Waren zu besseren Fischgründen gesegelt, hatten dort Anker geworfen oder das Boot in einer ruhigen Bucht an einem Busch vertäut. Waren an Land gegangen um Früchte zu holen. Hatten an Bord geschlafen und gegessen, gelacht oder über ernste Dinge gesprochen. Sich über die Reling hinweg mit Freunden und Verwandten in anderen Booten unterhalten. Waren an Bord geboren worden und gestorben.

„Der arme Fremde", sagte Amir.

„Ich hoffe, wir sehen ihn nie wieder", sagte der Großvater. „Um seinetwillen."

Hinweise zum Text: Seite 93.

Oskar, 10 Jahre, Kaffeepflücker

Andreas Boueke

Oskar hat seine Ausbildung nach dem zweiten Schuljahr beendet. Seitdem trägt er zum Familieneinkommen bei. Er arbeitet täglich zwischen sieben und acht Stunden auf der Kaffeeplantage von Alberto Schnitzler in Guatemala. Andreas Boueke sprach mit ihm.

Also, wir arbeiten sechs Tage in der Woche. Morgens früh stehen wir um vier Uhr auf. Bevor wir zur Finca[1] gehen, frühstücken wir Brot und Bohnen. Das macht stark für den Tag. Wir arbeiten bis
5 drei Uhr nachmittags. Dann gehen wir wieder nach Hause. Dort helfe ich meinem Vater beim Holzhacken. Am Abend bleibt dann manchmal noch ein wenig Zeit, dann kann ich meine alten Schulbücher lesen. Am nächsten Morgen kommen wir dann zurück auf die Finca.

Wie viel Geld verdienst du beim Kaffeepflücken?
10 Der Patron zahlt uns 14 Quezales (etwa vier Mark) für 100 Pfund Kaffeekirschen. Soviel kann ich manchmal an einem Tag pflücken. Aber wenn an den Sträuchern wenig Kaffee hängt, pflücke ich nur 60 oder 70 Pfund, mehr nicht.

Warum gehst du nicht mehr zur Schule?
Meine Eltern können es sich nicht leisten, mich zu ernähren, ohne dass ich ar-
15 beite. Jetzt will ich arbeiten, mehr und mehr, damit ich eines Tages wieder in die Schule gehen kann.

Wie stellst du dir deine Zukunft vor?
Also, mein Traum war es, länger zur Schule zu gehen. Aber ich konnte nicht, weil wir sehr arm sind.

20 Du hast gesagt, dass du gerne liest. Was liest du denn?
Am liebsten mein Geschichtsbuch. Früher war es besser. Nicht so wie heute. Damals lebten nur Mayas in Guatemala. Aber dann sind die Spanier gekommen und haben Amerika erobert. Jetzt müssen wir für den Patron arbeiten.

Kennst du deinen Patron?
25 Nein, aber ich habe sein Haus gesehen. Er ist sehr reich, Spanier oder so. Er gibt uns Arbeit, damit wir unseren Eltern helfen können.

Weißt du, was mit dem Kaffee geschieht, den du pflückst?
Der wird ins Ausland geschickt.

Zum Beispiel nach Deutschland, richtig! Was meinst du, wie ist es dort?
30 Also, ich glaube, da ist es besser als hier.

[1] *Finca: Landgut*

Hinweise zum Text: Seite 93.

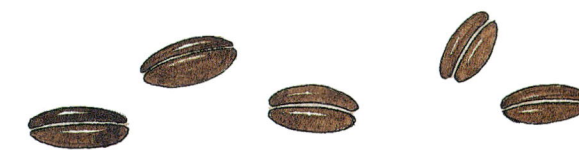

Kinder dieser Welt

Sachtext:
Chance am Backofen

1. Was ist eine *Inkastadt*?
2. Was sind *Bastkiepen*?
3. Was versteht man unter *Straßenkindern*?
4. Was ist das Besondere an der Ganztagsschule in Cuzco?
5. Nimm Stellung zu der Aussage: „Das ist ja Kinderarbeit, was da die Kinder in der Schule machen."
6. „Rund 130 Millionen Kinder im Grundschulalter gehen nicht zur Schule. Zwei Drittel davon sind Mädchen", heißt es in einem Papier der Kinderhilfsorganisation UNICEF (www.unicef.de/download/ i_0084_kinderrechte.pdf). Warum gehen so viele Kinder nicht zur Schule?
7. Was sind deiner Meinung wichtige Rechte, die Kinder haben?
8. Zum Thema *Straßenkinder und Kinderrechte* gibt es auch Spiele, Materialien, Comics und Empfehlungen für Kinder- und Jugendbücher:
www.kinderkulturkarawane.de/2004/kinderrechte/ materialien.htm#COMICS

Sachtext:
Wo aus Kindern Soldaten werden

1. Welche Information aus dem Text ärgert dich am meisten?
2. Informiere dich über das Thema *Kindersoldaten*. Das Kinderhilfswerk terre des hommes beschäftigt sich intensiv damit: www.tdh.de/content/themen/weitere/ kindersoldaten/index.htm
3. Sammle Zeitungsausschnitte, in denen von Kindersoldaten berichtet wird. Lokalisiert die Länder, die Kindersoldaten einsetzen, auf der Weltkarte.
4. Schreibt einen Leserbrief, in dem ihr gegen die Ausbeutung von Kindern als Kindersoldaten Stellung nehmt.

Nasrin Siege:
Sombo verlässt ihr Dorf

Nasrin Siege wurde 1950 im Iran geboren und kam im Alter von neun Jahren in die Bundesrepublik Deutschland. Seit 1987 lebt sie mit ihrem Mann und ihren beiden Kindern in Sambia in Afrika. Aus ihren eigenen Erfahrungen, aber auch den vielen Gesprächen und Erlebnissen mit ihren sambischen Freunden sind die Bücher *Sombo, das Mädchen vom Fluss* und *Wie der Fluss in meinem Dorf* entstanden. Beide Bücher wurden mit dem Kinderbuchpreis der Ausländerbeauftragten des Senats der Stadt Berlin ausgezeichnet.

1. Suche Sambia in deinem Atlas. Du findest das Heimatland Sombos im südlichen Afrika.

2 Sombo verlässt ihr Dorf um eine weiterführende Schule zu besuchen. Erzähle von ihrem Abschied.
3 Die Fahrt in die Stadt Sambesi ist nicht so einfach. Welche Erfahrungen macht Sombo?

Ilse Kleberger:
Ein Leben zwischen Gräbern

Ilse Kleberger wurde 1921 in Potsdam geboren. Bis 1977 arbeitete sie als praktische Ärztin in Berlin. Daneben hat sie zahlreiche Kinder- und Jugendbücher, aber auch Bücher für Erwachsene geschrieben.

1 Die Geschichte spielt in Kairo. Finde heraus, wo das ist.
2 a) Das Leben von Ischrake und ihrem Bruder Hussein hat sich mit dem Tod der Mutter sehr verändert. Wie haben sie früher gelebt?
   b) Wie sieht jetzt ihr Alltag aus?
3 Ischrake kommt nicht gut mit ihrer Stiefmutter und ihren Stiefgeschwistern aus. Woran liegt das?
4 Worunter leidet Ischrake besonders?

Toril Brekke:
Der Fremde

Toril Brekke ist Norwegerin und hat eine Reihe von Büchern für Kinder, Jugendliche und Erwachsene geschrieben.

1 Amir und Parmann sind im Süden von Sulawesi, einer der vielen Inseln, die zu Indonesien gehören, zu Hause. Sucht die Heimat der beiden Jungen in eurem Atlas!
2 In der Erzählung erfahrt ihr einiges über das Leben auf Sulawesi. Sucht die entsprechenden Textstellen und tragt die Einzelheiten zusammen.
3 Besonderen Spaß haben die Jungen beim Tauchen. Vielleicht kannst du ein passendes Bild von den wunderschönen Fischen und Pflanzen am Korallenriff zeichnen?
4 Der Fremde benimmt sich seltsam. Die Jungen glauben, dass er krank sei. Wie könnt ihr sein Verhalten erklären?

Andreas Boueke:
Oskar, 10 Jahre, Kaffeepflücker

Andreas Boueke wurde 1968 in Hagen geboren. Er studierte Soziologie und lebte sechs Jahre in Mittel- und Südamerika. Heute ist er als freier Journalist in Bielefeld tätig. Er hat Bücher über Amerika und Guatemala (Mittelamerika) geschrieben.

1 Guatemala liegt in Mittelamerika. Suche das Land in deinem Atlas.
2 Wie sieht Oskars Tagesablauf aus?
3 Welche Rolle spielt die Schule in seinem Leben?
4 Was könnte Oskar gemeint haben, als er sagte, dass es in Deutschland besser sei?

Mit Tieren leben

Tipps für den Tierfreund

nach Barbara Mühlich

Hast du dir schon einmal überlegt, warum du gerne ein Tier hättest? Oder warum du bereits eines hast?
Vielleicht sagst du: „Damit immer jemand für mich da ist"
oder „Damit ich einen Freund habe." „Man ist nie alleine" oder „Da kann ich
tolle Beobachtungen machen und habe jemanden zu versorgen."
Spielkamerad, Ersatz-Freund, Streicheltier, Studienobjekt ... Uff, ganz schön viel muss das Tier sein und können. Wer so viel von seinem Tier erwartet, wird schnell enttäuscht sein. Tiere machen auch Arbeit, Schmutz und ärgern dich auch mal.
Deshalb Regel Nummer 1:
Erwarte von deinem neuen Freund keine Wunder, dann bekommst du viel.

Tierliebe ist oft einseitig

Ein Tier kann dich also nicht immer rundum glücklich machen. Es kann nur so viel geben, wie ihm die Natur mitgegeben hat. Und das sind vor allem Instinkte – angeborene Verhaltensweisen, die das Tier nicht einfach „vergessen" kann. Kaninchen zum Beispiel bleiben oft zeitlebens recht scheu. Das heißt nicht, dass sie dich nicht mögen oder „undankbar" sind. Kaninchen sind von Natur aus „Angsthasen". Trotzdem musst du sie gut pflegen. Das kommt dir vielleicht manchmal „ungerecht" vor. Doch wir Menschen sind nicht an Instinkte gebunden. Wir können uns dem Tier anpassen, d. h. auf seine Bedürfnisse eingehen. Das Tier kann das nicht.

Wissen ist Trumpf!

Liebe allein genügt nicht. Tierliebe ohne Wissen kann nie Liebe sein, denn kein Mensch hat es im „Gefühl", was ein Pferd oder ein Meerschweinchen zum Leben und Glücklichsein braucht.
Deshalb: Bevor du dir ein Tier anschaffst, solltest du über die Tierart Bescheid wissen. Dann weißt du auch, ob du dem Tier überhaupt alles bieten kannst, was es braucht.
Kaninchen mögen zum Beispiel gerne ein Dach über dem Kopf. Die wenigsten Käfige bieten jedoch einen Unterschlupf. Warum? Weil die Kaninchenbesitzer es einfach nicht besser wissen! Und wenn dein Goldhamster tagsüber nicht spielen will, macht er das nicht um dich zu ärgern. Als nachtaktives Tier kann er einfach nicht anders. Das musst du wissen!

Tierfreunde brauchen kein eigenes Tier

Wer wirklich Tiere mag, schafft sich keines an, wenn er weiß, dass er gar nicht die Zeit dafür aufbringen kann. Eine prima Sache ist es, sich um Tiere von Freunden oder Nachbarn zu kümmern. Auch im Tierheim freut man sich über deine Mithilfe.

Freundschaft verpflichtet

Ich kannte ein Mädchen, das hatte sich eine Schildkröte gekauft. Nach zwei Wochen fand sie das Tier „stinklangweilig". Die Schildkröte wäre fast gestorben, weil sich keiner um sie gekümmert hat. Da ging das Mädchen in die Zoohandlung und wollte das Tier umtauschen gegen ein Meerschweinchen. Der Verkäufer meinte jedoch: „Ein Tier kannst du nicht umtauschen wie ein Paar Socken." Der Mann hatte Recht. Tiere kannst du auch nicht in die Ecke stellen wie ein langweilig gewordenes Spielzeug. Tiere sind Lebewesen. Auch das kleinste! Deshalb: Wer sich ein Tier anschafft, muss folgende Fragen beantworten können:

– Wer pflegt das Tier, wenn ich ins Schullandheim oder in die Ferien fahre oder wenn ich krank bin?
– Was mache ich mit dem Tier, wenn ich das Elternhaus verlasse? (Hunde, Katzen und Kaninchen werden z.B. zehn Jahre alt und mehr!)
– Was mache ich, wenn das Tier nicht so ist, wie ich es mir erträumt habe? Bringe ich dann trotzdem Geduld auf, es gut zu pflegen?
– Kann ich auf schöne Dinge verzichten, z.B. auf Kino oder Freibad, weil der „Waldi" da nicht mit darf?
– Habe ich auch noch in einem Jahr Lust, jeden Tag das Katzenklo (den Kaninchenstall …) zu putzen?
– Mag ich mein Tier auch noch, wenn es alt und grau ist?
– Mag ich mein Tier auch dann noch, wenn es eine „eklige" Krankheit bekommt?

Auch Krankheit, Alter und Tod gehören dazu

Junge verspielte Tiere finden alle „süß". Da fällt Tierliebe nicht schwer. Zu einer richtigen Freundschaft gehört jedoch auch, sich in allen Lebenslagen beizustehen: bei Krankheit, im Alter und im Tod. Leidet dein Tier an einer schweren Krankheit oder an Altersschwäche, bist du ihm einen sanften Tod schuldig. Der Tierarzt kann das Tier schmerzlos einschläfern.

Tiere kosten Geld

Von der Liebe allein wird kein Tier satt. Das weiß jeder.
Was viele jedoch nicht wissen: Selbst kleine Tiere kosten oft viel Geld! Wer seinen Vögeln oder Fischen ein anständiges Leben bieten will, braucht eine große Voliere bzw. ein großes Aquarium. Das ist teuer! Zwergkaninchen kosten nicht viel. Doch auch sie können krank werden und der Tierarzt ist teuer.
Ein Hund braucht Impfungen, eine Haftpflichtversicherung und man muss Steuern für ihn zahlen. Allein das kostet etwa 250 Euro im Jahr.

Hinweise zum Text: Seite 115.

auf dem land

Ernst Jandl

rinininininininDER
brüllüllüllüllüllüllEN
schweineineineineineineineinE
grunununununununZEN
5   hunununununununDE
bellellellellellellellEN
katatatatatatatZEN
miauiauiauiauiauiauiauEN
katatatatatatatER
10 schnurrurrurrurrurrurrurrurrEN
gänänänänänänänSE
schnattattattattattattattERN
ziegiegiegiegiegiegiegEN
meckeckeckeckeckeckeckeckERN
15 bienienienienienienENENEN
summummummummummummEN
grillillillillillillillEN
ziririririririrPEN
fröschöschöschöschöschöschöschE
20 quakakakakakakakakEN
hummummummummummummELN
brummummummummummummEN
vögögögögögögögEL
zwitschitschitschitschitschitschitschERN

Hinweise zum Text: Seite 115.

Rennschwein Rudi Rüssel
Uwe Timm

Bei einer Tombola gewann Zuppi den Hauptgewinn: ein Ferkel, dem sie den Namen Rudi Rüssel gab. Von nun an lebte das Schwein mit Zuppi, ihren beiden Geschwistern und Eltern in der Stadtwohnung, bis Hausbesitzer Buselmeier dies merkte und untersagte. Daraufhin wurde Rudi bei einem Bauern zur Pflege untergebracht. Zuppi besuchte ihn dort regelmäßig.

So verging der Sommer: Wir gingen zur Schule und machten nachmittags Schulaufgaben, Mutter ging zur Schule und korrigierte nachmittags Hefte, Vater kochte, studierte seine Hieroglyphen[1] und schrieb hin und wieder an eine Universität oder an ein Museum, legte dann all die Sachen bei, die er geschrieben hatte und die schon gedruckt worden waren.
Dann warteten wir, eine Woche, zwei Wochen, einen Monat auf die Antwort, und wenn wir Kinder es schon vergessen hatten, kam Vater mit einem Brief und sagte: „Es hat wieder nicht geklappt." Das war jedes Mal ein trauriger Tag, auf den wir Kinder uns andererseits auch freuten, denn jedes Mal, wenn eine Absage für Vater kam, machte Mutter eine große Schüssel Mousse au chocolat. Viermal machte sie das, bis der Winter gekommen war und Weihnachten vor der Tür stand. Mutter sagte, wir sollten uns etwas wünschen, was nicht so teuer sei. Damit meinte sie natürlich den Computer, den ich gern gehabt hätte. Na ja, also wünschte ich mir ein Paar Schlittschuhstiefel, Betti wünschte sich einen Ölmalkasten und Zuppi wollte ein Weihnachtsgeschenk haben, das nichts kostete: Rudi Rüssel sollte bei der Bescherung dabei sein.
Vater sagte: „Das ist doch ganz und gar unmöglich, was sagen die Leute, wenn sie hören, dass wir mit einem Schwein zusammen Weihnachten feiern?"
„Die Leute sind mir egal", sagte Mutter, „aber wir kriegen den Rudi doch nie ungesehen ins Haus."
Aber Zuppi, die wirklich einen enormen Dickschädel hat, redete nur noch davon, wie man Rudi heimlich ins Haus bringen könne. Vater bot ihr an, ein neues gebrauchtes Fahrrad zu kaufen, das sie sich schon seit langem wünschte. Nein, sie wollte kein neues gebrauchtes Fahrrad haben, sie wünschte sich nur, dass Rudi zur Bescherung da sei. „Bestimmt ist er traurig", sagte Zuppi.
„Unsinn", sagte Vater; „Schweine wissen doch gar nicht, was Weihnachten ist."
„Rudi ja, er wird das merken und sich allein fühlen. Wenn Rudi nicht zur Bescherung kommt, wünsch ich mir gar nichts." „Dann kriegst du eben nichts", sagte Vater böse. Eine Zeitlang war Vater fest entschlossen, Zuppi nichts zu schenken. Er meinte, „sie muss einfach einmal sehen, wohin sie mit ihrem Dickkopf kommt." Aber je näher Heiligabend kam, desto öfter begannen Vater und Mutter, wenn Zuppi nicht dabei war, zu überlegen, wie man dieses Schwein vielleicht doch ins Haus schaffen könnte.

[1] Hieroglyphe: Bilderschriftzeichen; scherzhaft für: schwer entzifferbare Schrift

Am Heiligen Abend wollte Zuppi zu ihrer Freundin gehen, die in derselben Straße wohnte. Sie wollte nicht bei der Bescherung dabei sein, weil sie ja nichts bekommen würde. Vater und Mutter sagten: „Du musst wissen, was du tust", und ließen sie gehen. Als sie dann tatsächlich abzog, wurde Vater richtig wütend und sagte: „Man kann diesem Kind doch nicht seinen Dickkopf lassen und immer nur nachgeben."

Mutter meinte: „Es ist doch ganz gut, dass sie sich nicht irgendein teures Geschenk wünscht, sondern nur das Schwein bei sich haben will."

Vater und ich fuhren also zu dem Bauernhof und luden Rudi Rüssel ein. Bauer Voss stand staunend daneben und sagte immer wieder: „Was denn, was denn, das Schwein soll unter dem Weihnachtsbaum sitzen?"

Zu Hause angekommen, stieg ich aus, sah nach, ob Herr Buselmeier nicht in der Nähe war, dann gab ich ein Zeichen, Vater öffnete die Heckklappe des Autos und Rudi sprang heraus. Er war ja inzwischen groß geworden, aber immer noch gewandt und schnell. Wir liefen über die Straße, ins Haus, wo Mutter die Tür aufhielt, und hinein in die Wohnung.

„Meine Güte", sagte Vater, „was für eine Hektik! Und das alles wegen eines Schweins."

Rudi sauste durch die Wohnung und schnüffelte alles ab. Er lief ins Kinderzimmer, ganz klar, er suchte Zuppi.

„Er riecht ja sehr nach Stall", sagte Mutter.

„Ja", sagte Betti, „aber mehr nach Kuhmist."

„Wir stellen ihn erstmal unter die Dusche", sagte Mutter.

Es war nicht einfach, Rudi in die Badewanne zu bekommen. Nicht weil er nicht wollte, sondern weil er so schwer war. Nur mit vereinten Kräften haben wir es geschafft. Er hat es sehr genossen, als wir ihn wie früher warm abduschten.

Nachdem ich ihn mit Mutters rotem Badehandtuch abgetrocknet hatte, band Betti ihm eine blaue Schleife um den Hals. Vater rief bei den Eltern von Zuppis Freundin an, sie solle jetzt zur Bescherung kommen. Die Kerzen wurden angezündet. Dann durften wir Kinder in das Zimmer, da saß Rudi mit seiner blauen Schleife unter dem Weihnachtsbaum. Rudi freute sich und Zuppi freute sich und wir freuten uns. Betti hatte ihren Ölmalkasten bekommen und ich ein kleines Tonbandgerät.

Wir sangen Weihnachtslieder und Betti begleitete uns auf dem Klavier. Da bog sich plötzlich der Weihnachtsbaum wie unter einem starken Wind hin und her. Ein lautes Rascheln und Schmatzen war zu hören. Als wir nachsahen, entdeckten wir Rudi, der die Likörkringel vom Tannenbaum fraß. Wir mussten ihn regelrecht vom Baum wegzerren. Als wir ihn ins Bad zu seinem Torfmulllager führten, rempelte er Tisch und Stühle an. Er war etwas beschwipst, legte sich im Bad auf sein Lager und schlief sofort ein.

Am nächsten Morgen, sehr früh, damit uns niemand sah, fuhren wir ihn zu Bauer Voss zurück.

Hinweise zum Text: Seite 115.

Ich will, dass er durchkommt
Hanna Hanisch

Antje schob ihr Fahrrad über den Hof und stellte es in den Schuppen. Der alte Herr Blunke aus dem Erdgeschoss klopfte gerade einen Besenstiel fest.
„Kein Radfahrwetter mehr", brummelte er, als Antje das Rad abschloss. „Heute Nacht hatten wir zwei Grad unter Null."
Antje setzte sich auf einen zerkratzten und umgestülpten Plastikeimer und sah zu, wie Herr Blunke den Hof fegte. Langsam schob er das nasse, braune Laub zu einem Haufen zusammen. Da sah sie an der Mauer zum Nachbarhof etwas Dunkles liegen. Sie stand auf und betrachtete das merkwürdige Ding. Es war rundlich wie ein größerer Stein, aber es hatte graubraune Stacheln mit hellen Spitzen. Antje erkannte eine spitze Nase und zwei kleine schwarze Augen, rund wie Perlen.
„Herr Blunke", rief Antje aufgeregt, „hier liegt ein Igel!"
Der alte Blunke kam zur Mauer geschlurft. „Was hat hier ein Igel zu suchen? Der gehört unter die Hecke zum Winterschlaf."
Antje berührte sacht die Rüsselnase.
„Jetzt müsste er sich einrollen", sagte Herr Blunke. „Wenn ihm einer an den Kragen will, rollt er sich zusammen."
Antje blickte in die schwarzen Perlaugen. „Ich will ihm ja gar nicht an den Kragen", sagte sie leise.
Herr Blunke stupste den Igel mit dem Stiel an. „Den hat es erwischt. Der ist erfroren. Kam ja auch zu plötzlich, dieser Frost heute Nacht!"
„Er hat sich bewegt", sagte Antje. „Sein Rücken hat sich gehoben. Er ist nicht tot."
„Mag sein", sagte Herr Blunke. „Aber wird er durch den Winter kommen? Er hat nicht genug Fett auf dem Buckel."
In den schwarzen Augen schimmerten helle Punkte. „Ich nehme ihn mit ins Haus", sagte Antje. „Ich will, dass er durchkommt!"
Der alte Blunke lächelte. „Du kannst es ja versuchen. Ich habe auch einmal einen Igel durch den Winter gebracht. Als kleiner Junge. Eine Menge Scherereien hat er mir gemacht. Aber er hat es geschafft. Im Sommer ist er wieder gekommen und hat Wasser bei mir geschlappert, hinten am Gartenzaun. ‚Schniefnase' habe ich ihn genannt, weil er so schniefte."
Herr Blunke ging zurück in den Schuppen. Zwischen Gerümpel und Geräten fand er ein Holzbrett. Antje hockte noch immer vor dem Igel. Herr Blunke kam und schob ihm das Brett unter den Bauch. Da lag er nun, wie auf einem Tablett.
„Bitte schön!", sagte Herr Blunke. „Hier hast du ihn. Gib dir Mühe, dass er dicker wird. Wasser braucht er, aber auch ein Häppchen Fleisch, ab und zu ein Ei, ein wenig Gemüse. Und halte ihn kalt! Sonst gibt er den ganzen Winter über keine Ruhe. Wenn du Glück hast, frisst er sich rund und schläft dann bis März."
Antje hielt den Anorak über das Brett mit dem Igel. So trug sie ihn ins Haus, vorsichtig, wie etwas sehr Kostbares.

Zwischen ihrem Bett und dem Bücherregal war eine Ecke frei. Hier versteckte sie den Igel, die Schultasche stellte sie davor. Die anderen merkten es schon nach einer Stunde. Papa, Mama und Detlef kamen ins Zimmer.

„Was ist hier los?", wollten sie wissen.

In der warmen Luft war Schniefnase munter geworden. Er trippelte durch das untere Brett vom Regal, warf Bücher um, schnüffelte am Papierkorb, kratzte an der Wand, wollte hochklettern.

Sie saßen alle vier auf Antjes Bett.

„Nein, wie drollig!", riefen sie. „Ein richtiger Igel! Was für ein lustiger Kerl!"

Papa und Detlef versuchten zu schätzen, wie viele Stacheln er wohl hatte. Tausend? Fünftausend? Oder zwanzigtausend?

Detlef hielt dem Igel seinen Finger vor die Nase. Der Igel schniefte und sabberte. Detlef wollte ihn umdrehen, aber der Vater hielt seine Hand fest. „Dies ist kein Spielzeugtier, mein Junge!"

Der Igel trippelte hin und her, als suche er einen Weg nach draußen.

Plötzlich machte er einen Klecks auf den Fußboden. Die Mama stand auf.

„Jetzt ist es genug, Antje. Bring ihn wieder raus!"

Antje erschrak. Rausbringen? Wohin denn? Wieder an die Mauer, wo der kleine Igel erfrieren würde, weil er nicht genug Fett auf dem Buckel hatte?

Sie musste es ihnen erklären: Sie wollte diesen Igel durch den Winter bringen. Allein würde er das nicht schaffen, weil er zu mager war und weil es schon Nachtfrost und Glatteis gab.

„Reg dich nicht auf", sagte Papa. „Du kannst es ja versuchen."

„Aber Ärger darf es nicht geben", sagte die Mama.

Es gab Ärger. Jeden Tag einen anderen. Detlef, der erst Spaß an dem Igel hatte, machte jetzt Theater wegen der Flöhe. Schniefnase hatte nämlich Flöhe. Antje badete ihn im Waschbecken, da schwammen die Flöhe tot auf dem Wasser. Aber Detlef zeterte, er würde sich nie mehr die Hände in diesem Becken waschen, die Flöhe seien bloß scheintot.

Antje kaufte Insektenpulver in der Drogerie.

„Du bist ja verrückt!", rief Detlef. „Sechs Mark hast du dafür bezahlt? Das ist ja dein halbes Taschengeld!"

Antje rührte Bananenbrei für Schniefnase, richtigen Babybrei. Schniefnase schmatzte und patschte mitten durch den Teller. Der Fußboden wurde klebrig. Antje rubbelte mit einem nassen Lappen. „Das hast du davon!", rief Detlef und ließ sie allein mit der Schmiererei.

Jeden Tag gab es Streit wegen der Heizung im Kinderzimmer: Antje drehte sie ab. Detlef drehte sie wieder an. Es musste doch kalt sein für Schniefnase! Warum begriff Detlef das nicht?

Wenn nur der Schmutz nicht gewesen wäre! Antje legte Zeitungen auf dem Fußboden aus, dreimal neu am Tag. Es stank trotzdem. Papa suchte die Samstagszeitung, aber Schniefnase hatte sie schon bekleckst. Mama schimpfte, weil Antje das teure Lavendelspray in der Wohnung versprüht hatte. Der Gestank von Schniefnase ging sowieso nicht weg davon.

Frau Peitzel aus dem dritten Stock beschwerte sich bei der Mama, Antje hätte die Mülltonne mit stinkigen Zeitungen verstopft.

Alle waren jetzt wütend. Auf Antje und auf Schniefnase. Papa wegen seiner Zeitungen, Mama wegen der Kratzer an den Wänden, und Detlef wollte zur Oma ziehen. Er könne das Rascheln und Schniefen in der Nacht nicht mehr hören.

Da brachte Antje Schniefnase in den Keller. Hier war es gemütlich. Hier konnte sie ihm zuschauen, wie er futterte und herumtrippelte. Er hatte keine Furcht mehr vor Antje. Er wurde dicker, seine Äuglein glänzten vergnügt.

Als Frau Peitzel im Treppenhaus erzählte, im Keller habe sich ein Gammelbruder versteckt, sie hätte ihn schnarchen hören, da wusste Antje keinen Rat mehr.

„Bring ihn in den Schuppen", sagte Herr Blunke. „Es kann nicht mehr lange dauern."

Und während Heinrich Blunke einen Christbaumständer grün lackierte, sank Schniefnase endlich hinüber in seinen Igelwinterschlaf, hinter dem alten Eimer versteckt, eingewickelt in Antjes kleines wollenes Halstuch.

Januar, Februar, März. Schnee bis zur Wade, der ganze Hof voll Matsch, Nebel durch alle Ritzen, dann wieder harter Frost.

Manchmal raschelte es hinter dem Eimer, wuschelte es im Wolltuch: Schniefnase. Er war noch da.

Ende März schien die Sonne einige Tage so warm, dass Antje Kniestrümpfe anziehen konnte, und am ersten April verkündete Herr Blunke: „Heute Morgen ist er mir vor die Füße gekrochen."

Schniefnase war nicht mehr zu halten. Er wollte nach draußen! Am fünften April setzten sie ihn unter die Hecke. Er schnüffelte die Frühlingsluft, schnupperte und lauschte. Er trippelte hin und her durch die welken Blätter vom Vorjahr. Er war wieder frei! Vier Tage lang brachte Antje ihm Wasser zur Hecke. Er süffelte das Näpfchen leer. In der Nacht darauf fiel noch einmal Schnee, nicht viel, nur eine Schicht, dünn wie ein Handtuch. Am anderen Morgen war das Wasser nicht ausgetrunken. Schniefnase lag unter der Hecke, ohne Bewegung, in den Perlaugen kein Glanz. Herr Blunke stützte sich auf seinen Besen und betrachtete ihn lange. „Er hat es nicht geschafft!", sagte er leise.

Antje schluckte. Sie wusste nicht, ob man wegen eines Igels weinte. Es gab so viele davon. Aber sie weinte.

„Hast du es gern gemacht?", fragte der alte Mann.

Antje nickte.

„Hast du Freude daran gehabt?"

Antje wischte mit dem Ärmel über ihr Gesicht. „Ich wollte doch, dass er durchkommt!"

„Du hast es versucht." Herr Blunke kratzte mit dem Besenstiel ein Loch unter der Hecke. Langsam und bedächtig schob er lockere Erde über die grauen Stacheln, über die Rüsselnase, über die Perlaugen.

Antje sah ihm zu ohne ein Wort. Aber sie weinte jetzt nicht mehr.

Hinweise zum Text: Seite 115.

Der gerettete Vogel
Schülerbeitrag

Vor drei Wochen, nach der Schule, ich saß über meinen Hausaufgaben, als das Telefon klingelte. Es war mein Vater, der mir sagte: „Lieber Thorsten, gehe bitte in die Waschküche, dort sitzt ein Vogel. Aber sei vorsichtig, dass er dir nicht entwischt, falls er noch lebt."

5 Ich ging hinunter, öffnete die Tür und tatsächlich flog ein Vogel im Raum umher. Er war ganz aufgeregt, als er mich sah. Schnell lief ich zum Telefon zurück um meinem Vater zu berichten. Er sagte: „Zerkleinere die Körner, die auf der Fensterbank liegen, und warte, bis ich komme."

Im Laufe des Nachmittags schaute ich immer wieder nach, ob der Vogel noch
10 munter war. Am Abend erzählte mir mein Vater, wie er das Tier gefunden hatte. Er ging morgens aus dem Haus und sah im Garten am Boden einen Vogel unbeweglich sitzen. Er konnte den Piepmatz ohne Probleme aufheben und in die Waschküche tragen. Dort setzte er ihn auf einen warmen Platz, stellte Wasser und Körner dazu und ließ ihn alleine.

15 Wir schauten uns den Vogel genauer an und stellten fest, dass es ein Meisenweibchen war. Sie hatte sich wohl ihren Schlafplatz am Boden ausgewählt und war vom Frost überrascht worden. Die Wärme in der Waschküche hat den Vogel wiederbelebt. Am nächsten Tag ließ mein Vater ihn fliegen. Als er die Freiheit spürte, begann er gleich zu singen. Ab und zu sehen wir ihn mit seinen Art-
20 genossen umherfliegen.

Hinweise zum Text: Seite 116.

Der heilige Franziskus und die Wölfe
Volksgut

Als in einem langen, harten Winter die Wölfe aus dem Apenninen-Gebirge bis in die Täler kamen und Schafe und Kühe der armen Bauern rissen, ja sogar Menschen anfielen, war die Not der Landbevölkerung groß. Die Bauern wussten nicht, wie sie ihr Hab und Gut und sich selbst retten sollten.

Da hörte Franz von der großen Wolfsplage und er machte sich sofort auf den Weg in das Gebiet, in dem die Wölfe am gefährlichsten waren.

An einem kalten, düsteren Januarmorgen, der Schnee lag sehr hoch und es zogen viele graue Schneewolken am Horizont auf, sah Franziskus unter einer kleinen Baumgruppe ein Rudel abgemagerter Wölfe im Schnee liegen. Sie lagen dicht beieinander, damit sie sich gegenseitig vor der Kälte schützen konnten.

Als der Leitwolf den Menschen witterte, sprang er auf, stieß einen Warnruf aus und bleckte die Zähne. Mit dem Leitwolf standen auch die anderen Wölfe auf und gingen in Abwehrhaltung. Doch Franz zeigte keine Angst. Er ging ruhig auf den Leitwolf zu und sah ihm fest in die Augen. Die Wölfe duckten sich und warteten sprungbereit auf das Zeichen zum Angriff. Der Leitwolf aber schlich ganz sachte ein Stückchen näher an Franz heran und hielt an, als Franz zu ihm sagte: „Bruder Wolf, hör mich an! Ich weiß, dass dich und die deinen großer Hunger plagt und dass ihr deshalb in das Tal gegangen seid. Dennoch ist es nicht Recht, dass ihr den Bauern das Vieh tötet und stehlt und sogar Menschen anfallt und sie tötet! Hört auf mit diesem Tun! Kehrt zurück in eure Gebiete! Ich verspreche euch, dass Gott, der euch und die Menschen und die vielen Tiere und Pflanzen geschaffen hat, euch nicht verhungern lässt! Gott wird sich um euch und um mich und um uns alle kümmern, er verlässt uns nicht!"

Der Leitwolf hatte sich friedlich vor Franz hingelegt, die anderen Wölfe waren seinem Beispiel gefolgt und alle bildeten einen Halbkreis um ihn, um ihm besser zuhören zu können. Als Franz seine Hände dem struppigen Leitwolf auf den Kopf legte, rückten die Wölfe noch näher heran und der Heilige sprach weiter: „Ich habe eine Bitte an euch, meine lieben Brüder und Schwestern: Verlasst das Tal der Menschen noch heute, damit diese nicht kommen und euch zur Strafe für euer bisheriges Tun töten. Denn die Menschen überlegen, wie sie euch vernichten können."

Da stand der große Leitwolf auf, streckte sich und stieß einen lauten Ruf aus. Alle Tiere folgten seinem Beispiel. Dann trat der Leitwolf noch einmal an Franz heran, leckte seine Hände, wedelte mit der Rute und verließ ihn. Alle Wölfe taten es ihm gleich und einer nach dem anderen verließ das Tal.

Schon am Nachmittag desselben Tages ließ der Frost nach und in den nächsten Tagen begann der Schnee zu schmelzen.

Hinweise zum Text: Seite 116.

Der Hund, der unterwegs zu einem Stern war
Henning Mankell

Der Hund.
Mit ihm hat alles angefangen.
Wenn er den einsamen Hund nicht gesehen hätte, wäre vielleicht nichts passiert. Nichts von all dem, was dann
5 so wichtig wurde und alles veränderte. Nichts von all dem, was zuerst so aufregend war und dann so unheimlich wurde.
Alles hat mit dem Hund angefangen. Der einsame Hund, den er in jener Nacht im letzten Winter gesehen hatte.
10 Plötzlich war er wach geworden. Er war aufgestanden und hinausgetappt in den Flur und hatte sich in die Fensternische gesetzt.
Warum er mitten in der Nacht aufgewacht war, wusste er nicht. Vielleicht hatte er etwas geträumt? Oder hatte sein Papa geschnarcht, der im Zimmer nebenan
15 schlief? Sein Papa schnarchte nicht oft. Aber manchmal kam plötzlich so ein einzelner Laut, fast wie ein Brüllen, und dann war es wieder still.
Als er dort in der Fensternische im Flur saß, hatte er den Hund entdeckt. Die Fensterscheiben waren mit Eiskristallen bedeckt und er hatte gegen das Glas gehaucht, um hinaussehen zu können. Am Thermometer hatte er abgelesen,
20 dass es fast dreißig Grad unter null waren. Und in dem Augenblick sah er den Hund. Er lief draußen die Straße entlang, ganz allein.
Genau unter der Straßenlaterne war er stehen geblieben und hatte sich umgeschaut. Er hatte in alle Richtungen gewittert, ehe er weiterlief. Dann war er verschwunden.
25 Es war ein ganz gewöhnlicher Hund. Das hatte er gerade noch gesehen. Aber warum lief der Hund so allein durch die kalte Winternacht? Wohin war er unterwegs?
Ihm war, als fürchtete sich der Hund vor irgendetwas.
Obwohl er anfing zu frieren, blieb er am Fenster sitzen und wartete darauf, dass
30 der Hund zurückkam. Aber nichts geschah. Da draußen war nur die kalte, öde Winternacht und weit entfernt leuchteten die Sterne.
Er konnte den einsamen Hund nicht vergessen. In jenem Winter war er viele Male aufgewacht, ohne dass er wusste, warum. Jedes Mal stand er auf, tappte über die kalte Korkmatte hinaus und setzte sich in die Fensternische und warte-
35 te auf den Hund. Einmal war er am Fenster eingeschlafen. Er saß noch um fünf Uhr morgens da, als sein Papa aufstand.
„Warum sitzt du hier?", fragte sein Papa, nachdem er ihn wachgerüttelt hatte.
Sein Papa hieß Samuel und er war Waldarbeiter. Früh am Morgen ging er hinaus in den Wald zur Arbeit. Er fällte Bäume für eine große Firma.
40 Er wusste nicht, was er antworten sollte. Schließlich konnte er ja nicht gut sagen, dass er auf einen Hund wartete. Vielleicht würde sein Papa glauben, dass

er log, und sein Papa mochte es gar nicht, wenn die Menschen nicht die Wahrheit sagten.

„Ich weiß nicht", antwortete er, „vielleicht bin ich wieder im Schlaf herumspaziert?"

Das konnte er sagen. Es stimmte zwar nicht genau, aber es war auch keine richtige Lüge.

Früher, als er noch klein gewesen war, war er im Schlaf aufgestanden. Er konnte sich zwar nicht daran erinnern, aber sein Papa hatte es ihm erzählt. Mehrere Male war er im Nachthemd zu seinem Papa gekommen, der im Zimmer nebenan Radio hörte oder in alten Seekarten blätterte.

Sein Papa hatte ihn geweckt und er konnte nie erklären, wieso er im Schlaf spazieren ging.

Das war nun schon lange her. Fünf Jahre. Fast sein halbes Leben. Er war gerade elf geworden. „Geh ins Bett", sagte sein Papa. „Hier ist es viel zu kalt."

Er kroch wieder unter die Decke und lauschte, wie sein Papa sich Kaffee kochte, Butterbrote strich, die er mit in den Wald nahm, und schließlich die Wohnungstür hinter sich zuschlug. Dann war es still.

Er guckte auf den Wecker neben seinem Bett. Der Wecker stand auf einem Hocker, den er zu seinem siebten Geburtstag bekommen hatte. Er mochte den Hocker nicht. Den hatte er statt des Drachens bekommen, den er sich gewünscht hatte.

Jedes Mal, wenn er den Hocker sah, wurde er wütend.

Wie kann man jemandem, der sich einen Drachen wünscht, stattdessen einen Hocker schenken? Zwei Stunden konnte er noch schlafen, ehe er zur Schule musste. Er zog die Decke bis zum Kinn, rollte sich zusammen und machte die Augen zu. Sofort sah er wieder den einsamen Hund, wie er angelaufen kam. Er lief auf leisen Pfoten durch die Winternacht und war vielleicht auf dem Weg zu einem weit entfernten Stern.

Ganz plötzlich wusste er es. Er musste den Hund fangen, ihn in seinen Traum locken. Dort konnten sie zusammen sein und dort war es auch nicht so kalt wie draußen in der Winternacht …

Bald schlief er ein, der Sohn des Waldarbeiters. Er hieß Joel Gustafson und es war im Winter 1956, der Winter, in dem alles geschah.

All das, was mit dem Hund begann.

Hinweise zum Text: Seite 117.

Delfine reden auch durch Berührungen

Delfine können wirklich „sprechen"! Natürlich nicht mit Worten wie wir Menschen. Die Delfinsprache besteht aus Lauten wie „Krrrk" oder „Fiiip" und aus Bewegungen. Forscher meinen, dass sich die Tiere damit richtig absprechen.
Ganz einfach ist es allerdings nicht, den Delfinen dabei zuzuhören. Die Tiere müssen zwar regelmäßig auftauchen, um Luft zu holen. Aber die meiste Zeit sind sie unter Wasser. Die Forscher gehen deshalb ebenfalls auf Tauchstation. Mit Tonbandgeräten nehmen sie die Laute der Delfine auf, mit speziellen Kameras filmen sie deren Bewegungen.

Delfine benutzen viele Zeichen. Oft berühren sie sich gegenseitig oder drehen sich um ihre eigene Achse. Sie reiben zum Beispiel die Flossen aneinander und machen „Krrrk krrrk". Das könnte heißen: „Hallo, wie geht's dir?"

Delfine rufen sich sogar gegenseitig beim Namen. „Jedes Tier hat einen eigenen Pfiff", sagt der englische Tierforscher Vincent Janik. Wenn das Wasser trüb ist und die Delfine einander nicht sehen können, pfeifen sie einfach ihre Namen. Und schon wissen sie, wer gerade in der Nähe schwimmt.

Delfine benutzen außerdem eine Echoortung. Sie senden hohe Klicklaute aus und fangen das Echo wieder auf, das von einem Hindernis im Wasser zurückgeworfen wird. So erkennen sie, ob leckere Beute in der Nähe ist.

Denn Delfine fressen Fische, und zwar alle Arten.

Andere Delfine erkennen sie über ihr „Echolot" natürlich auch. Und treffen sie zu einem kleinen Schwatz oder zu einem Spiel. Sogar wenn sie ihr herrlichen Sprünge machen, sprechen sich die Delfine ab. Sie schießen gleichzeitig aus dem Wasser und fliegen durch die Luft – wie bei einer Zirkusvorführung.

Und nach so einer Nummer tauchen sie gleichzeitig wieder ins Wasser ein. Alles eine Frage der Technik? Delfine würden vielleicht sagen: „Alles nur eine Frage der Absprache!"

Die große Familie der Delfine

Es gibt 46 Arten. Die meisten Delfine leben im Atlantik und im Pazifik, manche auch in großen Flüssen wie dem Amazonas. Den Schweinswal, der zu den Delfinen gehört, kann man in der Nordsee und der Ostsee sehen.

Wegen ihrer vielen Zähne werden alle Delfine „Zahnwale" genannt. Der Spinner-Delfin hält den Rekord: Er hat 260 Zähne!

Delfine sind meist gemeinsam unterwegs. Manchmal bilden nur fünf Tiere eine Gruppe, manchmal mehr als 200. Sie jagen zusammen und helfen einander in Notsituationen.

Gemeinsam können Delfine sogar den Angriff eines Hais abwehren. Wegen ihres Teamgeists zählen sie zu den intelligentesten Säugetieren der Welt. Einige Mitglieder aus der Großfamilie der Delfine siehst du auf der nächsten Seite.

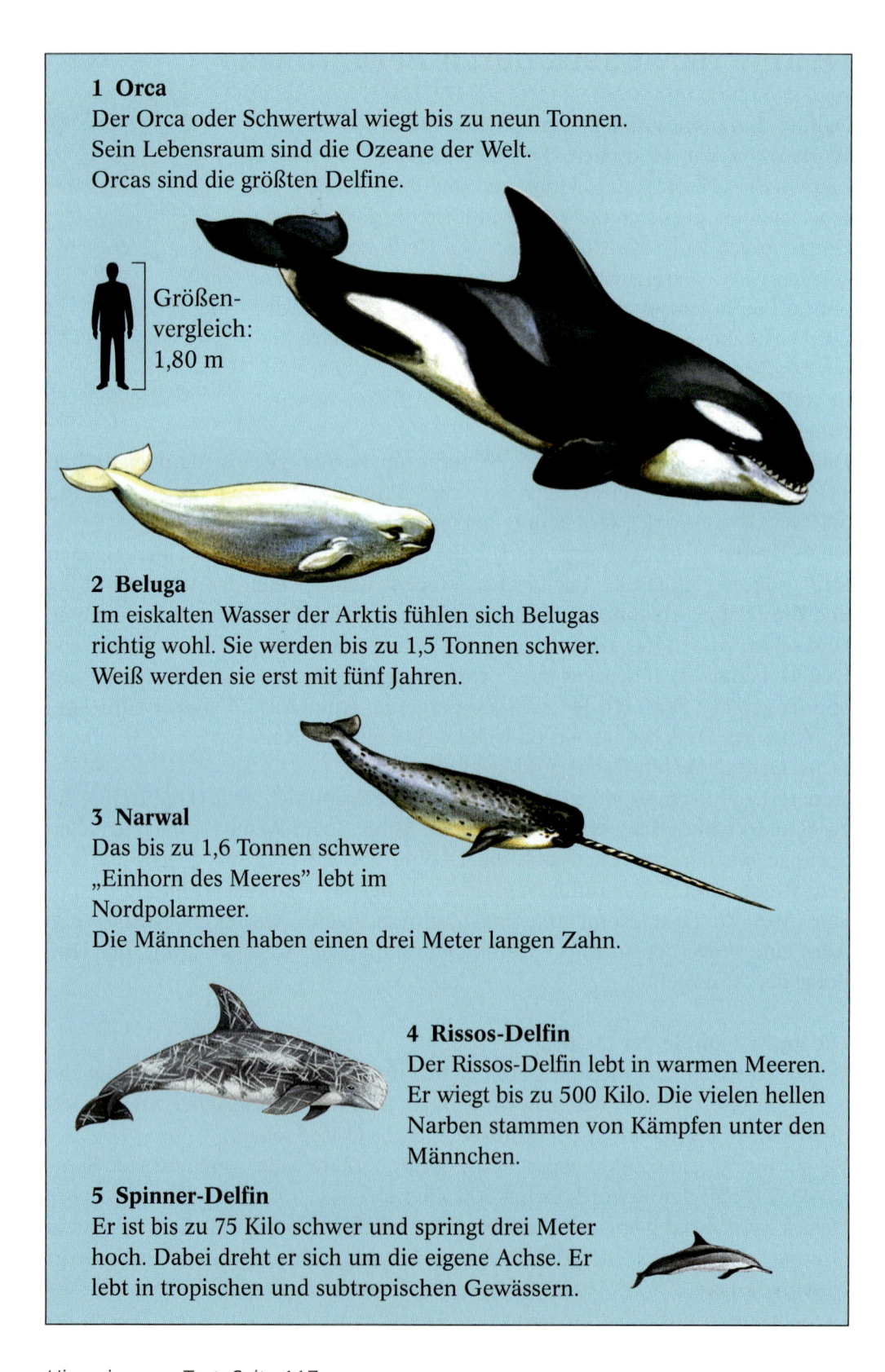

1 Orca
Der Orca oder Schwertwal wiegt bis zu neun Tonnen.
Sein Lebensraum sind die Ozeane der Welt.
Orcas sind die größten Delfine.

Größen-
vergleich:
1,80 m

2 Beluga
Im eiskalten Wasser der Arktis fühlen sich Belugas
richtig wohl. Sie werden bis zu 1,5 Tonnen schwer.
Weiß werden sie erst mit fünf Jahren.

3 Narwal
Das bis zu 1,6 Tonnen schwere
„Einhorn des Meeres" lebt im
Nordpolarmeer.
Die Männchen haben einen drei Meter langen Zahn.

4 Rissos-Delfin
Der Rissos-Delfin lebt in warmen Meeren.
Er wiegt bis zu 500 Kilo. Die vielen hellen
Narben stammen von Kämpfen unter den
Männchen.

5 Spinner-Delfin
Er ist bis zu 75 Kilo schwer und springt drei Meter
hoch. Dabei dreht er sich um die eigene Achse. Er
lebt in tropischen und subtropischen Gewässern.

Hinweise zum Text: Seite 117.

Aus der Welt der Delfine

Delfine sind Zahnwale, die ihr ganzes Leben im Meer verbringen. Sie haben eine ideale Körperform, kaum Haare und keine Hinterbeine, so dass sie sich im Wasser schnell fortbewegen können. Ihre Vorderbeine sind zu Brustflossen umgebildet. Mit ihrem kräftigen
5 Schwanz schlagen sie auf und ab und schwimmen dadurch vorwärts. Wie bei allen Walen ist bei den Delfinen die Schwanzflosse waagrecht. Zum Steuern benützen die Tiere ihre Brustflossen und die Rückenflosse, die so genannte Finne. Weil Delfine Lungen wie ein Mensch haben, müssen sie regelmäßig an die Wasseroberfläche, um durch die Atemöffnung oben am Kopf Luft zu holen. Bis zu
10 einer Stunde können sie unter Wasser bleiben und außerdem viele hundert Meter tief tauchen.
Delfine leben in Gruppen ("Delfinschulen") zusammen. Sie suchen gemeinsam Nahrung und spielen miteinander. Sie verfügen sogar über eine eigene Sprache: Durch Knacken, Quietschen und Pfeifen können sie sich genau verständigen.
15 Die meisten Töne der Delfinsprache sind so hoch, dass wir Menschen sie nicht wahrnehmen können. Delfine hören fünfmal so gut wie ein Hund und zehnmal so gut wie der Mensch. Deswegen können diese Meeresbewohner über weite Entfernungen andere Artgenossen zu Hilfe rufen, wenn sie in Gefahr sind.
Indem sie Töne ausstoßen, die von Hindernissen oder anderen Tieren als Echo
20 zurückgeworfen werden, orientieren sich die Delfine. Am Echo können sie dann erkennen, wie groß das Hindernis ist und ob es sich bewegt.
In allen Meeren sind Delfine zu Hause. Den Sommer verbringen sie in kälteren Gewässern, im Winter schwimmen sie ins Warme, wo sie ihre Jungen zur Welt bringen. Bei der Geburt ist das Baby fast halb so groß wie seine Mutter. Gleich
25 nachdem es geboren ist, muss es an die Oberfläche um zu atmen. Delfinbabys trinken an den Zitzen ihrer Mutter Milch. Da sie unter Wasser nicht saugen können, wird ihnen die Milch aus der Zitze ins Maul gespritzt; dies ist ein weiterer Beweis dafür, dass die über 30 Delfinarten ausgezeichnet an ihren Lebensraum angepasst sind.

1 Hier findest du zu den Textabschnitten jeweils drei Überschriften. Nur eine davon passt zum Inhalt des Abschnittes. Notiere jeweils nur die richtige!
Zeilen 1 bis 7
(a) Die Körperform der Delfine ist ihrem Lebensraum besonders angepasst.
(b) Delfine sind Säugetiere.
(c) Trotz ihres hohen Gewichtes bewegen sie sich sehr schnell.
Zeilen 8 bis 11
(a) Mit seiner Atemöffnung seitlich am Kopf holt er Luft.
(b) Als Säugetier muss er auftauchen um Luft zu holen.
(c) Delfine können im Wasser und an Land leben.

Zeilen 12 bis 18
(a) Delfine halten untereinander Kontakt.
(b) Delfine sind Einzelgänger.
(c) Hunde können fünfmal besser hören als Delfine.

Zeilen 19 bis 21
(a) Das Echo verwirrt Delfine.
(b) Mit Hilfe des Echos stellen sie die Tiefe des Meeres fest.
(c) Das Echo hilft den Delfinen, sich im Meer zurecht zu finden.

Zeilen 22 bis 29
(a) Delfine laichen in kälteren Gewässern.
(b) Delfine kommen lebend im Wasser zur Welt.
(c) Delfine werden am Strand geboren.

2 Was erfährst du im dritten Abschnitt über Delfinschulen?
Notiere die zwei richtigen Sätze.
(a) In speziellen Schulen lernen die Delfine springen.
(b) In der Gruppe lernen Delfine ihre eigene Sprache.
(c) Delfine jagen in der Gruppe.
(d) Menschen unterrichten in der Delfinschule.
(e) Sind Delfine in Gefahr, warnen sie sich gegenseitig durch lautes Quaken.
(f) In speziellen Schulen werden die Augen der Delfine geschult.

3 Was will der Verfasser mit seinem Text über Delfine sagen?
Notiere die zwei zutreffenden Antworten.
Der Verfasser will
(a) zum Schutz der Delfine aufrufen,
(b) vor der Ausrottung einer Tierart warnen,
(c) nicht für den Besuch eines Delfinariums werben,
(d) über eine besondere Delfinart berichten,
(e) über das Leben der Delfine informieren.

4 Du sollst für den Unterricht ein Kurzreferat anfertigen. In dieser Stichpunktsammlung sind drei Sätze, die nicht zur sachlichen Sprache eines Referats passen.
Notiere diese Sätze.
(a) Orcas, besonders große Delfine, gibt es in allen Meeren der Welt.
(b) Sie sind widerliche Monster ohne Mitleid.
(c) Sie fressen sogar ihre Artgenossen.
(d) Die blutrünstigen Killer schießen plötzlich aus den Tiefen des unheimlichen Meeres empor.
(e) Sie fangen Robben und wälzen sich ins Meer zurück.
(f) Oh Graus, welch trauriges Schicksal!
(g) Kein Meeresbewohner ist vor ihnen sicher.
(h) Erwiesen ist sogar, dass Orcas Menschen angegriffen haben.

5 In der Vorbereitung auf das Kurzreferat entdeckst du in einem Sachbuch eine Tabelle:

Mitglieder der Familie der Wale und Delfine			
	Maximale Länge	Maximales Gewicht	Auffällige Merkmale
Orca = Schwertwal	9,50 m	8000 kg	Seine Höchstgeschwindigkeit beträgt 55 km/h.
Langflossen-Grindwal	6,20 m	3000 kg	Die Finne (Rückenflosse) ist in der Nähe des Kopfes.
Gefleckter Delfin	2,60 m	140 kg	Die Jungen sind ungefleckt.
Gewöhnlicher Delfin	2,40 m	120 kg	Sie können Beute von Haien und Orcas werden.
Kurzschnabel-Delfin	2,60 m	209 kg	Sie leben in Gruppen von 100 bis 1000 Tieren.

Die folgenden Aussagen beziehen sich auf diese Tabelle. Notiere die drei falschen.
(a) Das kleinste Tier ist der Gewöhnliche Delfin.
(b) Im Gewicht und in der Länge unterscheiden sich die Wale und Delfine nicht.
(c) Obwohl der Gefleckte Delfin und der Kurzschnabel-Delfin gleich groß sind, ist ihr Gewicht unterschiedlich.
(d) Schwertwale fressen keine Delfine.
(e) Der Langflossen-Grindwal lebt in finnischen Gewässern.

6 Bei der Vorbereitung auf ein Referat bist du auf folgenden Text gestoßen:

Delfine sind keine Spielgefährten des Menschen. Es sind Wildtiere mit großen Fähigkeiten und einem eigenen Willen. Sie zu fangen, von ihren Freunden zu trennen, ihnen den Willen zu brechen, um sie zur Schau zu stellen, bedeutet für die Tiere, aus ihrem natürlichen Lebensraum herausgerissen zu werden und zu vereinsamen. Delfinarien sind nicht dazu geeignet, um wirklich etwas über diese faszinierenden Tiere zu lernen.

Wo könnte dieser Text stehen? Zwei Lösungen sind richtig. Notiere sie.
(a) In einem Werbeprospekt für Delfinarien
(b) In einer Erzählung über Delfine
(c) In einem Zeitungsartikel über Wildtiere in Gefangenschaft
(d) Auf der Internetseite einer Umweltschutzorganisation
(e) In einem Fabelbuch

7 Du möchtest mit deinen Eltern den Tiergarten in Nürnberg besuchen. Im Internet erkundigst du dich nach Eintrittspreisen und Öffnungszeiten und findest folgende Angaben:

Tiergarten Nürnberg

Eintrittspreise (in Euro)

	Tiergarten	Delfinarium
◆ Familienkarte (2 Erwachsene mit eigenen Kindern)	17,00	10,50
◆ Teilfamilienkarte (1 Erwachsener mit eigenen Kindern)	10,00	6,00
◆ Erwachsene	7,00	4,50
◆ Kinder vom 4. bis 13. Lebensjahr	3,50	2,00
◆ Schüler, Rentner, Schwerbehinderte, Wehrpflichtige, Zivildienstleistende, Arbeitslose	5,50	4,00

Öffnungszeiten
- 17. März bis 05. Oktober   8.00 – 19.30 Uhr
- 06. Oktober bis 16. März   9.00 – 17.00 Uhr

■ Hunde dürfen in den Tiergarten **nicht** mitgenommen werden.
■ Tiergarten-Führer (35 Seiten; mit Übersichtskarte) 3,00 €

> **Letzter Montag im Monat**
> (ausgenommen Feiertage)
> Ermäßigt ist nur der Tiergarteneintritt!
> ◆ Erwachsene 5,50
> ◆ Kinder 2,70
>   vom 4. bis 13. Lebensjahr

Entscheide bei jeder Aussage, ob sie richtig ist, falsch ist oder gar nicht aus der Übersicht zu entnehmen ist. Notiere.
(a) Jeden Montag gibt es eine Ermäßigung.
(b) Der Tiergarten ist ganzjährig geöffnet.
(c) Je mehr Kinder eine Familie hat, desto mehr kostet der Eintritt.
(d) Im Tiergarten kann man nicht nur Delfine, sondern auch Haie sehen.
(e) An den Tagen mit Eintrittsermäßigung kostet das Delfinarium nichts.

In einem Werbeprospekt des Tiergartens Nürnberg findet sich folgender Text:

> Hallo, liebes Geburtstagskind,
> stell dir vor, du könntest mit Tieren aus der ganzen Welt einmal eine riesige Feier veranstalten. Dann lade doch deine Eltern, Verwandten und Freunde in den Tiergarten Nürnberg ein. Wir machen deine Geburtstagsfeier zu einem echten Erlebnis.
> Übrigens: Du und deine Begleitperson haben freien Eintritt in den Tiergarten und in das Delfinarium. Und deine anderen Gäste? Die bezahlen nur den Gruppenpreis, sparen also bis zu einem Drittel.
> Du möchtest deinen Geburtstag noch größer feiern? Kein Problem! Wir bieten dir zwei weitere Höhepunkte, die du für dein Geburtstagsprogramm zusätzlich wählen kannst:
> 1. Tolle Tour ... Führung durch den Tiergarten
> 2. Hmmm, Futterpause ... Geburtstags-Menü in der Waldschänke
> Dein Geburtstag im Tiergarten? Na klar! Dann reicht ein Anruf von dir oder deinen Eltern.
> Dein Tiergarten-Team

8 Was bietet das Tiergarten-Team an? Notiere die beiden falschen Aussagen.
(a) Du kannst deinen Geburtstag im Tiergarten feiern.
(b) Du und deine Begleitpersonen zahlen nur die Hälfte.
(c) Dir wird eine Führung durch den Tiergarten geboten.
(d) Du erhältst ein Geburtstagsmenü in der Waldschänke.
(e) Die Nachtführung ist der Höhepunkt deiner Feier.

9 Mithilfe des Textes kannst du deine Eltern für eine Geburtstagsfeier im Tierpark gewinnen. Notiere die zwei richtigen Gründe.
(a) Meine Gäste bezahlen nur den Gruppenpreis.
(b) Meine Begleitperson und ich haben freien Eintritt nur in den Tiergarten.
(c) Für alle Aktionen muss ich mich schriftlich anmelden.
(d) Wenn ich meinen Geburtstag noch größer feiern will, ist das kein Problem.

10 Woran erkennst du, dass der Text im Werbeprospekt ein Brief ist?
Drei Lösungen sind richtig. Notiere sie.
(a) Anrede   (b) Sie-Form   (c) Briefschluss   (d) Du-Form   (e) Anschrift

11 Warum könnte manchen Eltern diese Tiergarten-Aktion gefallen?
Notiere zwei Gründe.
Manchen Eltern könnte diese Tiergarten-Aktion gefallen, ...
(a) weil die Eltern nicht selber das Programm gestalten müssen,
(b) weil ein Programm mit genauem Ablauf vorgesehen ist,
(c) weil du mit deinen Freunden allein feiern kannst,
(d) weil man sich bequem anmelden kann.

12 Sieh dir den folgenden Satz an, der in zwei Teilen wiedergegeben wird.
Wie hängt der 2. Teil mit dem 1. Teil dieses Satzes zusammen?
Schreibe die richtige Erklärung auf.

1. Teil: Die meisten Produkte aus getöteten Walen können auch künstlich hergestellt werden,
2. Teil: aber Wale werden heute immer noch gejagt.

Der 2. Teil
(a) zeigt die Folgen auf,
(b) erklärt die Tatsache, die im 1. Teil steht,
(c) gibt Hinweise für die Lösung des Problems, das im 1. Teil steht,
(d) stellt einen Gegensatz zum 1. Teil dar,
(e) wiederholt den 1. Teil,
(f) weist auf ein Problem hin.

13 Der folgende Satz besteht aus fünf Satzgliedern. Schreibe ihn ab und umkreise die Satzglieder.

Aufgeregte Delfine pfeifen im Wasser bei drohender Gefahr besonders laut.

14 Max schreibt seinem Opa eine Postkarte. Er erzählt von der Geburtstagsfeier im Tierpark. Notiere die Sätze, die vollständig sind.
(a) Wir trafen uns am Haupteingang.
(b) Es regnete.
(c) Leider verschenkte Wolfgang.
(d) Tim beobachtete.
(e) Delfine brachten.
(f) Mein Geburtstag war ein großartiges Erlebnis.

Dies ist ein Beispiel für einen Jahrgangsstufen-Test, wie du ihn am Anfang der 6. Klasse schreiben wirst. Hier kannst du dich schon einmal mit der Art der Aufgabenstellungen vertraut machen.

Mit Tieren leben

Barbara Mühlich:
Tipps für den Tierfreund

Barbara Mühlich wurde 1958 in Stuttgart geboren. Sie ist Soziologin und beschäftigt sich mit Tierschutz und Umweltschutz und der Frage, was Menschen dazu beitragen können. Seit 1990 arbeitet sie als Redakteurin für die Zeitschriften „Tierfreund" und „Bimbo".

1 Warum hättest du gerne ein Tier oder hast bereits eines?
2 a) Welche Tipps gibt der Text für den Umgang mit Haustieren?
b) Welche Hinweise hältst du für besonders wichtig?

Ernst Jandl:
auf dem land

Zu den bekanntesten Vertretern der *konkreten Dichtung* gehört der Wiener Literat Ernst Jandl, geb. 1925.
In der konkreten Dichtung entstehen durch Wortveränderungen seltsame, oft lustige neue Wortbildungen. Das vorliegende Gedicht ist ein Beispiel dafür.

1 Tragt den Text laut vor. Versucht es auch einmal mit der ganzen Klasse.
2 Die Tiere und ihre Laute sind stark verändert. Welche Wirkung erzielt der Dichter damit?
3 Setzt das Gedicht mit anderen Tieren und Lauten fort.

Uwe Timm:
Rennschwein Rudi Rüssel

Uwe Timm, 1940 in Hamburg geboren, erlernte zunächst das Kürschnerhandwerk, bevor er studierte und mehrere Jahre im Ausland tätig war. Heute lebt er in München. Uwe Timm hat sowohl Romane für Erwachsene als auch für Kinder und Jugendliche geschrieben. Für *Rennschwein Rudi Rüssel* erhielt er 1990 den Deutschen Jugendliteraturpreis.

1 Zuppi hat einen etwas ungewöhnlichen Wunsch zu Weihnachten. Welche Schwierigkeiten bringt er mit sich?
2 Wie verläuft das Weihnachtsfest in Zuppis Familie?
3 Erfindet andere Situationen, in denen Rudi Rüssel für Überraschungen in der Wohnung sorgen könnte! Schreibt dazu eine Fantasiegeschichte!

Hanna Hanisch:
Ich will, dass er durchkommt

Hanna Hanisch, 1920 in Thüringen geboren, veröffentlichte bisher Kinder- und Jugendbücher, Erzählbände sowie Texte für das Schultheater. Besonders bekannt wurden ihre *Drei-Minuten-Geschichten*, in denen kurze Erzählungen zusammengefasst sind.

1 Antje findet einen Igel im Laub. Welche Beobachtungen macht sie dabei? Welche Rolle spielt Herr Blunke?

2 a) Was unternimmt Antje um den Igel über den Winter zu bringen?
b) Wie reagiert ihre Familie darauf?
c) Sucht euch eine Situation aus dem Text aus und spielt sie. Lasst dabei auch Mitglieder der Familie zu Wort kommen!

3 Trotz aller Bemühungen Antjes hat der Igel den Winter nicht überlebt. Welche Gründe hatte das wohl?

4 Sucht in Tierbüchern und Tierzeitschriften nach weiteren Informationen über Igel.

**Schülerbeitrag:
Der gerettete Vogel**

1 In dieser Geschichte spielt ein Vogel die Hauptrolle. Wie wurde er gerettet?

2 Sprecht über die Abfassung dieses Textes. Begründet, welche Stellen euch besonders gut, welche euch weniger gut gefallen.

3 Schreibt selbst einen Text zum Thema: „Wie ich einmal einem Tier helfen konnte".

**Volksgut:
Der heilige Franziskus
und die Wölfe**

Franz von Assisi – der spätere heilige Franziskus – lebte von 1182 bis 1226 in Italien. Er wollte Ritter werden, doch eine schwere Krankheit hielt ihn davon ab. Sie trug dazu bei, dass er eine Pilgerfahrt nach Rom unternahm und von da an sein Leben neu gestaltete. Er verzichtete auf all seine Reichtümer und sein großes Erbe und lebte von nun an in großer Armut in einem Kloster bei Assisi. Später gründete er den Orden der Franziskaner und stellte strenge Lebensregeln auf. Noch heute ist dieser Heilige besonders bei Tierfreunden beliebt, weil er selbst zu allen Lebewesen gut war. In seinem berühmten *Sonnengesang* preist Franziskus die Geschöpfe Gottes.

Die Erzählung von den Wölfen ist eine Legende. Ähnlich wie Sagen handeln Legenden von Ereignissen aus früherer Zeit, wobei meistens Erlebnisse eines Heiligen auf volkstümliche Weise berichtet und ausgeschmückt werden.

1 Franziskus geht zu den Wölfen und spricht mit ihnen. Er wählt die Anrede „Bruder Wolf". Was will er damit ausdrücken?

2 Franziskus zeigt Verständnis für die Lage der Wölfe, aber auch für die der Menschen. Sucht dazu die entsprechenden Textstellen.

3 Wie reagieren die Wölfe auf Franziskus?

4 Was soll wohl mit dem letzten Satz der Legende angedeutet werden?

**Henning Mankell:
Der Hund, der unterwegs zu einem Stern war**

Henning Mankell wurde 1948 in Stockholm geboren und ist vor allem als Autor zahlreicher Kriminalromane weltberühmt geworden. Die Wallander-Serie ist größtenteils in Afrika entstanden, wo er half, ein Theater in Mosambik aufzubauen. Außerdem schrieb er Jugendbücher, von denen mehrere auch in Deutschland ausgezeichnet wurden. „Der Hund, der unterwegs zu einem Stern war" hat 1993 den Deutschen Jugendbuchpreis erhalten. Weitere Informationen zum Autor unter:
www.schwedenkrimi.de/mankell_biografie.htm

1. An welchen Stellen kannst du erkennen, wo die Geschichte spielt?
2. Der Junge sagt seinem Vater nicht die ganze Wahrheit, weil er weiß, dass sein Vater Lügen nicht mag. Wie kommt es zu diesem Widerspruch?
3. Was fasziniert den Jungen an dem Hund?
4. Der Textausschnitt ist der Anfang einer Geschichte. Die letzten Zeilen des Textes lauten: „... der Winter, in dem alles geschah. All das, was mit dem Hund begann." Wie könnte die Geschichte weitergehen?

**Sachtext:
Delfine reden auch durch Berührungen**

1. Woraus besteht die Sprache der Delfine?
2. Welche der folgenden Aussagen sind richtig?
   (a) Delfine ernähren sich nur von bestimmten Fischen.
   (b) In Europa gibt es keine Delfine.
   (c) Auch mit Bewegungen verständigen sich Delfine.
   (d) Mit dem Gehör erkennen sie, ob Beute in der Nähe ist.
   (e) Delfine sind einem Hai unterlegen.
3. Warum heißen Delfine auch Zahnwale?
4. Wozu dient die Echoortung?
5. Was haben die Delfine den Menschen voraus?
6. Erkläre die Überschrift des Textes.
7. Wie heißen die größten Delfine?
8. Du sollst über Delfine ein Referat halten und willst die wichtigsten Informationen aus dem Text am Schluss nochmals betonen. Welche der folgenden Informationen sind deiner Meinung nach besonders interessant?
   (a) Delfine können „sprechen".
   (b) Die Delfinsprache besteht nicht nur aus Lauten, sondern auch aus Berührungen.
   (c) Delfine rufen sich gegenseitig beim Namen.
   (d) Sogar wenn sie ihre Sprünge machen, sprechen sich Delfine ab.
   (e) Der Spinner-Delfin hat 260 Zähne.
   (f) Delfine sind selbst gegen einen Hai nicht machtlos.
   (g) Es gibt 46 Arten von Delfinen.
9. Mehr Informationen zu Delfinen findest du auch im Internetlexikon: www.kinder-tierlexikon.de/d/delfin.htm

Der Ball ist rund

Kick it like Beckham

Orginaltitel: Bend it like Beckham
Großbritannien/Deutschland 2002
Regisseurin: Gurinder Chadha
Drehbuch: Gurinder Chadha, Guljit Bindra, Paul Mayeda Berges
Kamera: Jong Ling
Schnitt: Justin Krish
Musik: Craig Pruess
Darsteller/innen: Parminder Nagra (Jess Bhamra),
Keira Knightley (Jules Paxton), Jonathan Rhys Meyers (Joe),
Archie Panjabi (Pinky Bhamra), Anupam Kher (Mr. Bhamra),
Shaheen Khan (Mrs. Bhamra), Frank Harper (Mr. Paxton),
Juliet Stevenson (Mrs. Paxton), Tony (Ameet Chana) u. a.
Produktion: Deepak Nayar, Gurinder Chadha
Länge: 112 Minuten
FSK: ab 6 J., empfohlen ab 10 J.

Einmal den Ball so elegant anschneiden wie David Beckham und mit einer Bananenflanke die entscheidende Torvorlage geben: Fußball ist das Größte für Jess Bhamra. Sie lebt in einem Vorort von London und träumt davon, für die englische Nationalmannschaft zu spielen. Ihre aus Indien stammenden Eltern wollen davon nichts wissen; Jess soll nicht „halbnackt" Ball spielen, sondern ein komplettes indisches Menü kochen können, ein Jurastudium absolvieren und dann den richtigen, einen indischen Mann heiraten.

Aber Jess trainiert eifrig im Park mit ein paar indischen Jungen, die sie beim Spiel locker abhängt. Das beobachtet Jules Paxton, die sich beim lokalen Fußballverein Hounslow Harriers für die Gründung eine Mädchenmannschaft engagiert hat. Sie überredet Jess dazu, bei der Mannschaft mitzuspielen – auch gegen den elterlichen Willen. Jules selbst ignoriert sämtliche Bemühungen ihrer Mutter, sie vom Fußball abzubringen. Ihr Vater wiederum findet seine kickende Tochter toll.

Jess' Schwester Pinky fiebert ihrer Hochzeit mit dem Inder Teetu entgegen. Die ganze Familie ist mit den Vorbereitungen beschäftigt und die Verlobung wird aufwändig gefeiert. Doch dann sehen Teetus Eltern Jess und Jules an der Bushaltestelle, wie sie sich lachend in die Arme fallen. Sie halten Jules für einen Jungen und meinen, Jess habe einen Weißen geküsst. Da die Familienehre auf dem Spiel steht, sagen sie die Hochzeit zu Pinkys Entsetzen ab. Zu einem weiteren Missverständnis kommt es, als Jules' Mutter aus einem teilweise belauschten Gespräch schließt, ihre Tochter sei in Jess verliebt. Dabei schwärmen beide für Joe, den Trainer ihrer Fußballmannschaft. Sein größeres Interesse an Jess belastet die Freundschaft zwischen den beiden jungen Frauen schwer.

Heimlich schleicht sich Jess zum Training und wird dabei immer wieder von ihren Eltern ertappt. Sie will weder ihre Eltern verletzen, noch ihre Mannschaft hängen lassen. Da Teetu darauf besteht, kann Pinkys Hochzeit doch stattfinden – ausgerechnet am Tag des großen Endspiels der Hounslow Harriers. Doch ihr Vater hat ein Einsehen und erlaubt Jess, sich von den Feierlichkeiten für die zweite Halbzeit zu entfernen. Sie verwandelt den entscheidenden Elfmeter und ihr Team gewinnt. Ein amerikanischer Talentscout bietet Jules und Jess ein Stipendium an einem Top-College in Kalifornien an. Zunächst traut Jess sich nicht, ihren Eltern davon zu erzählen, doch sie will ihren Traum nicht aufgeben. Ihr Vater überwindet seine Verbitterung darüber, dass er in seiner Jugend als Inder vom englischen Kricketteam ausgeschlossen wurde, und unterstützt Jess' Pläne: „Meine Tochter soll kämpfen und gewinnen, ich will sie nicht aufhalten." Jess und Jules haben es geschafft: Sie fliegen zum Studium in die USA, das Land mit der ersten weiblichen Profiliga, und rücken der Verwirklichung ihres Lebenstraums ein großes Stück näher.

Hinweise zum Text: Seite 125.

Frauenfußball

Frauen mussten sich das Recht, Fußball spielen zu dürfen, immer wieder erkämpfen. Bereits im 12. Jahrhundert bolzten die Französinnen beim Volkssport „la soule" mit, dem Vorläufer des modernen Fußballs. Im 18. Jahrhundert kämpften in Schottland verheiratete gegen unverheiratete Frauen: Als Spielball diente eine frisch gefüllte Tierblase. Im 19. Jahrhundert – als die Fußballregeln verbindlich festgelegt wurden – gründeten sich in Europa die ersten Vereine. Im England der 1920er-Jahre wurde das Frauenspiel so populär, dass jedes größere Dorf ein eigenes Team hatte und die Spitzenteams bis zu 53.000 Zuschauer/innen anlockten.

In Deutschland formierten sich in den 1920er-Jahren die ersten Frauenteams. Doch während des Nationalsozialismus, dessen Rollenbild die kickenden Frauen nicht einschloss, wurde der Frauenfußball verboten. 1954 löste der Sieg bei der Weltmeisterschaft einen Fußballboom in Deutschland aus, an dem auch die Frauen teilhaben wollten und eigene Teams gründeten. Doch der Deutsche Fußball-Bund (DFB) untersagte deren Integration in den Verband und verhängte 1955 aufgrund von „gesundheitlichen Bedenken gegenüber den Frauen für den Fußballsport" ein Verbot über den Frauenfußball. Trotz aller Widerstände breitete sich der Frauenfußball im ganzen Land aus. Schließlich wurden 1970 die Mitgliedschaft im DFB und die Durchführung eines regulären Spielbetriebs beschlossen, zunächst allerdings mit abgeänderten Regeln wie verkürzten Halbzeiten, langer Winterpause und Spielen ohne Stollenschuhe. Innerhalb kürzester Zeit verdreifachte sich die Zahl der Mannschaften und heute sind die Regeln des Frauenfußballs denen der Männer komplett angeglichen.

Frauenfußball in der Bundesrepublik Deutschland

1955	Verbot des Frauenfußballs durch den Deutschen Fußball-Bund
1970	Aufhebung des Verbots; die Förderung des Frauenfußballs wird in die DFB-Satzung aufgenommen
1971	Genehmigung von Meisterschaftsspielen in den Landesverbänden
1982	Erstes Länderspiel der Nationalmannschaft: Deutschland – Schweiz 5:1
1989	Gewinn der Europameisterschaft: Deutschland – Norwegen 4:1
1991	Vierter Platz bei der ersten Weltmeisterschaft in China
1993	Dauer der Spielzeit wird auf 90 Minuten angeglichen.
1996	Teilnahme am ersten Olympischen Frauenfußball-Turnier in Atlanta
2003	Sieg bei der Weltmeisterschaft in den USA: Deutschland – Schweden 2:1

1994 waren in der Bundesrepublik Deutschland 575.000 Spielerinnen in 4.040 Mannschaften organisiert, 2003 waren es 851.534 Spielerinnen in 6.499 Teams.

Hinweise zu den Texten: Seite 126.

Kannibalistisch-touristische Voodoomacht

Joachim Masannek

Die Spieler und Eltern des *SV 1906* schauten uns an, als wären wir eine Invasion. Doch dieses Mal kamen wir nicht aus dem Kinderunterwäsche-Geschäft. Wir kamen von dort, wohin sie uns vor der Pause geschickt hatten: aus der neunundneunzigsten Hölle. Ihrem Trainer fiel die Schiedsrichterpfeife aus seinem Metallpressen-Mund.

„Was um alles in der Welt ist das?", piepste er wie ein Meerschweinchen, das sich im Stimmbruch befindet, und wich ein paar Schritte vor uns zurück.

Vor der wilden Wand. Schulter an Schulter kamen wir auf den Platz. Schlamm verklebte unsere Haare und unsere Gesichter. Mit Schlamm hatten wir die Kriegsbemalung auf unsere Arme und Beine gemalt. Auf unseren Rücken standen unsere Nummern und Namen. Die hatte Marlon uns mit seinem fetten, schwarzen Edding auf die Haut tätowiert. Ja, und den Wilden Kerl auf die Brust. Den Wilden Kerl über gekreuzten Seeräuberknochen.

„Alles ist gut!", erhob ich die Stimme. Ich ging direkt in der Mitte der Wand. Zwischen Leon, Vanessa, Marlon und Fabi. „Solange du wild bist!", antworteten die *Wilden Fußballkerle*. Ihre Stimmen waren düster und kalt.

„Sei wild!", forderte ich und die anderen folgten mir wie ein pechschwarzes Echo: „Ja! Gefährlich und wild!", raunten sie und immer noch waren unsere Stimmen ganz leise.

„Eins! Zwei! Drei!", zählte ich und dann brüllten wir alle zusammen ein gewaltiges und ohrenbetäubendes „RAAH!".

Die Spieler des *SV 1906* zuckten zusammen. Ihr Spott aus der ersten Halbzeit wich blanker Angst und genauso erging es Wilson Gonzales. Der blasse Vampir saß gerade noch auf dem Skateboard. Er rollte lässig vor und zurück. Er hatte den Sieg in der Tasche. Doch jetzt sprang er auf. Neben Pickels und Sexy James stand er zwischen den Kreuzen und starrte vom Hügel auf uns herab.

Der Rest war ein Kinderspiel. Marlons Pass in den Raum war ein Alptraumpass für den Gegner. Er landete direkt auf Rocces Zaubererfuß. Das Leder klebte auf seinem Spann und mit dem lupfte er es über die Verteidiger hinweg in Leons Torpedotauchflugkopfballbahn. Der Torjäger schoss wie eine Rakete haarscharf über den Boden und rammte die Kugel ins Netz. Das zweite Tor war ein Trippel-M.S. GTI Wild von Maxi „Tippkick" Maximilian. Aus 25 Metern donnerte er seinen Mega-Mörser-Monster-Freistoß auf den Kasten des *SV 1906* und versenkte ihren Keeper gleich mit. Jojo, der mit der Sonne tanzt, tanzte diesmal im Regen. Wie ein aus der Flasche befreiter Derwisch sprang er durch die Reihen der Gegner hindurch und schloss lachend und gnadenlos ab. Fabis hasta-la-vista-bombastischer Turbo-Dampfhammer-Volley aus dem spitzesten und unmöglichsten Torauslinienwinkel war die Numero Vier. Die Fünf erzielte dann wieder Leon. Felix, der Wirbelwind, flankte von links, und der Slalomdribbler nahm mit dem linken Bein Schwung. Er sprang in die Luft, schraubte sich Richtung Sturmwolken hoch, nahm mit dem rechten Fuß Maß und schoss das Leder in einem Weltklasse-Salto-Mortale-Fallrückzieher ins rechte Kreuzeck hinein. Die Sechs und die Sieben machte Deniz allein. Die Lokomotive dampfte für Fabi auf rechts. Immer an der Außenlinie lang. Doch kurz vor dem Strafraum fuhr sie nach links, brach durch die Reihen des *SV 1906*, umspielte den Keeper und trug den Ball mit den Füßen ins Netz. Es stand sieben zu sieben. Wir hatten es fast schon geschafft. Da schaute Willi auf seine Uhr.

„Verfluchte Hacke!", rief er und begann wild zu gestikulieren. „Kreuzgepunktet und mit rosa Streifen. Beeilt euch, Jungs! In dreißig Sekunden ist Schluss!"

Doch der *SV 1906* dachte gar nicht daran. Ein Unentschieden war für ihn jetzt ein Sieg. Deshalb ließ er sich unendlich Zeit. „Hey! Was soll das! Das ist nicht fair!", protestierte Willi, doch der Trainer mit dem Metallpressenmund lachte ihn aus.

Da packte sich Leon den Ball. Er holte ihn selbst aus dem Kasten des *SV 1906*. Er rannte wie ein Rugby-Spieler durch die gegnerische Mannschaft hindurch und hämmert das Leder touchdownhart und entschlossen auf den Anstoßpunkt.

„So! Und jetzt wird gespielt!", befahl er dem Mittelstürmer des *SV 1906*.

Der war so baff, dass er einfach gehorchte und während der Schiedsrichter seine Pfeife schon zum Schlusspfiff erhob, stibitzte sich Leon den Ball, schob ihn

in Blitzpassmanier zu Marlon zurück, und der machte dann, was nur die Nummer 10 kann: Er ließ den Ball reiten. Das Leder flog auf dem Wind und in einem endlosen Zauberbesenflugbogen senkte sich die Kugel über dem staunenden Keeper ins Netz.

Der Abpfiff war gleichzeitig der Schlusspfiff des Spiels. Kannibalistisch-touristische Vodoomacht! Wir hatten gewonnen. Die Meisterschaft war immer noch drin. Wir reckten unsere Fäuste in den Himmel hinauf. Wir umarmten uns alle. Wir stellten uns Seite an Seite nebeneinander und rissen die Arme immer wieder hoch in die Luft. Ja, und dann schrien wir zum Hügel hinauf.

„Hey, Wilson! Wilson Gonzales! Hast du das gesehen? Wir haben gewonnen. Hörst du! Wir haben uns nicht vor dir versteckt!"

Doch auf dem Hügel standen nur noch die Kreuze und an ihnen wehten unsere Trikots im Wind. Der blasse Vampir und seine Flammenmützen waren verschwunden.

Hinweise zum Text: Seite 126/127.

Fußball-Volley

Beim Volley wird der Ball gespielt, bevor er den Boden berührt hat. Es ist eine schnelle und spannende Spieltechnik, weil du die Zeit sparst, die du bräuchtest, um den Ball anzunehmen. Das verleiht dem Ball Tempo und erschwert es den Gegnern, zu erraten, wo er hingehen wird.

Zentraler Volley

Der zentrale Volley ist vermutlich der einfachste unter den Volleys, aber du benötigst dazu dennoch schnelle Reaktionen. Du empfängst den Ball mit dem Spann und musst dich folglich zu ihm hindrehen. Andernfalls kannst du leicht das Gleichgewicht und die Kontrolle über den Volley verlieren.

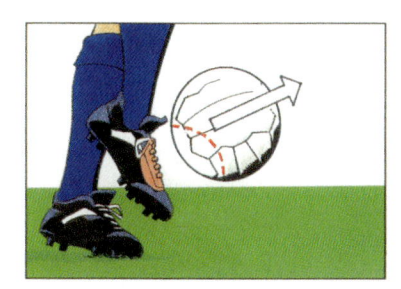

Triff den Ball auf seiner unteren Hälfte. Der Ball berührt deinen Spann.

Volley-Übung

Macht diese Übung zu zweit. Stellt euch 3 Meter auseinander. Lasse dir den Ball auf den Fuß fallen und spiele ihn dem anderen zu.

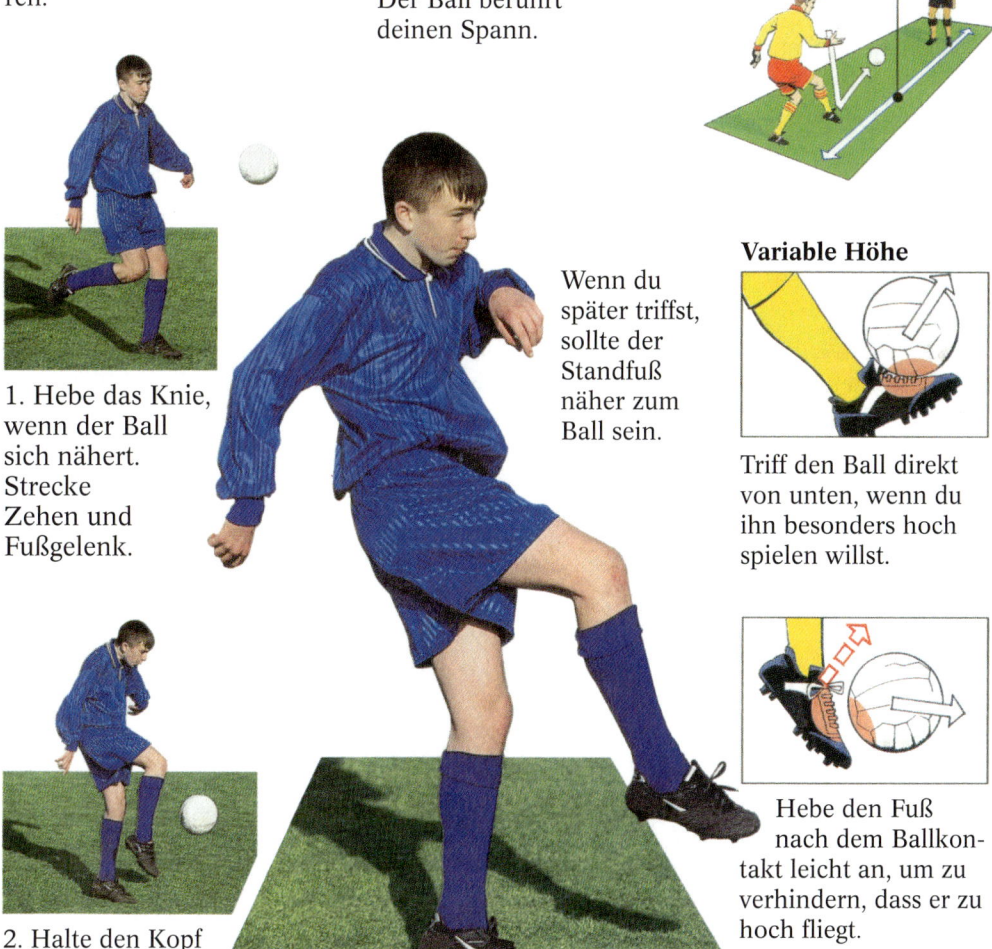

1. Hebe das Knie, wenn der Ball sich nähert. Strecke Zehen und Fußgelenk.

Wenn du später triffst, sollte der Standfuß näher zum Ball sein.

Variable Höhe

Triff den Ball direkt von unten, wenn du ihn besonders hoch spielen willst.

Hebe den Fuß nach dem Ballkontakt leicht an, um zu verhindern, dass er zu hoch fliegt.

2. Halte den Kopf über dem Knie, während du den Ball schießt.

Hüftdrehstoss
Der Hüftdrehstoß ist schwieriger als der gerade Volley. Du brauchst nicht nur wie für jeden Volley schnelle Reaktionen, auch die erforderliche Beinbewegung ist etwas diffizil – du musst dich dabei auf einem Bein zur Seite lehnen.

1. Beobachte den eintreffenden Ball, um einzuschätzen, in welchem Winkel du ihm begegnen willst.

2. Hole mit dem Spielbein seitlich aus, und nimm dabei die Schulter zurück.

3. Schwinge das Bein schräg vor, sodass du den Ball mit dem Spann trifft.

4. Schwinge in Ballrichtung durch und ziehe das Bein quer vor den Körper.

Höher und flacher

Wenn du einen flachen Ball willst, musst du ihn etwas oberhalb der Mitte treffen.

Wenn du willst, dass der Ball weit über die Köpfe fliegt, musst du ihn unterhalb treffen.

Seitenübung
Weil bei diesem Volley die Beinbewegung besonders schwierig ist, könntest du versuchen, mit einem Hindernis zu trainieren. Nimm etwas, das fast so hoch ist wie deine Hüfte, und versuche, dein Bein darüber hinweg zu schwingen. Du kannst auch den Ball darauf legen. Wenn das Hindernis zu hoch ist, beginne mit einem niedrigeren.

Volley-Trio
Sobald ihr die Beinbewegung beherrscht, könnt ihr zu dritt diese Übung machen. A wirft den Ball zu B, der ihn als Volley zu C spielt. C wirft den Ball zu A, und so weiter.

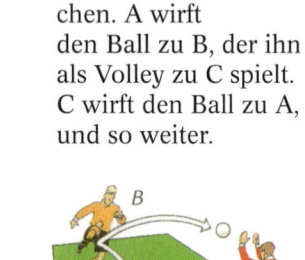

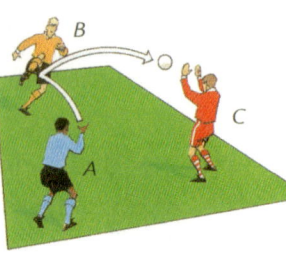

Jeder korrekte Volley bringt einen Punkt. Macht je zehn Versuche. Der Spieler mit den meisten Punkten gewinnt.

Hinweise zum Text: Seite 127.

Der Ball ist rund

Fußball ist die Sportart Nummer 1 in Deutschland sowie weltweit. Kein anderer Sport verbindet hierzulande und weltweit so viele Menschen. Fußball ist ein Gemeinschaftssport, der Spaß macht. Außerdem ist Fußballspielen gesund: „Die sportliche Betätigung mit ihren fußballspezifischen Anforderungen schult vor allem Koordination, Schnelligkeit und Ausdauer, stärkt das Immunsystem und führt zu einer Ausbildung des Herz-Kreislauf-Systems." (Prof. Dr. Henning Allmer)
Weitere Informationen unter: www.fussballd21.de/12314.asp

David Beckham

Weltberühmt für seine präzisen Freistöße und für sein modisches Auftreten ist David Beckham einer der bekanntesten und einflussreichsten Fußballer der Gegenwart.
1975 in Leystonstone, London, geboren, begann Beckham 1991 bei *Manchester United* seine Fußballkarriere. 1993 wurde er mit der Mannschaft Meister der englischen Liga, 1998 nahm er an der Weltmeisterschaft teil, 1999 wurde er mit *Manchester United* Weltpokalsieger. Bei der WM 2002 in Japan und Korea war er der Spielführer der englischen Nationalmannschaft. Nach 54 Länderspieleinsätzen wechselte Beckham 2003 für die Rekordsumme von 35 Millionen Euro zu *Real Madrid*.
Beckham verkörpert einen völlig neuen Typus eines Spielerstars: Er ist familienbewusst und geradezu feminin in seinem Auftreten. Der Fußballer ist eine Mode-Ikone und sein Stil wird tausendfach kopiert. Beckham ist ein großer Fan des Frauenfußballs, weswegen er sich auch sofort mit dem Titel *Bend it like Beckham* und einem kurzen Gastauftritt im Film einverstanden erklärte.

Filmbegleitheft:
Kick it like Beckham

1 Kläre die Fremdwörter:
   a) ignorieren
   b) absolvieren
   c) Talentscout
2 Welche Vorstellungen haben Jess' Eltern von der Zukunft ihrer Tochter?
3 Warum sehen Teetus' Eltern die Familienehre bedroht?
4 An welchen Stellen wird das Misstrauen der Eltern gegenüber ihrer Tochter deutlich?
5 Welche Aufgaben stehen hinter den folgenden Begriffen:
   a) Regisseurin
   b) Drehbuch
   c) Schnitt
   d) Produktion
6 Was bedeutet *FSK*?

Sachtext: Frauenfußball

Interessant hier auch eine Rede der ehemaligen Bayerischen Staatsministerin Frau Hohlmeier: www.km.bayern.de/km/asps/archiv/06_07_maedchenfussball.pdf

1. Kläre die Begriffe:
   a) populär
   b) Fußballboom
   c) Integration
   d) regulär
2. Mehr über den Mädchenfußball in Bayern findest du unter: www.bfv-talente.de/bayern-aktuell.html
3. Was erfährst du im ersten Abschnitt?
   (a) Frauen spielen seit über 800 Jahren Fußball.
   (b) In allen Ländern Europas gibt es seit langem Frauenfußball.
   (c) Tierblasen dienten früher als Fußball.
   (d) Der Vorläufer des heutigen Fußballs war ein französischer Volkssport, bei dem auch Frauen mitmachen durften.
   (e) In England war Frauenfußball schon vor über 80 Jahren sehr beliebt.
4. a) Welche Einwände hatte der DFB gegen Frauenfußball?
   b) Was meinst du dazu?
5. Wo befindet sich der nächst gelegene Verein mit Fußballangeboten für Mädchen?
6. Was ist mit dem Begriff „Rollenbild" gemeint?
   (a) die Rolle, die eine Frau in der Fußballmannschaft spielen soll: Verteidigung, Angriff, …
   (b) die Vorstellung, wie eine Frau sich verhalten soll

Joachim Masannek: Kannibalistisch-touristische Voodoomacht

Joachim Masannek, Jahrgang 1960, studierte Germanistik und Philosophie und an der Hochschule für Film und Fernsehen. Er arbeitete als Kameramann, Ausstatter und Drehbuchautor für Film-, TV- und Studioproduktionen.

Der Autor der Bücher *Die Wilden Fußballkerle* hatte nicht nur – zusammen mit Illustrator Jan Birck – die Idee für die Serie (in Buchform), sondern schrieb auch das Drehbuch und führte Regie bei den Filmen *Die Wilden Kerle* und *Die Wilden Kerle 2*, die 2003/2005 in die Kinos kamen.

Im „richtigen" Leben ist er Trainer der Fußballmannschaft, der echten *Wilden Kerle*, in der seine beiden Söhne Leon und Marlon spielen, mit denen er im bayerischen Grünwald lebt.

Aus einem Interview: „Die Idee für *Die Wilden Fußballkerle* entstand aus der Tatsache heraus, dass Ihre beiden Söhne in einer Jugendfußballmannschaft spielen. In welchem Alter fingen die beiden an und warum wählte Familie Masannek gerade den Fußball (und nicht Eishockey, Tennis, Golf oder Schwimmen) als die Freizeitsportart der Wahl?"

„Ich selbst bin im Ruhrgebiet aufgewachsen und habe demzufolge als Kind fast pausenlos Fußball gespielt. Als ich dann erwachsen wurde, in eine ganz andere Ecke Deutschlands zog, änderten sich auch meine Vorlieben. Es waren die Achtziger Jahre und da spielte man Tennis. Folgerichtig wuchsen meine Söhne auch in einem Tennis-Haushalt auf."

Weitere Informationen zum Autor im Internet unter
hamburg.kinder-stadt.de/buecher/masannek.htm

1. Was weißt du über die Serie *Die Wilden Fußballkerle*?
2. Manche lesen zuerst ein Buch der *Wilden Fußballkerle*, andere sehen sich zunächst den Film an. Was ist für dich interessanter?
3. Die Sprache weist einige Besonderheiten auf. Welche Ausdrücke sind untypisch für einen Kinder- und Jugendbuchausschnitt?
4. *Torpedotauchflugkopfballbahn, Turbo-Dampfhammer-Volley, Mega-Mörser-Monster-Freistoß*, … Erfinde selbst neue Wörter aus der Welt des Fußballs.
5. Erfolgreiche Bücher werden oft vermarktet. *Merchandising* heißt hier der Fachbegriff. Wie beurteilst du es, wenn es nicht nur Website, Film, DVD, Hörbuch oder ein PC-Spiel zu einem Buch gibt, sondern auch Tassen, Mützen, Schals oder Kugelschreiber?
6. Mehr über *Die Wilden Fußballkerle* findest du, wenn du in einer Suchmaschine im Internet (z. B. www.blinde-kuh.de) *fußballkerle* eingibst. Die Groß- und Kleinschreibung ist dabei nicht so wichtig.
Weitere Info: derstandard.at/?url=/?id=1961074

Sachtext: Fußball-Volley

1. Was versteht man unter:
   a) Spann
   b) Hüftdrehstoß
2. Erkläre mit eigenen Worten, wie ein Volley funktioniert.
3. Was ist das Schwierigste beim Volley? Worauf muss man achten?
4. Welche der vorgeschlagenen Übungen kennst du?
5. Welche weiteren Übungen kannst du „empfehlen"?
6. Probiert in der Freizeit oder im Sportunterricht die Übungen aus.
7. Im Internet gibt es Tausende von Links zum Thema *Fußball*. Hier ein paar, die für dich interessant sein könnten:
   www.dfb.de
   www.fussball.de
   www.bundesliga.de
   www.bayern06.de

Von Feen, Zwergen und Sagengestalten

Rumpelstilzchen

Jacob und Wilhelm Grimm

Es war einmal ein Müller, der war arm, aber er hatte eine schöne Tochter. Nun traf es sich, dass er mit dem König zu sprechen kam, und um sich ein Ansehen zu geben, sagte er zu ihm: „Ich habe eine Tochter, die kann Stroh zu Gold spinnen." Der König sprach zum Müller: „Das ist eine Kunst, die mir wohl gefällt, wenn deine Tochter so geschickt ist, wie du sagst, so bring sie morgen in mein Schloss, da will ich sie auf die Probe stellen." Als nun das Mädchen zu ihm gebracht ward, führte er es in eine Kammer, die ganz voll Stroh lag, gab ihr Rad und Haspel und sprach: „Jetzt mache dich an die Arbeit und wenn du diese Nacht durch bis morgen früh dieses Stroh nicht zu Gold versponnen hast, so musst du sterben." Darauf schloss er die Kammer selbst zu und sie blieb allein darin.

Da saß nun die arme Müllerstochter und wusste um ihr Leben keinen Rat: Sie verstand gar nichts davon, wie man Stroh zu Gold spinnen konnte, und ihre Angst ward immer größer, dass sie endlich zu weinen anfing. Da ging auf einmal die Türe auf und trat ein kleines Männchen herein und sprach: „Guten Abend, Jungfer Müllerin, warum weint sie so sehr?" „Ach", antwortete das Mädchen, „ich soll Stroh zu Gold spinnen und verstehe das nicht."

Sprach das Männchen: „Was gibst du mir, wenn ich dir's spinne?" „Mein Halsband", sagte das Mädchen. Das Männchen nahm das Halsband, setzte sich vor das Rädchen und schnurr, schnurr, schnurr, dreimal gezogen, war die Spule voll.

Dann steckte es eine andere auf und schnurr, schnurr, schnurr, dreimal gezogen, war auch die zweite voll: Und so ging's fort bis zum Morgen, da war alles Stroh versponnen und alle Spulen waren voll Gold. Bei Sonnenaufgang kam schon der König und als er das Gold erblickte, erstaunte er und freute sich, aber sein Herz ward nur noch goldgieriger. Er ließ die Müllerstochter in eine andere Kammer voll Stroh bringen, die noch viel größer war, und befahl ihr, das auch in einer Nacht zu spinnen, wenn ihr das Leben lieb wäre. Das Mädchen wusste sich nicht zu helfen und weinte, da ging abermals die Türe auf und das kleine Männlein erschien und sprach: „Was gibst du mir, wenn ich dir das Stroh zu Gold spinne?" „Meinen Ring von dem Finger", antwortete das Mädchen. Das Männchen nahm den Ring, fing wieder an zu schnurren mit dem Rade und hatte bis zum Morgen alles Stroh zu glänzendem Gold gesponnen. Der König freute sich über die Maßen bei dem Anblick, war aber noch immer nicht Goldes satt, sondern ließ die Müllerstochter in eine noch größere Kammer voll Stroh bringen und sprach: „Die musst du noch in dieser Nacht verspinnen: Gelingt dir's aber, so sollst du meine Gemahlin werden." „Wenn's auch eine Müllerstochter ist", dachte er, „eine reichere Frau finde ich in der ganzen Welt nicht."

Als das Mädchen allein war, kam das Männlein zum dritten Mal wieder und sprach: „Was gibst du mir, wenn ich dir noch diesmal das Stroh spinne?" „Ich habe nichts mehr, das ich geben könnte", antwortete das Mädchen. „So versprich mir, wenn du Königin wirst, dein erstes Kind." „Wer weiß, wie das noch geht", dachte die Müllerstochter und wusste sich auch in der Not nicht anders zu helfen; sie versprach also dem Männchen, was es verlangte, und das Männchen spann dafür noch einmal das Stroh zu Gold. Und als am Morgen der König kam und alles fand, wie er gewünscht hatte, so hielt er Hochzeit mit ihr und die schöne Müllerstochter ward eine Königin.

Über ein Jahr brachte sie ein schönes Kind zur Welt und dachte gar nicht mehr an das Männchen: Da trat es plötzlich in ihre Kammer und sprach: „Nun gib mir, was du versprochen hast." Die Königin erschrak und bot dem Männchen alle Reichtümer des Königreichs an, wenn es ihr das Kind lassen wollte, aber das Männlein sprach: „Nein, etwas Lebendes ist mir lieber als alle Schätze der Welt." Da fing die Königin so an zu jammern und zu weinen, dass das Männchen Mitleid mit ihr hatte: „Drei Tage will ich dir Zeit lassen", sprach es, „wenn du bis dahin meinen Namen weißt, so sollst du dein Kind behalten."

Nun besann sich die Königin die ganze Nacht über auf alle Namen, die sie jemals gehört hatte, und schickte einen Boten über Land, der sollte sich erkundigen weit und breit, was es sonst noch für Namen gäbe. Als am anderen Tag das Männchen kam, fing sie an mit Kaspar, Melchior, Balzer und sagte alle Namen, die sie wusste, nach der Reihe her, aber bei jedem sprach das Männlein: „So heiß ich nicht." Den zweiten Tag ließ sie in der Nachbarschaft herumfragen, wie die Leute da genannt würden, und sagte dem Männlein die ungewöhnlichsten und seltsamsten Namen vor: „Heißt du vielleicht Rippenbiest oder Hammelwade oder Schnürbein?", aber es antwortete immer: „So heiß ich nicht." Den dritten Tag kam der Bote wieder zurück und erzählte: „Neue Namen habe ich keinen einzigen finden können, aber wie ich an einen hohen Berg um die Waldecke kam, wo Fuchs und Has sich gute Nacht sagen, so sah ich da ein kleines Haus, und vor dem Haus brannte ein Feuer und um das Feuer sprang ein gar zu lächerliches Männchen, hüpfte auf einem Bein und schrie:

‚Heut back ich, morgen brau ich,
übermorgen hol ich der Königin ihr Kind;
ach wie gut, dass niemand weiß,
dass ich Rumpelstilzchen heiß'!"

Da könnt ihr denken, wie die Königin froh war, als sie den Namen hörte, und als bald hernach das Männlein hereintrat und fragte: „Nun, Frau Königin, wie heiß ich?", fragte sie erst: „Heißest du Kunz?" „Nein." „Heißest du Heinz?" „Nein."

„Heißt du etwa Rumpelstilzchen?"

„Das hat dir der Teufel gesagt, das hat dir der Teufel gesagt", schrie das Männlein und stieß mit dem rechten Fuß vor Zorn so tief in die Erde, dass es bis an den Leib hineinfuhr, dann packte es in seiner Wut den linken Fuß mit beiden Händen und riss sich selbst mitten entzwei.

Hinweise zum Text: Seite 142.

Rumpelstilzchen

Rosemarie Künzler-Behncke

Nachdem der Müller damit geprahlt hatte, dass seine Tochter Stroh zu Gold spinnen konnte, führte der König das Mädchen in eine Kammer voller Stroh und sagte: „Wenn du bis morgen früh dieses Stroh nicht zu Gold versponnen hast, so musst du sterben." Dann schloss er die Kammer zu.

Die arme Müllerstochter fing vor Angst an zu weinen.

Da erschien ein kleines Männchen und sprach: „Was gibst du mir, wenn ich dir das Stroh zu Gold spinne?" Das Mädchen gab sein Halsband.

Das Männchen setzte sich vor das Spinnrad und schnurr! schnurr! schnurr! dreimal gezogen, war die Spule voll. Und schnurr! schnurr! schnurr! dreimal gezogen, war auch die zweite Spule voll. So ging's fort bis zum Morgen.

Da war alles Stroh zu Gold gesponnen.

Als der König das Gold erblickte, freute er sich. Gleich sperrte er die Müllerstochter in eine neue Kammer voll Stroh, die noch viel größer war. Er verlangte von ihr auch dieses Stroh in einer Nacht zu Gold zu spinnen, wenn ihr das Leben lieb wäre. Wieder weinte die Müllerstochter, bis das kleine Männchen erschien. Diesmal schenkte sie ihm ihren Ring vom Finger. Schon fing das Männchen an zu schnurren mit dem Rad. Und am Morgen war alles Stroh zu Gold gesponnen.

Als der König das Gold erblickte, freute er sich mächtig, war aber immer noch nicht zufrieden. Er brachte die Müllerstochter in eine noch größere Strohkammer und sagte: „Wenn du mir bis morgen dieses Stroh zu Gold spinnst, sollst du meine Frau werden."

Als das Mädchen allein war, kam das Männchen zum dritten Mal. Es fragte: „Was gibst du mir, wenn ich dir helfe?"

Aber die Müllerstochter hatte nichts mehr zu verschenken.

„So versprich mir, wenn du Königin wirst, dein erstes Kind!" Da fiel es dem Mädchen wie Schuppen von den Augen.

„Du spinnst!", rief das Mädchen dem Männchen zu.

„Niemals werde ich diesen abscheulichen König heiraten! Niemals würde ich mein Kind hergeben!"

„Ich spinne nicht! Ich spinne nie mehr!", schrie das Männlein wütend. „Ich habe umsonst gesponnen!"

Das Männlein stieß mit dem rechten Fuß vor Zorn so tief in die Erde, dass die Kammertür aufsprang. Da lief die Müllerstochter in die weite Welt hinaus und war gerettet.

Hinweise zum Text: Seite 143.

Federfrau und Morgenstern
Indianermärchen

Eines Nachts – es war zur Zeit des Blumenmondes, wo die Heckenrosen blühen und hohes Gras die Prärie bedeckt – beschlossen ein Mädchen namens Federfrau und ihre jüngere Schwester, draußen vor dem Wigwam zu schlafen. Als die Federfrau kurz vor dem Morgengrauen erwachte, da sah sie im Osten den Morgenstern aufgehen. Und er war so schön, dass sie den Blick nicht mehr davon abwenden konnte.

„Wach auf! Und sieh hinüber zum Morgenstern", rief sie ihrer Schwester zu. „Wie ich ihn liebe, diesen Stern! Er ist der hellste und schönste von allen!"

Ihre Schwester lachte und scherzte: „Du würdest wohl am liebsten einen Stern heiraten?"

„Ja", antwortete Federfrau leise. „Den Morgenstern, den würde ich nehmen."

Ein paar Tage später war Federfrau auf dem Weg zum Fluss um Wasser zu holen, als sie unterwegs auf dem Pfad einen Fremden traf. Er war hochgewachsen und von aufrechter Gestalt und nie hatte sie einen schöneren Mann gesehen. Er trug Kleider aus weichen, gegerbten Häuten, die nach Kiefern und Süßgras rochen. Eine gelbe Feder steckte in seinem Haar und in der Hand hielt er einen Wacholderzweig, in dem ein Spinnennetz hing.

„Ich bin Morgenstern", sagte er. „Vor einigen Nächten sah ich dich im hohen Gras liegen und hörte deine Liebesworte. Nun bitte ich dich, dein Lager zu verlassen um in die Himmelswelt zu kommen und dort mit mir zu leben."

Federfrau zitterte, als sie diese Worte vernahm. Sie sagte: „Lass mich zuerst zu meiner Mutter und meinem Vater gehen, damit ich mich von ihnen verabschieden kann. Dann werde ich mit dir kommen."

Doch Morgenstern entgegnete: „Du musst gleich jetzt mitkommen oder gar nicht." Und er nahm die gelbe Feder und befestigte sie in ihrem Haar. Darauf reichte er ihr den Wacholderzweig und sagte: „Nimm ihn und schließ die Augen. Die Spinnenleiter wird dich zu meinem Heim bringen."

Also nahm Federfrau den Wacholderzweig und schloss die Augen. Und als sie die Augen wieder aufmachte, da war sie am Himmel. Vor ihr ragte ein großer Wigwam auf.

„Willkommen in meinem Heim!", sprach Morgenstern. „Es ist der Wigwam meines Vaters, der Sonne, und meiner Mutter, des Mondes."

Nun war Vater Sonne gerade unterwegs auf seiner Reise, doch die freundliche Mutter Mond war da. Sie hieß die neue Braut ihres Sohnes willkommen und bot ihr zu essen und zu trinken an. Dann schenkte sie ihr ein Kleid aus weichem Wildleder, ein Armband aus Elchzähnen und einen Mantel aus Elchhäuten, der geschmückt war mit geheimnisvollen Malereien.

Die Tage vergingen und Federfrau war glücklich in der Himmelswelt. Mutter Mond zeigte ihr die Fülle der Blumen, Gemüsepflanzen und Beeren, die dort wuchsen, und unterrichtete sie im Gebrauch von Kräutern und geheimen Heilmitteln. Sie gab ihr auch einen hölzernen, im Feuer gehärteten Grabstock und zeigte ihr, wie man damit die vielen wilden Wurzeln ausgrub, die essbar waren.

Aber Mutter Mond warnte Federfrau, es gäbe eine einzige Pflanze, die sie niemals ausgraben dürfe. Das war die Riesenrübe, die in der Nähe vom Wigwam des Spinnenmannes wuchs. Er war es, der die Leitern wob, auf denen die Sternenleute zwischen Himmel und Erde verkehrten. „Die Riesenrübe ist heilig", bekam Federfrau viele Male von Mutter Mond erklärt. „Wenn du sie anrührst, wird ein Unglück geschehen."

Die Zeit verstrich, Morgenstern und Federfrau bekamen einen Sohn, den sie Sternenjunge nannten, und es schien, als sei ihr Glück vollkommen.

Doch eines Tages, als Federfrau mit ihrem Grabstock unterwegs war um Wildgemüse zu sammeln, da kam sie zufällig an der Riesenrübe vorbei. Und sie sagte sich: „Ach, wenn ich doch bloß wüsste, was unter der Riesenrübe verborgen ist."

Federfrau umrundete das Gewächs, bückte sich und betrachtete es genau. Schließlich legte sie ihr Kind auf der Erde ab und begann unter der Riesenrübe zu graben. Sie grub und grub, aber die Riesenrübe rührte sich nicht. Doch sie gab nicht auf, bis schließlich ihr Grabstock darunter stecken blieb. Als sie den Kopf hob, sah sie zwei Kraniche, die über sie hinwegflogen.

„Kommt, ihr mächtigen Kraniche!", rief sie zu ihnen empor. „Kommt und helft mir die Riesenrübe aus der Erde zu ziehen!"

Die Vögel kreisten dreimal über ihr, bevor sie landeten. Nun packten sie die Rübe mit ihren langen, scharfen Schnäbeln und zerrten sie vor und zurück, vor und zurück. Dann sangen sie ein Zauberlied und zerrten weiter, bis die Rübe schließlich mit einem dumpfen Geräusch aus dem Boden gerollt kam.

Dort, wo sie gestanden hatte, war nun ein Loch.

Federfrau kniete sich nieder und schaute hinein. Und was sah sie? Sie sah das Lager der Schwarzfuß-Indianer, zu deren Stamm sie gehört hatte. Rauch stieg aus den Wigwams auf. Kinder lachten. Junge Männer machten Spiele. Und die Frauen arbeiteten – sie gerbten Häute, sie bauten Wigwams, sie sammelten Beeren auf den Hügeln, sie holten Wasser vom Fluss.

Da bekam Federfrau großes Heimweh nach der grünen Prärie und ihren Stammesangehörigen. Langsam erhob sie sich, nahm ihr kleines Kind hoch und drückte es fest an sich. Und als sie sich umdrehte um wieder heimzugehen, standen Tränen in ihren Augen.

Sobald Morgenstern sie sah, wusste er, was geschehen war. Er sagte: „Du hast die Riesenrübe ausgegraben!" Sonst sagte er nichts. Kein einziges Wort.

Als Mutter Mond davon hörte, wurde sie traurig. Vater Sonne jedoch wurde zornig, als er es erfuhr.

Er sagte: „Federfrau hat meinen Befehl missachtet! Nun muss sie zurückkehren zur Erde. Sie hat ihre eigenen Leute gesehen, jetzt kann sie nicht mehr glücklich sein hier oben bei uns."

Also brachte Morgenstern seine Frau und seinen kleinen Sohn zum Spinnenmann und bat ihn eine Leiter zu weben, auf der die beiden hinuntersteigen konnten zur Erde. Dann gab Morgenstern seiner Gemahlin Federfrau einen Grabstock in die Hand. Zuletzt wickelte er eine Elchhaut um sie und um Sternenjunge.

„Schließ die Augen, Federfrau!", befahl er. „Und nun lebt wohl, ihr beiden."

Eines Abends, zur Zeit der Beerenreife, kamen Federfrau und Sternenjunge wieder hinab auf die Erde. Als ihre Stammesleute auf der Prärie zum Himmel schauten, da sahen sie eine leuchtend helle Sternschnuppe fallen. Sie rannten zu der Stelle, wo sie gelandet war, und fanden dort ein seltsames Bündel vor. Und wie sie das Bündel öffneten, da entdeckten sie eine junge Frau und einen Säugling darin. Und augenblicklich wurde ihnen klar, dass es das Mädchen sein musste, das viele Monde zuvor Wasser holen gegangen und nie mehr zurückgekehrt war.

Von dieser Zeit an lebte Federfrau mit ihrem Sohn Sternenjunge im Wigwam ihrer Eltern. Und das ganze Wissen, das sie von der Himmelswelt mitgebracht hatte, teilte sie mit den Schwarzfuß-Indianern. Sie brachte ihnen die Geheimnisse der Heilpflanzen bei. Sie zeigte ihnen, wie man einen Grabstock herstellt. Und wie man die wilde Rübe, die wilde Zwiebel und andere essbare Pflanzen erkennen kann.

Aber niemals vergaß Federfrau die Himmelswelt. Oft kletterte sie an klaren Tagen, wenn die Sonne schien, auf einen hohen Hügel. Und von dort aus starrte sie zum Himmel empor und dachte an ihren Gatten, den großen, prächtigen Morgenstern.

Hinweise zum Text: Seite 143.

Das Märchen vom Glück

Erich Kästner

Siebzig war er gut und gern, der alte Mann, der mir in der verräucherten Kneipe gegenübersaß. Sein Schopf sah aus, als habe es darauf geschneit, und die Augen blitzten wie eine blankgefegte Eisbahn. „O, sind die Menschen dumm", sagte er und schüttelte den Kopf, dass ich dachte, gleich müssten Schneeflocken aus seinem Haar aufwirbeln. „Das Glück ist ja schließlich keine Dauerwurst, von der man sich täglich seine Scheibe herunterschneiden kann!"

„Stimmt", meinte ich, „das Glück hat ganz und gar nichts Geräuchertes an sich. Obwohl ..." „Obwohl?" „Obwohl gerade Sie aussehen, als hinge bei Ihnen zu Hause der Schinken des Glücks im Rauchfang." „Ich bin eine Ausnahme", sagte er und trank einen Schluck. „Ich bin die Ausnahme. Ich bin nämlich der Mann, der den Wunsch frei hat."

Er blickte mir prüfend ins Gesicht und dann erzählte er seine Geschichte. „Das ist lange her", begann er und stützte den Kopf in beide Hände, „sehr lange. Vierzig Jahre. Ich war noch jung und litt am Leben wie an einer geschwollenen Backe. Da setzte sich, als ich eines Mittags verbittert auf einer grünen Parkbank hockte, ein alter Mann neben mich und sagte beiläufig: ‚Also gut. Wir haben es uns überlegt. Du hast drei Wünsche frei.' Ich starrte in meine Zeitung und tat, als hätte ich nichts gehört.

‚Wünsch dir, was du willst', fuhr er fort, ‚die schönste Frau oder das meiste Geld oder den größten Schnurrbart – das ist deine Sache. Aber werde endlich glücklich! Deine Unzufriedenheit geht uns auf die Nerven.' Er sah aus wie der Weihnachtsmann in Zivil.

Weißer Vollbart, rote Apfelbäckchen, Augenbrauen wie aus Christbaumwatte. Gar nichts Verrücktes. Vielleicht ein bisschen zu gutmütig. Nachdem ich ihn eingehend betrachtet hatte, starrte ich wieder in meine Zeitung. ‚Obwohl es uns nichts angeht, was du mit deinen drei Wünschen machst', sagte er, ‚wäre es natürlich kein Fehler, wenn du dir die Angelegenheit vorher genau überlegtest. Denn drei Wünsche sind nicht vier Wünsche oder fünf, sondern drei. Und wenn du hinterher noch immer neidisch und unglücklich wärst, könnten wir dir und uns nicht mehr helfen.'

Ich weiß nicht, ob Sie sich in meine Lage versetzen können.

Ich saß auf einer Bank und haderte mit Gott und der Welt.

In der Ferne klingelten die Straßenbahnen. Die Wachtparade zog irgendwo mit Pauken und Trompeten zum Schloss.

Und neben mir saß nun dieser alte Quatschkopf!"

„Sie wurden wütend?"

45 „Ich wurde wütend. Mir war zumute wie einem Kessel kurz vorm Zerplatzen.

Und als er sein weißwattiertes Großvatermündchen von neuem aufma-
50 chen wollte, stieß ich zornzitternd hervor: ‚Damit Sie alter Esel mich nicht länger duzen, nehme ich mir die Freiheit, meinen ersten und innigsten Wunsch auszusprechen – scheren Sie
55 sich zum Teufel!' Das war nicht fein und höflich, aber ich konnte einfach nicht anders. Es hätte mich sonst zerrissen."

„Und?"

„Was ‚Und'?"

„War er weg?"

60 „Ach so! – Natürlich war er weg! Wie fortgeweht. In der gleichen Sekunde. In nichts aufgelöst. Ich guckte sogar unter die Bank. Aber dort war er auch nicht. Mir wurde ganz übel vor lauter Schreck. Die Sache mit den Wünschen schien zu stimmen! Und der erste Wunsch hatte sich bereits erfüllt! Du meine Güte! Und wenn er sich erfüllt hatte, dann war der gute, liebe, brave Großpapa, wer
65 er nun auch sein mochte, nicht nur weg, nicht nur von meiner Bank verschwunden, nein, dann war er beim Teufel! Dann war er in der Hölle.

‚Sei nicht albern', sagte ich zu mir selber. ‚Die Hölle gibt es ja gar nicht und den Teufel auch nicht.' Aber die drei Wünsche, gab's denn die? Und trotzdem war der alte Mann, kaum hatte ich's gewünscht, verschwunden …

70 Mir wurde heiß und kalt. Mir schlotterten die Knie. Was sollte ich machen? Der alte Mann musste wieder her, ob's nun eine Hölle gab oder nicht. Das war ich ihm schuldig. Ich musste meinen zweiten Wunsch dransetzen, den zweiten von dreien, o, ich Ochse!

Oder sollte ich ihn lassen, wo er war? Mit seinen hübschen, roten Apfel-
75 bäckchen? Bratapfelbäckchen, dachte ich schaudernd. Mir blieb keine Wahl. Ich schloss die Augen und flüsterte ängstlich: ‚Ich wünsche mir, dass der alte Mann wieder neben mir sitzt!' Wissen Sie, ich habe mir jahrelang, bis in den Traum hinein, die bittersten Vorwürfe gemacht, dass ich den zweiten Wunsch auf diese Weise verschleudert habe, doch ich sah damals keinen Ausweg. Es gab
80 ja auch keinen …"

„Und?"

„Was ‚Und'?"

„War er wieder da?"

„Ach so! – Natürlich war er wieder da! In der nämlichen Sekunde. Er saß wie-
85 der neben mir, als wäre er nie fortgewünscht gewesen. Das heißt, man sah's ihm

schon an, dass er irgendwo gewesen war, wo es verteufelt, ich meine, wo es sehr heiß sein musste. O ja. Die buschigen weißen Augenbrauen waren ein bisschen verbrannt. Und der schöne Vollbart hatte auch etwas gelitten. Besonders an den Rändern. Außerdem roch's wie nach versengter Gans.

Er blickte mich vorwurfsvoll an. Dann zog er ein Bartbürstchen aus der Brusttasche, putzte sich Bart und Brauen und sagte gekränkt: ‚Hören Sie, junger Mann – fein war das nicht von Ihnen!'

Ich stotterte eine Entschuldigung. Wie leid es mir täte. Ich hätte doch nicht an die drei Wünsche geglaubt. Und außerdem hätte ich immerhin versucht, den Schaden wieder gutzumachen. ‚Das ist richtig', meinte er. ‚Es wurde auch höchste Zeit' Dann lächelte er. Er lächelte so freundlich, dass mir fast die Tränen kamen. ‚Nun haben Sie nur noch einen Wunsch frei', sagte er, ‚den dritten. Mit ihm gehen Sie hoffentlich ein bisschen vorsichtiger um. Versprechen Sie mir das?' Ich nickte und schluckte. ‚Ja', antwortete ich dann, ‚aber nur, wenn Sie mich wieder duzen.' Da musste er lachen. ‚Gut, mein Junge', sagte er und gab mir die Hand. ‚Leb wohl. Sei nicht allzu unglücklich. Und gib auf deinen letzten Wunsch Acht.' – ‚Ich verspreche es Ihnen', erwiderte ich feierlich. Doch er war schon weg. Wie fortgeblasen."

„Und?"

„Was ‚Und'?"

„Seitdem sind Sie glücklich?"

„Ach so. – Glücklich?" Mein Nachbar stand auf, nahm Hut und Mantel vom Garderobenhaken, sah mich mit seinen blitzblanken Augen an und sagte: „Den letzten Wunsch habe ich vierzig Jahre lang nicht angerührt. Manchmal war ich nahe dran. Aber nein. Wünsche sind nur gut, solange man sie noch vor sich hat. Leben Sie wohl."

Ich sah vom Fenster aus, wie er über die Straße ging. Die Schneeflocken umtanzten ihn. Und er hatte ganz vergessen, mir zu sagen, ob wenigstens er glücklich sei. Oder hatte er mir absichtlich nicht geantwortet? Das ist natürlich auch möglich.

Hinweise zum Text: Seite 144.

Bertold und die Seejungfrau

Mi Jepsen-Föge

Die Zeiten, wo sich verzauberte Frösche, verhexte Zwerge oder gebefreudige Elfen unters Volk mischten, sind vorbei. Als es aber noch so war, wurde auch einem armen Jägerburschen geholfen. Der junge Mann hieß Bertold und hatte sich in die Tochter des Jägers verliebt, bei dem er im Dienst stand. Als nun der alte Jäger starb, wurde Bertold entlassen, und weil er keinen Verdienst mehr hatte, konnte er sich nicht um das reiche Mädchen bewerben.

Traurig zog Bertold durch die Wälder. Eines Tages kam er an den Königssee. Wie er nun so traurig am Ufer saß, sah er einen Schwan herankommen, der eine Krone auf dem Kopf hatte. Direkt vor ihm tauchte der Schwan und im nächsten Augenblick stand eine Seejungfrau vor Bertold. Und da Seejungfrauen schon von Berufs wegen milde sind, fragte sie ihn nach seinem Kummer. Er erzählte ihr von seiner Armut, und dass er das Mädchen seiner Liebe nicht heiraten könne.

Da nahm die Seejungfrau ihn mit in ihr unterirdisches Reich, wo in riesigen Klüften und Höhlen das Gold der Berge lag. Bertold durfte sich davon nehmen, soviel er nur wollte. Er griff mit beiden Händen zu. Die Seejungfrau brachte ihn wieder zurück ans Ufer und als er sich bedanken wollte, war sie verschwunden. Nur ein Schwan glitt durch das Wasser. Der Jäger war überglücklich. Er heiratete sein Mädchen und alles schien gut zu sein. Aber bald wurde er übermütig; er spielte, trank und vertat das Geld und eines Tages waren sie so arm wie nie zuvor.

Verzweifelt irrte Bertold durch die Wälder. Und wieder kam er an den Königssee und wieder erschien ihm die Seejungfrau. Aber sie bot ihm kein Geld mehr, sondern sie zeigte ihm die reichen Salzlager in den Bergen. Hier sollte er als Bergmann schürfen und sich durch harte Arbeit sein Brot verdienen.

Das tat er. Aus ihm wurde ein fleißiger Mann und er erarbeitete sich bescheidenen Wohlstand. Seine Söhne nannten nach ihm den Ort, in dem sie wohnten, Bertoldsgarden. Daraus soll später Berchtesgaden geworden sein.

Hinweise zum Text: Seite 145.

Der Teufel in der Frauenkirche
Unbekannter Verfasser

Als die Kirche zu Unserer Lieben Frau in München erbaut wurde, ärgerte sich der böse Feind, der dadurch sein Reich der Hölle bedroht sah, ganz teufelsmäßig darüber. Mit all seiner bösen List konnte er den Bau nicht hintertreiben; nachdem aber endlich die Kirche vollendet dastand, beschloss er sie mit Wind und Sturm zu verderben. Als nun der Teufel in dieser Absicht durch das Hintertor in die Kirche eintrat und unter dem Musikchor stand, sah er zu seiner Verwunderung wegen der vorstehenden gewaltigen Säulen kein einziges Fenster. Darüber lachte der Teufel ganz vergnügt, denn er hielt die Kirche für einen ungeschickten und unnützen Bau, der ihm nicht viel schaden könne, weil es ja zu dunkel in derselben sei. Er ging daher wieder beruhigt fort, aber an der Stelle, wo er stand, ist sein Fuß noch sichtbar schwarz im Steine eingeprägt.

Als der Teufel nachher sah, dass dennoch die Leute fleißig in die neuerbaute Kirche zur Andacht und zum Gottesdienst gingen, er selbst aber, weil sie schon geweiht war, nicht mehr in dieselbe eintreten konnte, stürmte er außen um die Kirche herum um die Leute vom Kirchgange abzuhalten.

Daher kommt es, dass der Wind um die Frauenkirche oft so heftig geht, dass er manchen das Frauenbergl hinabtreibt, ehe er sich's versieht, oder den Leuten den Hut vom Kopf nimmt.

Hinweise zum Text: Seite 145.

Der Rattenfänger von Hameln

Im Jahr 1284 soll sich in der Stadt Hameln Folgendes zugetragen haben:

Die Einwohner hatten schwer mit einer Ratten- und Mäuseplage zu kämpfen. Da kam ein unbekannter Mann in die Stadt, gab sich als Rattenfänger aus und versprach gegen ein Honorar die Stadt von der Plage zu befreien. Er pfiff auf seinem Pfeifchen und sogleich kamen aus allen Häusern sämtliche Mäuse und Ratten hervorgekrochen. Sie sammelten sich um den Rattenfänger und folgten ihm an die Weser, stürzten hinein in den Fluss und ertranken. Als der Rattenfänger nach getaner Arbeit seinen Lohn verlangte, verweigerten ihm diesen aber die Bürger und er verließ verbittert und zornig die Stadt.

Doch er kehrte an einem frühen Morgen wieder zurück, bekleidet wie ein Jäger und mit einem roten Hut auf dem Kopf. Abermals ließ er seine Pfeife in den Gassen hören. Doch dieses Mal folgten ihm nicht Ratten und Mäuse, sondern alle Kinder der Stadt vom vierten Jahr an. Der Rattenfänger führte sie hinaus vor die Stadt in einen Berg und dort verschwand er mit ihnen für immer.

1 Lies den ausgewählten Text noch einmal genau durch.
  a) Im Text findest du das Wort *Honorar*. Was bedeutet es?
      (a) der Gewinn in einem Spiel
      (b) der Gegner in einem Kampf
      (c) Geld für geleistete Arbeit
  b) Den Satz in Zeile 10 „*Doch alsbald erschien er wieder …*"
      kann man auch so ausdrücken:
      (a) Aber nach einer kurzen Zeit kam er wieder …
      (b) Wieder kam er bald zurück …
      (c) Doch er kehrte schnell wieder um …

2 Erarbeite dir einen „roten Faden", mit dem du die Sage nacherzählen kannst. Notiere dazu den Verlauf der Geschichte in Stichwörtern.

3 Im Text wird beschrieben, wie der Rattenfänger aussieht. Male ihn so auf. Markiere die entsprechenden Textstellen (Folie). Vergleiche deine Zeichnung noch einmal mit den markierten Textstellen.

Wissenswertes über Sagen
Sagen berichten und erzählen aus der Vergangenheit. Sie knüpfen an wirkliche Ereignisse an, stellen oft eine Person in den Mittelpunkt oder enthalten unheimliche Vorkommnisse. Was wir erfahren, ist fantasievoll ausgeschmückt und hat oft nur wenig mit den Tatsachen zu tun. Doch in den meisten Sagen steckt ein Körnchen Wahrheit.
Wie die Volksmärchen wurden auch die Sagen mündlich weitergegeben. Sagen sind häufig an einen ganz bestimmten Ort gebunden und sind manchmal auch zeitlich genau festgelegt.

---

4 Welche der folgenden Aussagen stimmen mit dem Text überein?
(a) In Sagen sprechen und denken Tiere wie Menschen.
(b) Sagen erzählen von früheren Zeiten.
(c) Sagen berichten ganz genau, was früher einmal wirklich passiert ist.
(d) Sagen haben meist einen wahren Kern.
(e) Sagen wurden von Anfang an aufgeschrieben.
(f) Sagen spielen oft an einem genauen Ort und in einigen Fällen zu einer bestimmten Zeit.

5 An welchem Ort spielt die Sage?

6 Früher hatten die Menschen weniger Möglichkeiten, ihre Städte so sauber und reinlich zu halten wie wir heute. Es gab keine Kanalisation, keine Müllabfuhr, keine Straßenreinigung. Deshalb geschah es in Hameln, dass ...
(a) Kinder verschwanden.
(b) es zu einer Rattenplage kam.
(c) die Menschen hart und geizig wurden.

7 Suche die Stadt, in der die Sage spielt, auf einer Landkarte und unterstreiche sie. Trage eine weitere Information aus der Sage in die Karte ein.

8 Wie findest du die Sage? Verwende ein Adjektiv (z. B. *lehrreich, spannend, grausam, lustig, unterhaltsam, unheimlich* usw.). Begründe deine Meinung.

Von Feen, Zwergen und Sagengestalten

Märchen gibt es nicht nur bei uns. Überall auf der Erde wurden und werden sie erzählt und man findet verwandte Märchenmotive in den verschiedensten Ländern. Ursprünglich waren Märchen keine Geschichten für Kinder, sondern für Erwachsene. Sie wurden von Generation zu Generation weitergegeben und dabei immer wieder verändert. Solche uralten Märchen nennt man *Volksmärchen*, im Unterschied zu *Kunstmärchen*, die in späteren Zeiten von einer bestimmten Person ausgedacht worden sind.

Fast alle Volksmärchen haben bestimmte, für sie typische Merkmale: Die *Orte*, an denen sie spielen, werden nur so allgemein benannt, dass sie fast überall liegen könnten (in einem Schloss, in einem Wald usw.). Die *Personen*, die auftreten, werden ebenfalls nur allgemein bezeichnet und könnten fast überall leben (ein alter König, eine schöne Prinzessin, ein armer Schneider usw.). Magische Wesen treten auf um den Hauptpersonen zu helfen oder ihnen zu schaden. Auch bestimmte *magische Zahlen* kehren in Märchen immer wieder (die Drei, die Sieben, die Zwölf). Oft haben Märchen einen typischen *Anfang* („Es war einmal …") und einen typischen *Schluss* („Und wenn sie nicht gestorben sind …").

Jacob und Wilhelm Grimm: Rumpelstilzchen

Fast jedes Kind kennt den Namen der Brüder Grimm durch die *Grimmschen Märchen*. Diese Märchen haben die beiden Brüder jedoch nicht selbst erfunden, sondern sie haben sich diese jahrhundertalten Geschichten von märchenkundigen Frauen erzählen lassen, sie aufgeschrieben und veröffentlicht. So entstand die umfangreichste Sammlung von deutschen Volksmärchen und Sagen. Die Brüder Grimm lebten und arbeiteten ihr ganzes Leben zusammen. Sie wurden in Hanau geboren (Jacob 1785, Wilhelm 1786), waren später beide Professoren für Sprachforschung in Göttingen und dann in Berlin, wo Wilhelm 1859 und Jacob 1863 starb.

1 „Im Märchen ist die Welt noch in Ordnung, da wird das Gute belohnt und das Böse bestraft", hört man oft sagen. Wie ist das in diesem Märchen?

2 Die Jugendschriftstellerin Irmela Brender hat einmal gesagt: „Das Rumpelstilzchen hat mir immer Leid getan." Warum wohl?

3 a) Das *Rumpelstilzchen* weist einige von den typischen Märchenmerkmalen auf, die in dem einleitenden Abschnitt oben genannt werden. Findet sie heraus und tragt sie in eine Tabelle ein, die ihr nach folgendem Muster anlegt:

Typische Märchen-Merkmale						
Märchen	Ort(e)	Personen	Magische Wesen	Magische Zahlen	Anfang	Schluss
Rumpelstilzchen	Schloss/ Wald	armer Müller, ...	...	...	...	...

b) Wählt ein anderes Grimmsches Märchen aus, das ihr kennt, sucht seine typischen Märchenmerkmale heraus und tragt sie auch in die Tabelle ein.

Rosemarie Künzler-Behnke: Rumpelstilzchen

Rosemarie Künzler-Behncke wurde 1926 in Dessau geboren. Sie lebt als Schriftstellerin in München und schreibt vor allem für Kinder und Jugendliche. Sie hat Gedichte, Geschichten und Kinderbücher veröffentlicht.

1 Vergleicht die vorliegende Fassung vom *Rumpelstilzchen* mit dem Grimmschen Märchen. Was wurde verändert?
2 Welche Fassung findet ihr besser? Begründet eure Meinung.
3 In der Welt der alten Märchen ist fast immer klar, wer am Ende siegt oder verliert, weil er bzw. sie gut oder böse ist. Stellt diese Märchenwelt einmal auf den Kopf und erzählt ein Märchen vom guten Rumpelstilzchen und der bösen Müllerstochter.
4 Ihr könnt auch ein anderes Grimmsches Märchen umschreiben, z. B. die Geschichte vom faulen Schneewittchen und der guten Stiefmutter. Lest eure Märchen in der Klasse vor.

Indianermärchen: Federfrau und Morgenstern

1 Gliedert das Märchen in sinnvolle Erzählabschnitte und notiert euch zu jedem Abschnitt ein Wort oder einen Satz. Erzählt nun anhand dieser Notizen das ganze Märchen.
2 Sucht euch eine oder mehrere Szenen aus dem Märchen aus und spielt sie (z. B. die beiden Schwestern vor dem Zelt; Federfrau und Morgenstern begegnen sich zum ersten Mal; Federfrau wird von Mutter Mond empfangen usw.).
3 Wie könnte man die Szenen musikalisch untermalen?

**Erich Kästner:
Das Märchen vom Glück**

Kästner wurde 1899 in Dresden geboren. Nach der Schule wollte er erst Lehrer werden, zog dann aber nach Berlin und wurde Journalist und Schriftsteller. Er veröffentlichte Gedichtbände, Hörspiele und Romane. Rasch wurde er ein angesehener Schriftsteller für erwachsene Leser ebenso wie für Kinder und Jugendliche. Die Nationalsozialisten verbrannten seine Bücher, verhafteten ihn zweimal und erteilten ihm Schreibverbot. Nach dem Krieg zog Kästner nach München, wo er weitere Bücher schrieb, allerdings nur noch für Kinder. Er starb 1974.
Seine bekanntesten Kinder- und Jugendromane sind *Emil und die Detektive*, *Pünktchen und Anton* und *Das fliegende Klassenzimmer*.

1 Wie hat sich das Erlebnis im Park auf das Leben des Mannes ausgewirkt?
2 Was hätte der alte Mann in der Kneipe wohl gesagt, wenn er die Frage beantwortet hätte, ob er glücklich sei?
3 Welche Teile der Geschichte sind realistisch (wirklichkeitsgetreu) erzählt, welche märchenhaft?
4 Obwohl Kästner diesen Text ein *Märchen* nennt, liest er sich ganz anders als etwa ein Grimmsches Märchen. Worin liegen die Unterschiede?
5 „Wünsche sind nur gut, solange man sie vor sich hat." Was ist eure Meinung?
6 Stell dir vor, du hättest drei Wünsche frei. Was würdest du dir wünschen?

Wie Märchen sind auch **Sagen** Geschichten mit wunderbaren oder magischen Begebenheiten. Anders als Märchen beziehen sie sich jedoch fast immer auf ganz bestimmte, namentlich genannte Ereignisse, Orte oder Personen. Viele Sagen haben einen „wahren Kern", z. B. ein geschichtliches Ereignis, das wirklich stattgefunden hat, eine berühmte Person, die einmal gelebt hat, oder ein auffälliges Bauwerk, das es gegeben hat oder noch gibt. Dieser wahre Kern ist dann mit fantastischen Elementen ausgeschmückt worden. Sagen sind auch entstanden, weil die Menschen für Erscheinungen – z. B. aus der Natur –, die sie nicht verstanden, eine Erklärung suchten. Die verschiedenen Sagen lassen sich einteilen in so genannte *Erlebnissagen* (in denen dämonische oder magische Wesen auftreten), *Ereignissagen* (die von bestimmten geschichtlichen Ereignissen berichten) und *Erklärungssagen* (in denen eine seltsame Naturerscheinung, ein auffälliges Bauwerk oder Ähnliches erklärt wird).

Mi Jepsen-Föge: Bertold und die Seejungfrau

Angaben zur Autorin waren nicht zu ermitteln.

1 Die Sage ist in mehrere Abschnitte untergliedert. Notiert euch zum Inhalt eines jeden Abschnitts Stichwörter und erzählt die Sage anhand dieser Stichwörter mit eigenen Worten.
2 Wieso ist das Salzlager in den Bergen ein wertvolleres Geschenk als das Gold?
3 Was könnte in dieser Sage der *wahre Kern* sein, was zur *sagenhaften* Ausschmückung gehören?
4 Welche anderen Sagen kennt ihr noch, in denen Wasserwesen (Seejungfrauen, Wassermänner u. ä.) vorkommen? Es können auch Sagen aus anderen Ländern sein, z. B. türkische, griechische oder italienische. Fragt auch eure Eltern und Großeltern und erzählt die Sagen in der Klasse.

Unbekannter Verfasser: Der Teufel in der Frauenkirche

1 Was will diese Sage erklären?
2 Wie wird der Teufel in dieser Geschichte dargestellt?
3 Welche anderen Sagen kennt ihr, in denen der Teufel auftritt? Wie wird er dort beschrieben?

Test: Der Rattenfänger von Hameln

Einen solchen Test mit ähnlichen Aufgaben zur Überprüfung der Bildungsstandard-Kompetenzen wirst du am Ende der 4. Klasse geschrieben haben. Daher sollte es dir leicht fallen, diese Aufgaben zu lösen.

Jahre vergehen

Zu Neujahr
Wilhelm Busch

Will das Glück nach seinem Sinn
Dir was Gutes schenken,
Sage Dank und nimm es hin
Ohne viel Bedenken!

Jede Gabe sei begrüßt,
Doch vor allen Dingen:
Das, worum du dich bemühst,
Möge dir gelingen!

Hinweise zum Text: Seite 156.

Der Januar
Erich Kästner

Das Jahr ist klein und liegt noch in der Wiege.
Der Weihnachtsmann ging heim in seinen Wald.
Doch riecht es noch nach Krapfen auf der Stiege.
Das Jahr ist klein und liegt noch in der Wiege.
Man steht am Fenster und wird langsam alt.

Die Amseln frieren. Und die Krähen darben.
Und auch der Mensch hat seine liebe Not.
Die leeren Felder sehnen sich nach Garben.
Die Welt ist schwarz und weiß und ohne Farben.
Und wär so gerne gelb und blau und rot.

Umringt von Kindern wie der Rattenfänger,
tanzt auf dem Eise stolz der Januar.
Der Bussard zieht die Kreise eng und enger.
Es heißt, die Tage würden wieder länger.
Man merkt es nicht. Und es ist trotzdem wahr.

Die Wolken bringen Schnee aus fremden Ländern.
Und niemand hält sie auf und fordert Zoll.
Silvester hörte man's auf allen Sendern,
dass sich auch unterm Himmel manches ändern
und, außer uns, viel besser werden soll.

Das Jahr ist klein und liegt noch in der Wiege.
Und ist doch hunderttausend Jahre alt.
Es träumt von Frieden. Oder träumt's vom Kriege?
Das Jahr ist klein und liegt noch in der Wiege.
Und stirbt in einem Jahr. Und das ist bald.

Hinweise zum Text: Seite 156.

Früahling
Hermann Wächter

Mitm earschta Sonnastrahl
kommt die schöaschte Zeit,
ond i spür mit oinem Mal,
im Herza so a Fraid.

Iatz gang i naus in onsre Wälder,
naus in die Natur,
wandr über weite Felder,
über Berg ond Flur.

Vogelgsang, d' Natur erwacht,
Welt wia bisch du schöa,
guck bloß, wia dös Gräsle sacht
streckt sein Kopf in d' Höha!

Ond aus de Knoschpa spitzlat raus
dia Roasa mit de Doara,
kommat aus uiram Knoschpahaus,
es ischt meah Früahling woara!

Lenz
Mascha Kaléko

Nachdenkliches Gedicht

Die Heckenrose greift nicht zum Kalender,
Um festzustellen, wann der Lenz beginnt.
Die Schwalben finden heim in ihre Länder,
Ihr „Reiseführer" ist der Maienwind.

Der kleinste Käfer rüstet sich im Grase
Und weiß auch ohne Weckeruhr Bescheid.
Die Frösche kommen pünktlich in Ekstase[1],
Und auch die Schmetterlinge sind bereit.

Im Stalle blöken neugeborne Schafe,
Und junge Entlein tummeln sich im Bach.
Die Welt erwacht aus ihrem Winterschlafe
Ganz ohne Kompass oder Almanach[2].

– Ein Badehöschen flattert von der Stange.
Es riecht nach Maitrank, Bohnerwachs und Zimt:
Die Kaffeegärten rüsten zum Empfange.
Der Lenz beginnt. – Es dauert ziemlich lange,
Bis ihn das Menschenherz zur Kenntnis nimmt
Und Blüten treibt… (sofern das Datum stimmt).

[1] höchste Begeisterung [2] Kalender

Hinweise zu den Texten: Seite 156/157.

summä

Fitzgerald Kusz

di sunnä brennd rundä
alle gläsä wous draffscheind
werrn klanne sunnä
di dächä vo di audo fangä feiä
di hauswend leichdn
es bflasdä kochd
dä deer aff dä schdraß
väschwimmd vuä di aung
deä himml is su blau
dass scho wäihdoud
und dä horizond
lösd si in lufd auf

Albrecht Dürer, Das große Rasenstück

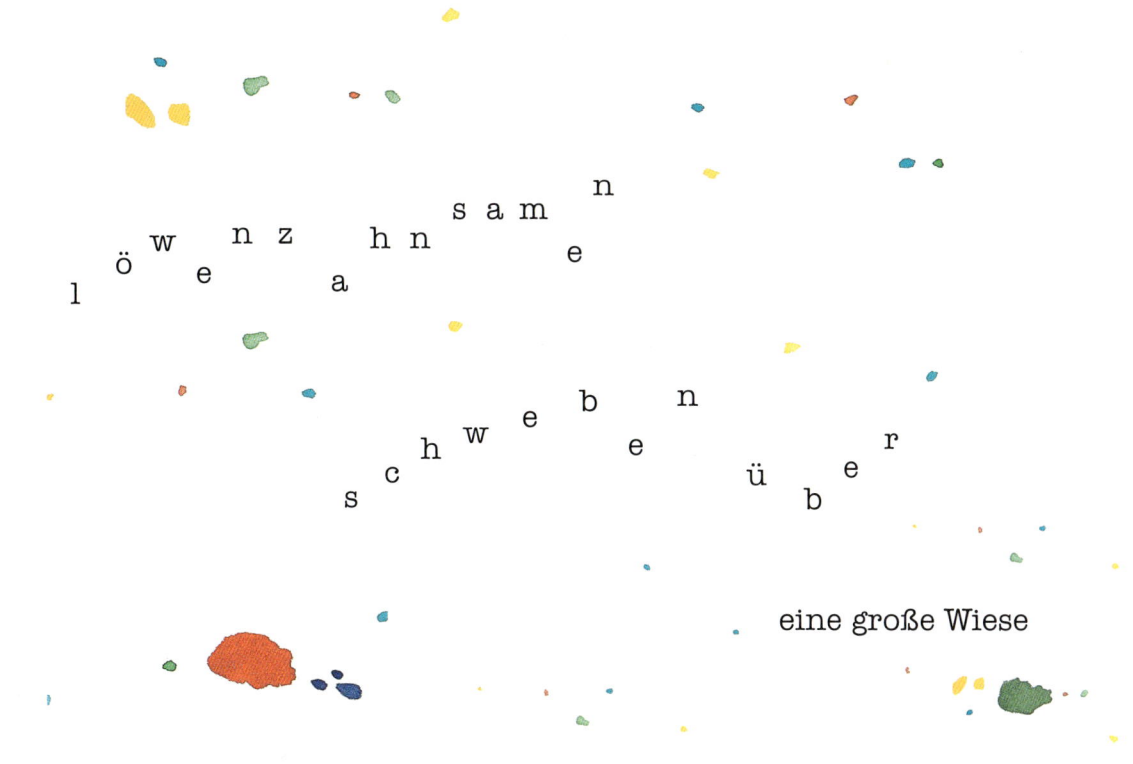

löwenzahnsamen schweben über eine große Wiese

Hinweise zu den Texten: Seite 158.

Der glückliche Garten
Peter Huchel

Einst waren wir alle im glücklichen Garten,
ich weiß nicht mehr, vor welchem Haus,
wo wir die kindliche Stimme sparten
für Gras und Amsel, Kamille und Strauß.

Da saßen wir abends vor einer Schwelle,
ich weiß nicht mehr, vor welchem Tor,
und sahen, wie im Mond die mondweißen Felle
der Katzen und Hunde traten hervor.

Wir riefen sie alle damals beim Namen,
ich weiß nicht mehr, wie ich sie rief.
Und wenn dann die Mägde uns holen kamen,
umfing uns das Tuch, in dem man gleich schlief.

Hinweise zum Text: Seite 158.

Emil Nolde, Trollhois Garten

Gerhard Richter, Wolkenbild No. 265

Herbstbild
Friedrich Hebbel

Dies ist ein Herbsttag, wie ich keinen sah!
Die Luft ist still, als atmete man kaum,
Und dennoch fallen raschelnd, fern und nah,
Die schönsten Früchte ab von jedem Baum.

O stört sie nicht, die Feier der Natur!
Dies ist die Lese, die sie selber hält,
Denn heute löst sich von den Zweigen nur,
Was vor dem milden Strahl der Sonne fällt.

Herbstwind
Günter Ullmann

Erst spielt der Wind nur Fußball
mit Vaters bestem Hut,
dann schüttelt er die Bäume,
die Blätter riechen gut,
und lässt die Drachen leben
und wringt die Wolken aus.
Der Herbstwind lässt uns beben,
wir gehen nicht nach Haus.

Hinweise zu den Texten: Seite 158/159.

Wenn es Winter wird
Christian Morgenstern

Der See hat eine Haut bekommen,
sodass man fast darauf gehen kann,
und kommt ein großer Fisch geschwommen,
so stößt er mit der Nase dran.

Und nimmst du einen Kieselstein,
und wirfst ihn drauf, so macht es klirr
und titscher – titscher – titscher – dirr ...
Heißa, du lustiger Kieselstein!

Er zwitschert wie ein Vögelein
und tut als wie ein Schwälblein fliegen,
doch endlich bleibt mein Kieselstein
ganz weit, ganz weit auf dem See draußen liegen.

Da kommen die Fische haufenweis
und schaun durch das klare Fenster von Eis
und denken, der Stein wär etwas zum Essen,
doch so sehr sie die Nase ans Eis auch pressen,
das Eis ist zu dick, das Eis ist zu alt,
sie machen sich nur die Nasen kalt.

Aber bald, aber bald
werden wir selbst auf eigenen Sohlen
hinausgehen können und den Stein wieder holen.

Winter
Wolfgang Borchert

Jetzt hat der rote Briefkasten
eine weiße Mütze auf,
schief und verwegen.
Mancher hat bei Glatteis
plötzlich gelegen,
der sonst so standhaft war.

Aber der Schnee hat leis
und wunderbar
geblinkt auf den Tannenbäumen.
Was wohl jetzt die Schmetterlinge träumen?

Die Vögel warten im Winter vor dem Fenster
Bertolt Brecht

Ich bin der Sperling.
Kinder, ich bin am Ende.
Und ich rief euch immer im vergangenen Jahr,
wenn der Rabe wieder im Salatbeet war.
Bitte um eine kleine Spende.

Sperling, komm nach vorn.
Sperling, hier ist dein Korn.
Und besten Dank für die Arbeit!

Ich bin der Buntspecht.
Kinder, ich bin am Ende.
Und ich hämmerte die ganze Sommerzeit,
all das Ungeziefer schaffte ich beiseit'.
Bitte um eine kleine Spende.

Buntspecht, komm nach vurn.
Buntspecht, hier ist dein Wurm.
Und besten Dank für die Arbeit!

Ich bin die Amsel.
Kinder, ich bin am Ende.
Und ich war es, die den ganzen Sommer lang
früh im Dämmergrau in Nachbars Garten sang.
Bitte um eine kleine Spende.

Amsel, komm nach vorn.
Amsel, hier ist dein Korn.
Und besten Dank für die Arbeit!

Hinweise zu den Texten: Seite 159/160.

Verkündigung
Ludwig Thoma

Auf oamal braust's von obn her,
als wia vo hundert Orgeln klingt's,
als wia vo tausad Harfa singt's,
und Englstimma wundafei,
de klingan drei.
Halleluja! Halleluja!
Und vo da Weitn, vo da Näh
und vo herunt bis z'höchst in d' Höh,
und tuat bald laut, und bald vaschwimmt's
ganz obn, und wieda runta kimmt's.
Halleluja!
Und in den hellen Jubelgsang,
im Orgel- und im Harfaklang
hat jetzt
a tiafe Stimm ogsetzt,
mit Gwalt,
so wia 'r a Glockn hallt:
„Kommt alle z'samm!
Ihr braucht koa Furcht net hamm.
Die höchste Freud wird euch verkündt
im Stall dort liegt das Christuskind.
So hat die Nacht
den Heiland bracht
zu dieser Stund.
Ehre sei Gott in der Höh
und Frieden den Menschen herunt!"

Hinweise zum Text: Seite 160/161.

Schenken
Joachim Ringelnatz

Schenke groß oder klein,
Aber immer gediegen.
Wenn die Bedachten
Die Gaben wiegen,
Sei dein Gewissen rein.

Schenke herzlich und frei.
Schenke dabei,
Was in dir wohnt
An Meinung, Geschmack und Humor,
So daß die eigene Freude zuvor
Dich reichlich belohnt.

Schenke mit Geist ohne List.
Sei eingedenk,
Daß dein Geschenk
Du selber bist.

Gebet
Eduard Mörike

Herr! schicke, was du willt[1],
ein Liebes oder Leides;
ich bin vergnügt, dass beides
aus deinen Händen quillt.

Wollest mit Freuden
und wollest mit Leiden
mich nicht überschütten!
Doch in der Mitten
liegt holdes Bescheiden.

[1] *willt: veraltete Form für willst*

Was einer ist, was einer war
Hans Carossa

Was einer ist, was einer war,
Beim Scheiden wird es offenbar.
Wir hörens nicht, wenn Gottes Weise summt,
Wie schaudern erst, wenn sie verstummt.

Hinweise zu den Texten: Seite 161.

Jahre vergehen

Wilhelm Busch:
Zu Neujahr

Wilhelm Busch (1832–1908) war Zeichner, Maler und Dichter. Einen Großteil seiner Verserzählungen hat er selbst illustriert. Hinter seinen lustigen Reimen verbirgt sich oft ein tiefsinniger Humor. Berühmt wurde er durch seine Bildergeschichten: *Hans Huckebein, Die fromme Helene, Fipps der Affe* und vor allem durch die Geschichte *Max und Moritz*.

1 Zu Neujahr wünschen sich die Menschen Gesundheit, Glück und noch vieles mehr …
2 Welchen Rat gibt dir der Dichter?
3 Was könnte dir das Glück Gutes schenken?
4 Worum bemühst du dich gerade besonders?
Was sollte dir im neuen Jahr vor allem gelingen?

Erich Kästner:
Der Januar

Informationen über Erich Kästner findet ihr auf Seite 144.

1 a) Wie erlebt Erich Kästner den Januar?
  b) Was stimmt ihn nachdenklich?
2 Was erlebst du im Januar? Was magst du, was magst du vielleicht nicht so gerne?

Hermann Wächter:
Früahling

Hermann Wächter wurde 1937 in Augsburg geboren. Er schloss zunächst eine kaufmännische Ausbildung ab, folgte dann aber seinen Neigungen und ließ sich zum Schauspieler ausbilden. Als Sprecher der schwäbischen Mundart machte er sich im Rundfunk und Fernsehen einen Namen. Wächter veröffentlichte mehrere Büchlein mit mundartlichen Gedichten und Erzählungen.

1 Frühling! Endlich, der lange Winter ist vorüber!
Was hat der Dichter alles entdeckt?
Woran spürt man, wie sehr er sich darüber freut?
2 Erzähle: Wo bist du dem Frühling begegnet?
Gestern Nachmittag auf dem Sportplatz,
heute Morgen auf dem Schulweg …?
3 Deine Beobachtungen, deine Freude über
den Frühling kannst auch du in einen Text fassen.
Dazu ein paar Tipps, die dir das erleichtern sollen.
a) Schreibe das Wort „Frühling" auf ein großes Blatt
Papier in die Mitte.

b) Alles, was dir jetzt dazu in den Sinn kommt, alles, was du beobachtet, gehört, gerochen, gefühlt hast, schreibe jetzt um das Kernwort herum auf.
Das können einzelne oder auch mehrere Wörter sein.
c) Auf diese Weise entsteht eine Wortsammlung (Cluster), die es dir erleichtert, nun deine Gedanken, Beobachtungen und Gefühle in einem Text, einem Gedicht über den Frühling aufzuschreiben.

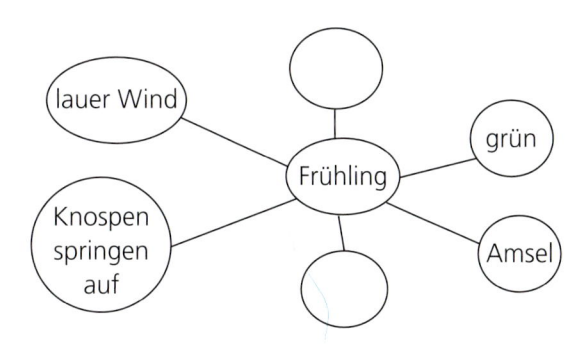

```
         ○
   lauer Wind
                    grün
         Frühling
   Knospen
   springen        Amsel
   auf
         ○
```

d) Gedichte kann man auch wie Bilder ausstellen. Schreibe dazu dein Gedicht per Hand oder mit dem Computer. Lass es dir dann vergrößert kopieren und klebe es auf Tonpapier.

Mascha Kaléko: Lenz

Mascha Kaléko wurde 1907 in Polen geboren. Nach dem Ersten Weltkrieg kam sie nach Berlin und wurde Mitarbeiterin verschiedener Zeitungen. Als Jüdin musste sie 1938 Deutschland verlassen, lebte in den USA und zeitweise in Jerusalem (Israel). 1975 starb sie in Zürich (Schweiz). Ihr Werk besteht aus Gedichten.

1. In der Sprache der Dichter steht „Lenz" für Frühling. Welche Bilder vom Frühling findest du in dem Gedicht?
2. Am Ende des Gedichtes taucht ein Bild auf: „Ein Menschenherz, das Blüten treibt". Was stellst du dir darunter vor?
3. *Nachdenkliches Gedicht* überschreibt M. Kaléko ihr Frühlingsgedicht.
Was sie wohl damit ausdrücken will?
4. Was die Dichterin in Worten beschreibt, hat der Komponist Antonio Vivaldi in Musik ausgedrückt. Hört euch *Die vier Jahreszeiten: Der Frühling* an. Malt dazu ein Frühlingsbild.

Fitzgerald Kusz: Informationen über Fitzgerald Kusz findet ihr auf Seite 48.
summä

  1 a) Lies das Gedicht laut.
      b) Übertrage es ins Hochdeutsche.
      c) Wenn du eine andere Mundart sprichst:
      Wie würde das Gedicht in deiner Mundart klingen?
  2 Dieses Gedicht enthält viele Bilder.
      a) Welche der Sommerbilder sind dir vertraut?
      Welche kennst du noch?
      b) Schreibe sie auf oder malt sie gemeinsam auf
      ein langes Stück Tapete!

Unbekannter Verfasser: *Löwenzahnsamen* gehört zu den visuellen (das Sehen betreffenden) Gedichten. Dabei werden die Buchstaben oder
Löwenzahnsamen Wörter so angeordnet, dass sie ein Bild ergeben.

  1 Wie wirkt dieses Gedicht auf dich?
  2 Welche anderen Darstellungsweisen fallen dir dazu
    noch ein?
  3 Bestimmt fällt auch dir ein visuelles Sommergedicht ein.
    Zeichne es.

Peter Huchel: Peter Huchel wurde 1903 in Berlin geboren. Er arbeitete
Der glückliche Garten unter anderem als Sendeleiter des Rundfunks in Ostberlin und als Chefredakteur einer Zeitschrift. 1971 verließ er die DDR und lebte in der Bundesrepublik Deutschland, wo er 1981 in Staufen/Breisgau starb. Huchel schrieb zahlreiche Gedichte und auch Hörspiele.

  1 Der Dichter erzählt von einem Sommertag,
    den er als Kind im Garten verbracht hat.
    Was hat er dort alles erlebt, gesehen, gehört?
  2 Kann ein Garten glücklich sein?
    Was will der Dichter wohl mit dem Titel des
    Gedichts ausdrücken?
  3 Schließe für einen Moment die Augen. Stell dir vor,
    du bist Kind in diesem Garten. Spüre nach, wie du
    dich gerade fühlst. Erzähle in der Ich-Form.

Friedrich Hebbel: Friedrich Hebbel (1813–1863) ist in einem kleinen Ort in
Herbstbild Schleswig-Holstein in großer Armut aufgewachsen. Schon als kleiner Junge musste er seinem Vater, einem Maurer, auf dem Bau zur Hand gehen. Doch fremde Hilfe ermöglichte ihm Schulbildung und ein Studium. In Wien lebte er bis zu seinem Tode als anerkannter Schriftsteller von Theaterstücken und Gedichten.

1 Der Herbsttag, von dem der Dichter erzählt,
  muss ein ganz besonderer gewesen sein.
  Wie wird das deutlich?
2 „O stört sie nicht, die Feier der Natur!"
  An wen ist die Aufforderung gerichtet?
  Was ist wohl damit gemeint?
3 Bilder vom Herbst findet man auch in Kalendern,
  Zeitschriften … Bringe sie mit und klebe sie z. B.
  zu einer Collage zusammen.
4 Wenn du einen Fotoapparat hast, dann geh damit
  auf Herbstbild-Suche.

**Günter Ullmann:
Herbstwind**

Günther Ullmann wurde 1946 in Greiz (Ostdeutschland) geboren. Er schreibt nicht nur Gedichte, sondern ist auch Maler. Als Bürger der DDR konnte er trotz Abitur aus politischen Gründen nicht studieren und verdiente sich seinen Lebensunterhalt zunächst auf dem Bau. Seit 1990 ist er als Sachbearbeiter für Kultur tätig.

1 Der Herbstwind wirkt in dem Gedicht sehr lebendig.
  Wie kommt das?
2 „Der Herbstwind lässt uns beben." Was ist damit
  wohl gemeint?
3 Der Herbstwind kann noch viel mehr. – Da fällt dir
  bestimmt etwas ein.
  a) Stelle es pantomimisch dar.
  b) Lass deine Mitschülerinnen und Mitschüler raten.

**Christian Morgenstern:
Wenn es Winter wird**

Christian Morgenstern wurde 1871 in München geboren und starb 1914 in Meran (Südtirol). Er war freier Schriftsteller. Bekannt wurde er durch seine Gedichte, die vielfach witzig, aber auch wunderlich waren.

1 Lies das Gedicht laut.
2 Wie macht sich der Winter für die Fische bemerkbar?
3 Woran merkst du, dass es Winter wird?

**Wolfgang Borchert:
Winter**

Wolfgang Borchert wurde 1921 in Hamburg geboren. Er war Buchhändler, Schauspieler und wurde im Zweiten Weltkrieg Soldat. An den Folgen des Krieges starb er mit 26 Jahren, einen Tag vor der Erstaufführung seines Dramas *Draußen vor der Tür*. In seinen Gedichten, Erzählungen und Kurzgeschichten schrieb er gegen das Elend und die Trostlosigkeit des Krieges.

1 Wandere in deiner Vorstellung durch die Winterlandschaft, die das Gedicht beschreibt!
Erzähle, was du erlebst.
2 Wieso denkt der Dichter mitten im Winter an Schmetterlinge?
3 Ob Schmetterlinge träumen?
Wovon könnten sie träumen?

**Bertolt Brecht:
Die Vögel warten im Winter vor dem Fenster**

Bertolt Brecht (1898–1956) gehört zu den Schriftstellern, die während der Hitlerzeit wegen ihrer politischen Überzeugung Deutschland verlassen mussten und im Ausland lebten. Nach dem Krieg kehrte er nach Berlin (Ost) zurück und leitete dort ein berühmtes Theater, das „Berliner Ensemble". Mit seinen eigenen Bühnenstücken erzielte er große Wirkung. Brecht wollte mit seinen Stücken die Zuschauer auf soziale Ungerechtigkeit aufmerksam machen und sie zum Nachdenken über Mittel und Wege der Veränderung bringen. Er schrieb auch Tausende von Gedichten, darunter solche, die er Kindern widmete.

1 Lest das Gedicht mit verteilten Rollen vor.
2 a) Sperling, Buntspecht und Amsel sind „am Ende".
Was ist ihr gemeinsames Anliegen?
b) Wie begründen sie jeweils ihre Bitte?
3 Die Kinder haben Achtung vor den Vögeln.
Wodurch kommt das in dem Gedicht zum Ausdruck?
4 Auch am Ende des letzten Verses heißt es:
Und besten Dank für die Arbeit! Wie denkt ihr darüber?
5 a) Tragt zusammen, was ihr über die drei Vögel wisst.
Wie denkt der Mensch über ihren Nutzen?
b) Stellt das Bild der Tiere, wie es das Gedicht vermittelt, dem allgemeinen Urteil gegenüber.
6 Versucht einmal das Gedicht um weitere Strophen zu ergänzen (mit anderen Tieren oder auch Pflanzen oder Bäumen).

**Ludwig Thoma:
Verkündigung**

Ludwig Thoma (1867–1921), in Oberammergau geboren, ist einer der berühmtesten oberbayerischen Dichter, der weit über die Grenzen Bayerns hinaus bekannt wurde. Als Rechtsanwalt in Dachau und am Tegernsee stellte er sich auf die Seite der Armen und Hilflosen. Viele seiner Gedichte und Theaterstücke sind im oberbayerischen Dialekt geschrieben.

1 a) Von welchem großen Ereignis erzählt Ludwig Thoma?
b) Wie kündigt sich das Ereignis im Gedicht an?

2 Der bayerische Komponist Carl Orff erzählt das gleiche Ereignis in Wort und Musik.
Hört aus seiner Weihnachtsgeschichte das Stück *Hirten auf dem Feld, die Verkündigung*.

Joachim Ringelnatz: Schenken

Joachim Ringelnatz (1871–1934) hieß eigentlich Hans Böttiger. Bekannt wurde er durch seine Gedichte, die er gelegentlich auch selbst in der Öffentlichkeit vortrug.

1 Ringelnatz hat seine Mitmenschen offensichtlich recht gut beobachtet.
Welche Ratschläge gibt er für das Schenken?
2 Wie suchst du Geschenke für andere aus?
3 Erinnere dich an:
– ein Geschenk, über das du dich sehr gefreut hast,
– ein Geschenk, mit dem du jemandem eine große Freude bereitet hast.
Was war jeweils das Besondere an dem Geschenk?

Eduard Mörike: Gebet

Eduard Mörike (1804–1875) wurde in Ludwigsburg (Württemberg) geboren. Sein Vater, ein Arzt, starb früh. Der verträumte Junge, der noch sechs Geschwister hatte, kam in ein protestantisches Internat. Nur ungern wurde er Pfarrer, weil er sich den Aufgaben und Anforderungen des geistlichen Amtes gesundheitlich nicht gewachsen sah. So ging er schon mit 40 Jahren vorzeitig in Pension. Bis zu seinem Lebensende lebte er zurückgezogen in bescheidenen Verhältnissen. Mörike schrieb Gedichte, Balladen, Märchen und Novellen. Einige seiner Lieder wurden vertont. So auch dieses Gedicht.

1 Was macht dieses Gedicht zum Gebet?
2 Worum bittet der Dichter?
3 Welcher Gedanke in diesem Gebet ist dir vertraut, welcher fremd?

Hans Carossa: Was einer ist, was einer war

Hans Carossa (1878–1956), in Bad Tölz geboren, lebte als Arzt in Passau, Nürnberg und München. Aus seinen Schriften spricht das Vertrauen in eine göttliche Fügung.

1 Worauf macht uns H. Carossa mit seinem Gedicht aufmerksam?
2 „Beim Scheiden", woran mag der Dichter dabei denken?
3 Gibt es ein Erlebnis aus deinem Leben, an das du durch dieses Gedicht erinnert wirst?

Wer hätte das gedacht?

Der Löwe und die Maus
Äsop

Als der Löwe schlief, lief ihm eine Maus über den Körper. Aufwachend packte er sie und war drauf und dran sie aufzufressen. Da bat sie ihn, er solle sie doch freilassen: „Wenn du mir das Leben schenkst, werde ich mich dankbar erweisen." Lachend ließ er sie laufen. Es geschah aber, dass bald darauf die dankbare Maus dem Löwen das Leben rettete. Denn als er von Jägern gefangen und mit einem Seil an einen Baum gebunden wurde, hörte ihn die Maus stöhnen. Sie lief zu ihm, und indem sie das Seil rundherum benagte, befreite sie ihn. „Damals", sagte sie, „hast du gelacht über mich und nicht erwartet, dass ich es dir vergelten könne, jetzt weißt du, dass auch Mäuse dankbar sein können!"
Die Lehre der Fabel: In schlechten Zeiten haben auch sehr Mächtige die Schwächeren nötig.

Hinweise zum Text: Seite 171.

Die Schildkröte und der Hase

Äsop

Der Hase verspottete einst die Schildkröte wegen ihrer Langsamkeit. „Du magst ein Schnellläufer sein", entgegnete diese, „aber ich werde dich trotzdem im Wettlauf besiegen." – „Mit dem Maul bist du vornedran", antwortete der Hase, „aber probier's mal im Ernst, dann wirst du was erleben!" Der Wettlauf wurde vereinbart. Der Fuchs steckte die Bahn ab und sollte den Sieger verkünden. Unbekümmert um den Spott des Hasen machte sich die Schildkröte sogleich auf den Weg; der Hase aber, dem die Sache zu langweilig wurde, gedachte erst einmal ein Schläfchen zu halten. Dabei verschlief er gründlich und hatte es nun sehr eilig, ans Ziel zu kommen. Wie überrascht war er aber die geschmähte Schildkröte dort vom Fuchs bereits als Siegerin ausgerufen zu finden!

Hinweise zum Text: Seite 171.

Die Schildkröte und der Hase

James Thurber

Es war einmal eine weise junge Schildkröte, die las in einem alten Buch von einer Schildkröte, die einen Hasen im Wettlauf besiegt hatte. Sie las daraufhin alle Bücher, die sie nur finden konnte, aber in keinem wurde ein Hase erwähnt, dem es gelungen war, eine Schildkröte zu besiegen. Die weise junge Schildkröte kam zu dem natürlichen Schluss, dass sie schneller laufen könne als ein Hase, und so machte sie sich auf, einen zu suchen.

Unterwegs traf sie viele Tiere, die bereit waren einen Wettlauf mit ihr zu wagen: Wiesel, Frettchen, Dackel, Waschbären, Maulwürfe und Eichhörnchen. Die Schildkröte fragte jeden, der sich als Gegner anbot, ob er schneller laufen könne als ein Hase, und die Antwort war immer ein Nein. (Nur ein Dackel namens Freddy sagte ja, aber den beachtete niemand.) „Na", meinte die Schildkröte, „dann brauche ich ja meine Zeit nicht an euch zu verschwenden, denn ich laufe schneller als ein Hase."

Und sie suchte weiter.

Nach vielen Tagen begegnete die Schildkröte endlich einem Hasen und forderte ihn zu einem Wettlauf heraus.

„Was willst du denn als Beine benutzen?", fragte der Hase.

„Das lass nur meine Sorge sein", erwiderte die Schildkröte. „Hier, lies das!" Und sie zeigte ihm die Geschichte in dem alten Buch, die mit der Moral schloss, dass die Schnellen nicht immer als Erste durchs Ziel gehen.

„Unsinn", sagte der Hase, „du könntest in anderthalb Stunden keine fünfzig Fuß zurücklegen, während ich fünfzig Fuß in ein und einer fünftel Sekunde schaffe."

„Pah!", rief die Schildkröte. „Höchstwahrscheinlich wirst du nicht einmal Zweiter!"

„Das werden wir ja sehen", versetzte der Hase.

So wurde also eine Strecke von fünfzig Fuß abgesteckt. Alle anderen Tiere eilten herbei um zuzuschauen. Ein Ochsenfrosch überwachte den Start, ein Vorstehhund gab den Startschuss ab und auf ging es.

Als der Hase das Zielband zerriss, hatte die Schildkröte schätzungsweise achtdreiviertel Zoll zurückgelegt.

Moral: Neue Besen kehren gut, aber verlass dich niemals auf eine alte Säge.

Hinweise zum Text: Seite 171.

Der Hase und die Schildkröte

Tony Ross

Eines Abends saßen Hase und Schildkröte friedlich bei einem Glas zusammen und das Gespräch drehte sich wie gewöhnlich um den Sport. Der Hase, auch wie gewöhnlich, prahlte mit seinen Fähigkeiten im Kricket, im Billard, im Pfeilewerfen … eben in allem. Dabei klopfte er mit seinem Finger unablässig auf den Panzer der Schildkröte, bis es der Schildkröte reichte.

„Bei diesen Spielereien magst du ja ganz leidlich sein", blaffte sie, „aber der bessere Sportler von uns beiden bin ich."

In der Bar wurde es totenstill. Die Schildkröte wünschte, sie hätte ihren Mund gehalten. Der Hase wollte seinen langen Ohren nicht trauen. „Du meinst rennen, ja?", vergewisserte er sich.

„Rennen!" Die Schildkröte schluckte. „Du verstehst vielleicht was von angeschnittenen Bällen, aber ich kann schneller laufen als du!"

Prompt wurde für den nächsten Tag ein Wettrennen angesetzt. Die Schildkröte begab sich heimwärts und fragte sich, als sie zu Bett ging, wie es ihr einfallen konnte derart lächerliche Behauptungen aufzustellen.

Anderntags übernahm es der Maulwurf, der eine Startpistole besaß, eine 1500-Meter-Strecke abzustecken. Hase und Schildkröte legten die Trainingsanzüge ab und gingen zum Start. Der Maulwurf hielt seine Pistole in die Luft und drückte ab. Wie von der Tarantel gestochen schoss der Hase davon. Als er in die erste Kurve ging, kämpfte die Schildkröte noch immer mit den Startblöcken. Nach den ersten tausend Metern blieb der Hase stehen und drehte sich um. Von der Schildkröte war nichts zu sehen. „So macht das keinen Spaß", murrte er. „Die Schildkröte soll sehen, wie ich gewinne! Ich warte hier, bis sie aufgeholt hat."

Mit diesen Worten setzte er sich unter einen Baum und ließ sich von der Sonne einschläfern.

Zwanzig Minuten später kam die Schildkröte herangeschnauft. Der Hase richtete sich auf und winkte ihr zu, als sie vorüberkroch. „Dann woll'n wir mal", sagte er und sprang auf.

Was er nicht bemerkt hatte, war der Ast, der sich direkt über ihm befand. Er knallte mit seinem dummen Kopf dagegen und fiel um.

Die Schildkröte schleppte sich weiter in Richtung Ziel. Der Hase, als er wieder bei sich war, nahm die Verfolgung auf, doch er kam zu spät. Die Schildkröte hatte die Ziellinie bereits überquert, sie war Trägerin der Blattgoldmedaille geworden und lockerte sich mit ein paar Liegestützen.

Als der Hase, verschwitzt und wütend, unter dem Jubel der Menge die Ziellinie passierte, hob die Schildkröte den Kopf. „Wie bist du im Hochsprung?", fragte sie fröhlich.

Hinweise zum Text: Seite 172.

Der Affe als Schiedsrichter

Volksgut aus Korea

Ein Hund und ein Fuchs erblickten gleichzeitig eine schöne große Wurst, die jemand verloren hatte, und nachdem sie eine Weile unentschieden darum gekämpft hatten, kamen sie überein mit der Beute zum klugen Affen zu gehen. Dessen Schiedsspruch sollte gültig sein.

Der Affe hörte die beiden Streitenden aufmerksam an. Dann fällte er mit gerunzelter Stirn das Urteil:

„Die Sachlage ist klar. Jedem von euch gehört genau die halbe Wurst!" Damit zerbrach der Affe die Wurst und legte die beiden Teile auf eine Waage. Das eine Stück war schwerer. Also biss er hier einen guten Happen ab. Nun wog er die Stücke von neuem. Da senkte sich die andere Schale; happ-schnapp, kürzte er auch diesen Teil. Wiederum prüfte er sie auf Gleichgewicht und nun musste wieder die erste Hälfte ihr Opfer bringen. So mühte der Affe sich weiterhin jedem sein Recht zu schaffen. Die Enden wurden immer kleiner und die Augen von Hund und Fuchs immer größer. Schließlich, rutsch-futsch!! war der Rest hier und dort verschlungen.

Mit eingeklemmten Ruten schlichen Hund und Fuchs in verbissener Wut davon. In gehöriger Entfernung fielen sie übereinander her und zerzausten sich.

Hüte das Deine, lass jedem das Seine!

Hinweise zum Text: Seite 172.

Der Hodscha Nasreddin

Volksgut aus der Türkei

Einmal ging Nasreddin mit einem Korb in einen fremden Garten und füllte ihn mit dem besten Gemüse. Plötzlich kam der Gärtner mit einem Stock in der Hand gelaufen und schrie ihn an:
„Heda, Kerl! Was machst du in meinem Garten?"
5 Nasreddin hatte das Kommen des Gärtners nicht bemerkt. Er sprang erschrocken auf und stammelte:
„Ich bin gänzlich unschuldig, lieber Mann! Ich schlenderte ganz harmlos auf der Straße dahin – plötzlich erfasste mich ein heftiger Windstoß und warf mich über den Zaun hier herein!"
10 „Das mag glauben, wer will!", erwiderte der Gärtner zornig. „Aber selbst wenn es so gewesen wäre – warum reißt du dann das Gemüse aus?"
„Ich? Gemüse ausreißen?", tat der Hodscha ganz verwundert. „Nie und nimmer! Der Sturm war bloß so heftig, dass ich mich eben irgendwo anhalten musste! Es ging um Tod und Leben, lieber Mann! Ach, wie habe ich mich da – mit
15 schwindenden Kräften! – in deine Krautköpfe gekrallt!"
„Selbst wenn ich dir auch diesen Unsinn glaube", zischte der Gärtner wütend, „erklärt das nicht, wie das Gemüse in deinen Korb kommt!"
Nachdenklich schüttelte Nasreddin Hodscha den Kopf und sagte:
„Ja, lieber Freund, das weiß ich selber nicht! Ich war eben dabei, für dieses
20 Wunder eine Erklärung zu suchen, da bist du gekommen und hast mich beim Denken gestört. So wurde die Welt durch einen vorlauten Gärtner um eine Erfahrung ärmer. Zur Strafe wirst du mir wohl diese armseligen Krautköpfe schenken müssen!"
Nasreddin blickte den verdutzten Gärtner vorwurfsvoll an, drohte ihm mit dem
25 Finger – und machte sich schmunzelnd auf den Weg.

Hinweise zum Text: Seite 172.

Die Schildbürger bauen sich ein Rathaus
Volksgut

Die Schildbürger wollten ein Rathaus bauen, denn bisher war in Schilda, ihrer guten Stadt, noch keines gewesen. Sie legten den Finger ein jeder an seine kluge Nase und endlich meinte einer, sie müssten wohl Holz dazu haben. Ein anderer kam auf den Gedanken, dass es aus dem Walde geholt werden müsse. Und ein
5 dritter sagte: „So lasst uns über den Hügel ziehen; dort habe ich viele Bäume gesehen und also muss dort ein Wald sein." Sie zogen miteinander über den Hügel und hätten beinahe vergessen ihre Äxte mitzunehmen, wenn nicht ein ganz Kluger im letzten Augenblick daran gedacht hätte.
Im Walde angekommen, schlugen sie nun die Bäume nach Herzenslust, dass
10 die Splitter flogen. Danach hieben sie die Zweige ab und machten die Stämme glatt und rund. Als sie damit fertig waren, hoben ihrer vier oder sechs je einen Stamm auf ihre Schultern und schleppten ihn unter vielem Stöhnen den Hügel hinauf und auf der Schildaer Seite hinunter. Als die letzten ihren Stamm auf die Höhe geschleppt hatten und sich ein wenig verschnaufen wollten, glitt der run-
15 de Stamm ab und rollte lustig und allein hügelab. Da staunten die guten Schildbürger. Und einer sagte: „Hätten wir das nur gleich gewusst, wie viel Schweiß hätten wir uns sparen können." – „Liebe Mitbürger", sagte der Schultheiß, denn er war der Klügste unter ihnen, „liebe Mitbürger, lasst uns die Stämme wieder auf die Höhe tragen, damit keiner sagen könne, wir hätten es töricht angestellt."
20 Das leuchtete allen ein. Sie schleppten alle Stämme noch einmal bergan und ließen sie dann unter großem Jubel allein talab rollen.
Als alles Bauholz zurechtgezimmert war, holten die Schildbürger Steine, Sand und Kalk herzu und führten das Mauerwerk auf. Sie bauten das Rathaus dreieckig, damit es anders aussehe als gewöhnliche Häuser. Auch bauten sie ein ho-
25 hes Tor hinein, denn sie gedachten ihr Heu auf dem Boden des Rathauses auf

zustapeln. Endlich war alles fertig und der Rat, an der Spitze der Schultheiß, marschierte stolz und voller Würde durch das hohe Heutor in das neue Rathaus hinein. Die übrigen Bürger und die Frauen und Kinder standen feierlich dabei und hatten die Kappen vom Kopfe gezogen.

30 Aber o weh! Es war völlig finster im Rathaus drinnen, denn die Schildbürger hatten vergessen Fenster in die Wände einzulassen. Sie kamen aber gar nicht auf den Einfall, dass es daran liegen könnte, sondern rannten heraus und liefen wieder hinein und wieder heraus und wunderten sich. Rundherum war heller Sonnenschein, nur in ihrem neuen Rathause war es dunkel wie in einem Sack.

35 Am anderen Tage war Ratssitzung und jeder musste sich ein Licht mitbringen, damit er sich zurechtfinden könne und sehen, was Kluges gesprochen ward. Einer sagte: „Wir müssen das Rathaus abbrechen und noch einmal aufbauen, denn wir haben es irgendwo falsch gemacht." – „Nein", sagte ein anderer, „ich weiß es besser. Lasst uns den Sonnenschein vom Markte hineintragen in das
40 Haus, wie man doch auch Wasser in einem Eimer aus dem Bache holt." – „Das wollen wir tun!", riefen alle, liefen auf den Markt, fingen den Sonnenschein in Bütten und Eimern und Säcken ein und trugen ihn sorgsam in das Rathaus und liefen hin und her und trugen, solange noch die Sonne auf den Marktplatz niederschien.

45 Am anderen Morgen aber war das Rathaus drinnen so dunkel wie vorher. „Wir müssen noch mehr Sonnenschein hineintragen!", riefen die Schildbürger einander zu und begannen von neuem und hielten ihre Eimer und Säcke in die hellste Sonne. Einer hatte sogar eine Mausefalle mitgebracht, weil er es ganz schlau anfangen wollte.

50 Da kam ein Fremder vorüber. Der fragte verwundert, was sie denn anstellten. Die Schildbürger erzählten ihm ihr Leid. Der Fremde lächelte und befahl ihnen auf das Dach zu steigen und die Ziegel abzudecken. Dann würde es himmelhell in dem Rathaus werden. Die Schildbürger waren froh, als sie das hörten, und beschenkten den Fremden reichlich. Dann stiegen sie auf das Rathausdach und
55 hoben die Ziegel eilig herab. Und richtig: da ward es himmelhell im ganzen Hause, wie es der Fremde gesagt hatte.

Nun konnte sich der Rat versammeln, sooft er wollte, denn es war ein trockener Sommer und der Himmel über dem offenen Rathaus immer blau und ohne Wolken. Bald aber war es Herbst. Und dann kam der Winter mit Kälte und
60 Schnee und Eis. Da mussten die Schildbürger wohl oder übel aufs Dach ihres Rathauses steigen und mit verklammten Fingern die Ziegel wieder auflegen. Als es nun wieder dunkel im Hause war, sah einer, wie Licht durch eine Mauerritze schien. „Jetzt hab' ich's heraus!", rief er, „liebe Mitbürger, wir haben die Fenster einzubauen vergessen."

65 Da brachen die Schildbürger eilig Fensteröffnungen in die Mauern. Aber jeder Ratsherr wollte sein eigenes Fenster haben, sodass fast nichts von der festen Mauer übrig blieb.

Hinweise zum Text: Seite 173.

Seltsamer Spazierritt
Johann Peter Hebel

Ein Mann reitet auf seinem Esel nach Haus und lässt seinen Buben zu Fuß nebenher laufen. Kommt ein Wanderer und sagt: „Das ist nicht recht, Vater, dass Ihr reitet und lasst Euern Sohn laufen; Ihr habt stärkere Glieder." Da stieg der Vater vom Esel herab und ließ den Sohn reiten. Kommt wieder ein Wandersmann und sagt: „Das ist nicht recht, Bursche, dass du reitest und lässest deinen Vater zu Fuß gehen. Du hast jüngere Beine." Da saßen beide auf und ritten eine Strecke. Kommt ein dritter Wandersmann und sagt: „Was ist das für ein Unverstand: Zwei Kerle auf *einem* schwachen Tiere; sollte man nicht einen Stock nehmen und euch beide hinabjagen?" Da stiegen beide ab und gingen selbdritt zu Fuß, rechts und links der Vater und Sohn und in der Mitte der Esel. Kommt ein vierter Wandersmann und sagt: „Ihr seid drei kuriose Gesellen. Ist's nicht genug, wenn *zwei* zu Fuß gehen? Geht's nicht leichter, wenn einer von euch reitet?" Da band der Vater dem Esel die vorderen Beine zusammen und der Sohn band ihm die hinteren Beine zusammen, zogen einen starken Baumpfahl durch, der an der Straße stand, und trugen den Esel auf der Achsel heim.
Soweit kann's kommen, wenn man es allen Leuten will recht machen.

Hinweise zum Text: Seite 173.

Wer hätte das gedacht?

Seit jeher erzählt man sich gerne Geschichten, die von Menschen und Tieren in ungewöhnlichen Situationen handeln. Viele dieser Erzählungen sind zum Schmunzeln, dennoch verbirgt sich oft dahinter ein ernst zu nehmender Kern, eine Lebensweisheit oder Lehre. Geschichten dieser Art werden in vielen Ländern erzählt: In **Fabeln** treten meistens Tiere auf, die wie Menschen handeln und sich gegenseitig überlisten wollen. Am Schluss steht oft die Lehre, die man aus der Geschichte ziehen kann. In **Schelmgeschichten** sind die vermeintlichen Dummen in Wirklichkeit ganz schön einfallsreich und können andere in arge Verlegenheit bringen. Texte, die bereits einmal in einem Jahreskalender standen, nennt man **Kalendergeschichten**. Es gibt aber auch Bücher, in denen einige dieser Texte später zusammengestellt wurden.

Alle Geschichten dieser Sequenz wollen euch Freude beim Lesen bereiten; an vielen Stellen werdet ihr vermutlich sagen: Wer hätte das gedacht?

Äsop:
Der Löwe und die Maus

Einer der ältesten und bekanntesten Fabeldichter heißt Äsop. Er lebte im 6. Jahrhundert vor Christus in Griechenland und soll ein Sklave gewesen sein. Seinem Herrn, einem berühmten Gelehrten, diente er als guter und kluger Berater. Aus diesem Grund schenkte ihm sein Herr nach jahrelangem Sklavendienst die Freiheit.
Nach seiner Freilassung zog Äsop als Ratgeber durch das Land und erzählte den Menschen viele Fabeln, in denen er die Mächtigen im Lande kritisierte. Da er seine Kritik in Geschichten versteckte, konnte er nicht bestraft werden.

1 In welcher Lage befinden sich Löwe und Maus am Anfang und am Ende der Fabel?
2 Welche Eigenschaften charakterisieren den Löwen, welche die Maus?
3 Spielt die Fabel! Findet dazu für den Löwen einen passenden Sprechtext!
4 Habt ihr schon einmal eine Situation erlebt, auf die die Lehre dieser Fabel passen würde?

Äsop / James Thurber:
Die Schildkröte
und der Hase

James Thurber war ein amerikanischer Schriftsteller, Journalist und Fabeldichter. Er starb 1961 im Alter von 67 Jahren.

**Tony Ross:
Der Hase
und die Schildkröte**

Tony Ross, ein bekannter englischer Grafiker und Fabelerzähler, versteht es, bekannte Fabeln auf moderne Art umzuschreiben und zu illustrieren.

1 a) Lest die drei Fabeln und vergleicht sie.
   Welche Fabel gefällt euch besonders gut?
   Begründet eure Meinung.
   b) Welche Unterschiede im Inhalt und in der Sprache
   könnt ihr feststellen?
   c) Wie lautet die jeweils enthaltene Lehre?
2 Wie würdet ihr die Geschichte enden lassen?
   Schreibt eure eigene Fabel und stellt besonders
   gelungene Entwürfe im Klassenzimmer aus!
3 Sucht in Fabelbüchern ähnliche Texte, die sich gut
   vergleichen lassen! Bei Äsop, La Fontaine oder Lessing
   werdet ihr schnell fündig.

**Volksgut aus Korea:
Der Affe als
Schiedsrichter**

1 Warum wenden sich der Hund und der Fuchs
   an den Affen?
2 Welche List wendet der Affe an, der als Schiedsrichter
   die Wurst gerecht aufteilen müsste?
3 Wieso raufen am Ende Hund und Fuchs miteinander?
4 Was ist wohl mit dem letzten Satz gemeint?
5 Kennt ihr noch andere Lehren oder Sprichwörter,
   die zu dieser Fabel passen würden?

**Volksgut aus der Türkei:
Der Hodscha Nasreddin**

Zu allen Zeiten hat es Schelme – oft auch Narren genannt – gegeben, die auf spaßige Weise andere Leute hereingelegt haben. Einer von ihnen war z. B. Eulenspiegel, von dem ihr sicher die eine oder andere Schelmengeschichte kennt. In der Türkei lebte vor zirka 600 Jahren ebenfalls ein berühmter Schelm. Er hieß Hodscha Nasreddin und lieferte viele lustige Streiche, die später aufgeschrieben wurden.

1 Lest den Text mit verteilten Rollen.
2 Welche Ausreden gebraucht Nasreddin,
   um den Diebstahl zu erklären?
3 Obwohl der Gärtner diese Ausreden nicht glaubt,
   lässt er Nasreddin ungestraft weiterziehen.
   Sucht nach möglichen Gründen.
4 Worin liegt die eigentliche List Nasreddins?

**Volksgut:
Die Schildbürger bauen sich ein Rathaus**

Die Schildbürger (Bürger aus der Stadt Schilda) haben vor zirka 400 Jahren gelebt. Die Geschichten, die sich um sie ranken, werden *Schildbürgerstreiche* genannt. Darin werden die Einfältigkeit und Gutgläubigkeit der Schildbürger, aber auch ihr Einfallsreichtum beschrieben. Ob sich die Schildbürgerstreiche tatsächlich zugetragen haben, wissen wir nicht. Moderne Dichter, z. B. Erich Kästner oder Otfried Preußler, haben viele dieser Geschichten neu erzählt. Auch in unserer Zeit ist immer wieder einmal von einem *Schildbürgerstreich* die Rede.

1 a) Die Schildbürger bauen ein Rathaus.
    Welchen entscheidenden Fehler machen sie dabei?
   b) Was stellen sie alles an, um den Fehler zu beheben?
2 Mit welchen besonderen Eigenschaften könnt ihr
   die Schildbürger kennzeichnen?
3 Die vorliegende Geschichte nennt man
   einen *Schildbürgerstreich*.
   Wer spielt hier eigentlich wem einen Streich?

**Johann Peter Hebel:
Seltsamer Spazierritt**

Johann Peter Hebel (1760–1826) übte den Beruf des Theologen und Lehrers aus. Er leitete mehrere Jahre ein Gymnasium in Karlsruhe, bevor er in der evangelischen Kirche eine leitende Stellung übernahm.
Sein bekanntestes Werk heißt *Schatzkästlein des rheinischen Hausfreundes*. Darin sammelte er selbst aufgeschriebene Geschichten, Schwänke und Anekdoten, die zunächst als Kalendergeschichten veröffentlicht waren.

1 a) Wie reagieren der Vater und der Sohn
    auf die Äußerungen der Wanderer?
   b) Hättet ihr euch auch so verhalten?
2 Wie beurteilt ihr das Vorgehen der Wanderer?
3 Am Schluss tragen der Vater und der Sohn den Esel.
   Warum tun sie das?
4 Man kann es nicht allen recht machen,
   aber man versucht es doch immer wieder.
   Berichtet von einer solchen Situation aus eigener
   Erfahrung.

Umweltschutz geht alle an

Meine Zukunft
Ich hoffe, dass die Natur mehr verschont wird. Die Autos sollen nicht mehr so viel fahren. Man könnte ja ein Solarmobil erfinden, mit dem man bis nach Florida oder San Francisco fahren kann. Sprit braucht man nicht, sondern nur Sonnenstrahlen. Aber was mir noch fest am Herzen liegt, ist, dass man im Regenwald nicht so viele Bäume fällt. Denn der Regenwald ist zu wertvoll um aus diesem Holz Brotzeitteller für 2,50 Euro in Deutschland zu verkaufen.
Julia Koch

Wie ich die Zukunft sehe
Wenn die Menschen mit der Umweltverschmutzung so weitermachen und niemand etwas dagegen unternimmt, werden die Kinder im Jahre 2050 auf Abfallbergen spielen. Die Wälder werden verschmutzt und voller Dreck sein. Es werden neue unheilbare Krankheiten erscheinen. Vulkane werden ausbrechen. Erdbeben werden Städte verwüsten. Die Meere werden das Land überfluten und alles wird untergehen. Aber hoffentlich können wir das noch verhindern. Und die Welt wird nicht untergehen ...
David Schrupp

1 Diese Texte wurden von Kindern in deinem Alter geschrieben.
Was hältst du von ihren Aussagen?

2 Wie siehst du die Zukunft? Schreibe deine Gedanken dazu auf.

Zur Umweltverschmutzung wurde schon sehr viel geschrieben. Die entsprechenden Texte wollen über das Problem informieren und Anregungen geben, wie wir zur Erhaltung unserer natürlichen Umwelt beitragen können.
Meistens handelt es sich dabei um Sachtexte. Oft ist es nicht leicht, solche Texte zu verstehen. Sie enthalten viele Fachbegriffe oder Fremdwörter, sind manchmal sehr lang und haben eine Fülle von Informationen.
Doch keine Angst! Sachtexte zu lesen und zu verstehen kannst du lernen.
Die folgenden Texte mit ihren Arbeitsaufträgen helfen dir dabei.

Sachtexte lesen und verstehen

1 Wovon handelt der folgende Text?
a) Die Überschrift gibt dir einen ersten Hinweis. Versuche die Überschrift als Frage zu formulieren: Welches ...
b) Auch Bilder können etwas über den Inhalt verraten.
c) Du hast jetzt schon eine Vorstellung, wovon der Text handelt.
Bevor du liest, überlege: Was fällt dir zu diesem Thema ein?

Ein Problem stinkt zum Himmel
Rolf-Andreas Zell

Die Archäologen, die im Süden Zyperns mit Ausgrabungen beschäftigt waren, trauten ihren Augen nicht: Unterhalb eines Felsvorsprungs stießen sie in einer meterdicken Erdschicht auf Tausende von Tierknochen, zwischen denen Werkzeuge und Abfälle aus Feuerstein lagen. Die verblüfften Forscher hatten eine
5 vorgeschichtliche Müllhalde entdeckt.
Was die Archäologen fanden, brachte auch Biologen aus dem Häuschen. Als sie den Knochenfund genauer betrachteten, war die Sensation perfekt: Auf Zypern lebten einst Zwergelefanten, die gerade mal einen Meter hoch wuchsen. Diese Mini-Dickhäuter kannte man bisher nur von Kreta. Dass sie auch auf Zypern
10 durch das Gestrüpp getrottet waren, hatte zuvor niemand gedacht. Die ausgegrabene Müllhalde zeigte, dass die Steinzeitmenschen auf Zypern die kleinen Dickhäuter offenbar systematisch ausgerottet hatten.
In der untersten und daher ältesten Schicht befanden sich zahlreiche Elefanten- und Flusspferdknochen. Nach oben hin verringerte sich jedoch der Anteil die-
15 ser Säugetierknochen.
Dafür lagen nun immer mehr Vogelknochen herum. Mit anderen Worten: Je seltener der begehrte Elefantenbraten wurde, desto häufiger stand Geflügel auf der Speisekarte der ersten Siedler.

Für Archäologen sind die Müllhalden unserer Vorfahren wie ein offenes Buch. So verraten der Scherbenhaufen einer Töpferwerkstatt oder die Abfälle einer eisenzeitlichen Schmiede eine Menge über das Leben der damaligen Menschen. Diese waren schon vor zweieinhalbtausend Jahren in der Lage aus Eisenerzen das Metall herauszuschmelzen und daraus Werkzeuge herzustellen.

Auch unsere heutigen Müllberge sind, wenn man sie mit den Augen eines Archäologen betrachtet, ziemlich „gesprächig". Wer einmal aufmerksam über eine Mülldeponie wandert, wird sich wundern. Hier liegt zwischen Plastikflaschen eine Puppe, dort kommt unter einem zersplitterten Holzbrett ein Kofferradio zum Vorschein und weiter drüben ruht zwischen Gemüseresten und Getränkedosen ein elektrischer Toaster. Viele Gegenstände auf dem Müllberg sind eigentlich kein Abfall, sondern noch voll zu gebrauchen. Warum sie weggeworfen wurden, wird sich für die Archäologen des Jahres 3000 nur schwer nachvollziehen lassen.

Das Wegwerfen ist in unserer Gesellschaft so normal geworden, dass wir sogar von einer Wegwerfgesellschaft sprechen. Doch eine Erfindung unserer Zeit ist der Abfall nicht. Im Gegenteil: Unrat aller Art dürfte schon immer ein treuer Begleiter der Menschen gewesen sein.

Menschlicher Schmutz, Küchenabfälle und tote Tiere belasteten die Siedlungen und Städte unserer Vorfahren. Bis zum 19. Jahrhundert versank Europa buchstäblich im eigenen Dreck. Die Bürger kippten jeglichen Unrat schlichtweg auf die Straße.

Ein Reisebericht von 1800 beschreibt: „Man freut sich, wenn man endlich die Turmspitzen von Berlin erblickt. Jetzt kommt aber nahe der Zollschranke dem Reisenden ein bestialischer Gestank entgegen, denn die Berliner laden all ihren Unrat vor den Toren ab. In diese Rinnsteine entleert man die Nachtstühle und alle Abfälle aus der Küche und wirft tote Haustiere hinein." Kein Wunder, dass bei solch unhygienischen Verhältnissen immer wieder Krankheiten wie Pest und Cholera ausbrachen.

2 Du hast den Text aufmerksam gelesen und dir dabei einen ersten Überblick über den Inhalt verschafft.
   a) Was ist auf den ersten Blick besonders interessant, merkwürdig, auffällig …?
   b) Der Text ist schon in Absätze eingeteilt. Du kannst die Absätze in zwei größere Abschnitte zusammenfassen. Im ersten Abschnitt geht es darum, warum die Müllhalden für Geschichtsforscher so wichtig sind. Im zweiten geht es um das Problem Abfall an sich. Bei welcher Zeile würdest du den Text teilen?

3 Was ist die wichtigste Information?

Das Wichtigste eines Textes kannst du aus den **Schlüsselstellen** entnehmen.
Die Schlüsselstellen sind die Textstellen, die für den Inhalt besonders markant sind und damit wesentliche Aussagen enthalten.
Schlüsselstellen können aus einem oder mehreren Wörtern bestehen.

Beispiel:

1. Abschnitt	Schlüsselstellen:
Die Archäologen, die im Süden Zyperns mit Ausgrabungen beschäftigt waren, trauten ihren Augen nicht: Unterhalb eines Felsvorsprungs stießen sie in einer meterdicken Erdschicht auf Tausende von Tierknochen, zwischen denen Werkzeuge und Abfälle aus Feuerstein lagen. Die verblüfften Forscher hatten eine vorgeschichtliche Müllhalde entdeckt.	vorgeschichtliche Müllhalde
Was die Archäologen fanden, brachte auch Biologen aus dem Häuschen. Als sie den Knochenfund genauer betrachteten, war die Sensation perfekt: Auf Zypern lebten einst Zwergelefanten, die gerade mal einen Meter hoch wuchsen. Diese Mini-Dickhäuter kannte man bisher nur von Kreta. Dass sie auch auf Zypern durch das Gestrüpp getrottet waren, hatte zuvor niemand gedacht …	Zwergelefanten
2. Abschnitt	
Auch unsere heutigen Müllberge sind, wenn man sie mit den Augen eines Archäologen betrachtet, ziemlich „gesprächig". Wer einmal aufmerksam über eine Mülldeponie wandert, wird sich wundern. Hier liegt zwischen Plastikflaschen eine Puppe, dort kommt unter einem zersplitterten Holzbrett ein Kofferradio zum Vorschein und weiter drüben ruht zwischen Gemüseresten und Getränkedosen ein elektrischer Toaster. Viele Gegenstände auf dem Müllberg sind eigentlich kein Abfall, sondern noch voll zu gebrauchen. Warum sie weggeworfen wurden, wird sich für die Archäologen des Jahres 3000 nur schwer nachvollziehen lassen …	heutige Müllberge

Schlüsselstellen sind ein Schlüssel für die wichtigsten Informationen.

4 Suche im Text weitere Schlüsselstellen.
Manchmal ist es nicht ganz eindeutig zu entscheiden,
was die Schlüsselstellen eines Abschnittes sind.
Deshalb könnt ihr auch zu unterschiedlichen Ergebnissen kommen.
Das hängt davon ab, was euch am Text interessiert.

5 Welche Einzelheiten sind wichtig?
Mit **Stichpunkten** kannst du wichtige Einzelheiten in kurzer Form festhalten und damit zu den Schlüsselstellen zusätzliche Informationen aufschreiben.

Beispiel:

	Schlüsselstellen und dazugehörige Stichpunkte:
Die Archäologen, die im Süden Zyperns mit Ausgrabungen beschäftigt waren, trauten ihren Augen nicht: Unterhalb eines Felsvorsprungs stießen sie in einer meterdicken Erdschicht auf Tausende von Tierknochen, zwischen denen Werkzeuge und Abfälle aus Feuerstein lagen. Die verblüfften Forscher hatten eine vorgeschichtliche Müllhalde entdeckt.	vorgeschichtliche Müllhalde: - Zypern - meterdicke Erdschicht - Tausende von Tierknochen - Werkzeuge und Abfälle aus Feuerstein
Was die Archäologen fanden, brachte auch Biologen aus dem Häuschen. Als sie den Knochenfund genauer betrachteten, war die Sensation perfekt: Auf Zypern lebten einst Zwergelefanten, die gerade mal einen Meter hoch wuchsen. Diese Mini-Dickhäuter kannte man bisher nur von Kreta. Dass sie auch auf Zypern durch das Gestrüpp getrottet waren, hatte zuvor niemand gedacht.	Zwergelefanten: - ...

Stichpunkte halten Wichtiges in kurzer Form fest.

6 Trage die Stichpunkte zusammen zum Schlüsselwort *Zwergelefanten*. Versuche auch zu den anderen Schlüsselstellen des Textes wichtige Einzelheiten mit Stichpunkten festzuhalten.

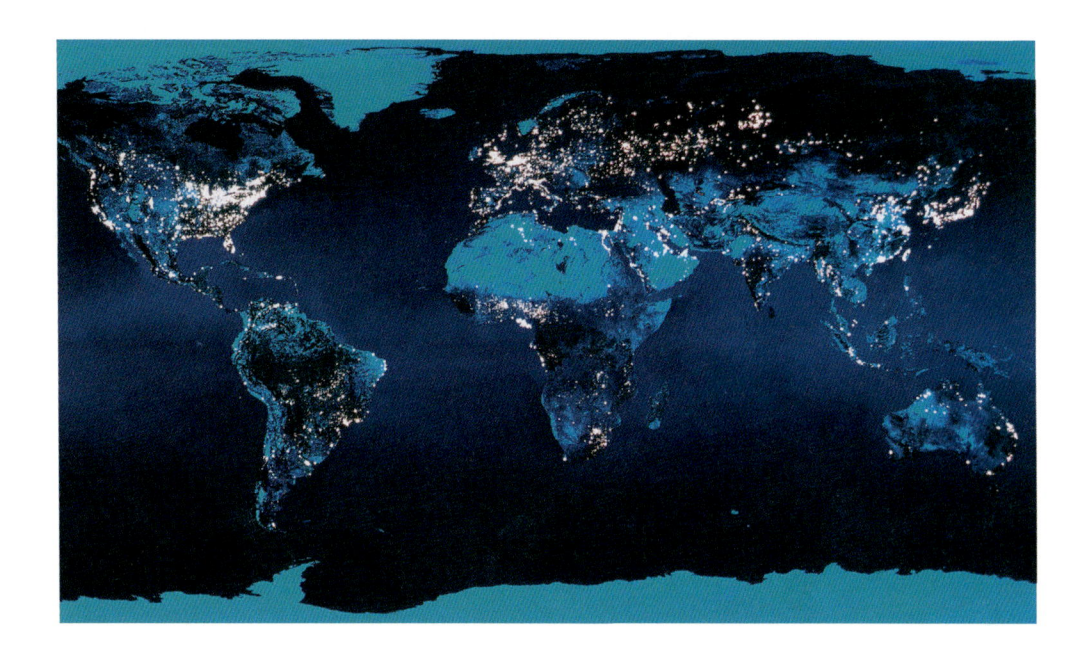

Lichtverschmutzung

„Druckfehler!", haben Leser einer Tageszeitung gedacht, als sie die Schlagzeile sahen: „Augsburg bekämpft Lichtverschmutzung!" Aber sie stimmte. Auch mit Licht kann unsere Umwelt „verschmutzt" werden.

In den Städten leuchten die ganze Nacht hindurch Straßenlaternen und Leuchtreklamen. Seit einiger Zeit beleuchten viele Diskotheken den Himmel auch noch mit Laser-Strahlern. Am Abgasdunst über der Stadt wird alles Licht, das nach oben strahlt, dann „zerstreut", das heißt in alle Richtungen abgelenkt. So bildet sich über einer Stadt eine Art „Lichthaube".

Biologen beklagen sich schon lange über die taghell erleuchteten Städte, weil das viele Licht Nachtfalter und andere Insekten anlockt und in die Irre führt. Aber auch die Astronomen beschweren sich: „Das Licht über der Stadt blendet so sehr, dass sogar in klaren Nächten das weiße Band der Milchstraße nicht mehr zu erkennen ist!" Durch das Licht wird also die Sicht „verschmutzt".

Vielleicht wird damit aber bald Schluss sein! Als eine der ersten Städte in Deutschland hat Augsburg nun damit begonnen die zunehmende „Lichtverschmutzung" zu stoppen. Einem Diskothekenbesitzer wurde schon verboten den Himmel mit Lasern anzustrahlen. Und Leuchtreklamen und Straßenlaternen sollen mit umweltfreundlicheren Lampen ausgerüstet werden, die schwächer leuchten und Insekten nicht mehr wie magisch anziehen. Das würde nicht nur den Nachfaltern und den Sternguckern nützen. Denn wo Licht brennt, da wird Strom verbraucht. Und bei der Stromerzeugung wird die Umwelt meist mit Abgasen belastet. Wenn die Städte in Zukunft auf „Sparflamme" leuchten würden, dann wäre nicht nur die „Lichtverschmutzung" geringer – sondern auch die Luftverschmutzung!

7 Du hast erarbeitet, wie man einen Text schrittweise lesen und so den Inhalt genau kennen lernen kann.
Probiere dies noch einmal am vorliegenden Text aus.
Du kannst dich dabei an der folgenden Übersicht orientieren.

So kannst du vorgehen:

Wovon handelt der Text?
(Hilfen: Überschriften, Bilder...)

Warum verschmutzt das Licht die Umwelt?

Verschaffe dir einen Überblick!
(Text lesen und in Abschnitte einteilen)

1. Abschnitt: bis „Lichthaube"
2. Abschnitt: ...
3. Abschnitt: ...

Was ist die wichtigste Information?
(Schlüsselstellen suchen)

Lichthaube
Biologen
Astronomen
...

Welche Einzelheiten sind wichtig?
(Stichpunkte zu Schlüsselstellen notieren)

Lichthaube: Straßenlaternen ...
Biologen: ...
Astronomen: ...

Sondermüll aus Hightech
Roland Bischoff

Es herrscht gute Sicht, als Nora den Motor ihres Sportflugzeugs auf 1800 Umdrehungen in der Minute drosselt und zur Landung auf dem Flughafen von Chicago ansetzt. Der Kompasskurs stimmt haargenau – zwei Minuten später setzt die junge Pilotin sicher auf Landebahn M 36 auf. Wenn sie an ihre ersten Flugversuche zurückdenkt, muss Nora lachen. Damals war sie gleich in der ersten Unterrichtsstunde von der Rollbahn abgekommen und frontal gegen einen Hangar geprallt.

Doch der Schaden hielt sich in Grenzen. Genau genommen war gar keiner entstanden – Noras erste Flugstunde fand auf dem Bildschirm ihres Computers statt, genauso wie heute die perfekte Landung. Die 14-Jährige verbringt viel Zeit vor dem Computer. Doch inzwischen ist sie mit ihrem Rechner unzufrieden. Die neuesten Computerspiele kann sie nicht mehr spielen, weil der Rechner zu klein ist. Für Nora ist klar: Ein neuer Computer muss her. Die Eltern haben nichts dagegen, stellen sich aber die Frage: Wohin mit dem alten Rechner? Genau das Gleiche fragen sich immer häufiger auch andere Menschen und Firmen: Wohin mit dem alten Computer, dem defekten Monitor, dem ausrangierten Fernseher, der veralteten Telefonanlage oder dem kaputten CD-Player? In all diesen Hightech-Geräten steckt eine Menge an Elektronikschrott, dessen Verwertung bisher mit mehr Fragen als Antworten verbunden ist.

Jedes Jahr, so schätzt man, fallen in Deutschland rund 150 000 Tonnen Elekronikschrott an. Dabei handelt es sich um Platinen, Mikrochips und andere elektronische Bauteile. Die Menge an Elektronikschrott aus Computern schätzen Experten auf 9 000 bis 10 000 Tonnen jährlich.

Elektronikschrott wird aus zwei Gründen zu einem immer größeren Problem: Zum einen nimmt die Anzahl elektronischer Geräte ständig zu, zum anderen ist das umweltgerechte Recycling dieser Geräte aufwendig und deshalb auch teuer. Sorgen beim Computerrecycling machen vor allem die Kunststoffe. Diese lassen sich bislang nur schlecht wieder verwerten. Die bisher übliche thermische Verwertung, sprich das Verheizen in der Müllverbrennungsanlage, ist unter Abfallexperten wegen der Dioxingefahr umstritten. Denn die für Tastaturen, Rechner- und Bildschirmgehäuse verwendeten Kunststoffe können beim Verbrennen giftige Stoffe entwickeln. Zudem bilden sich bei der Verbrennung auch Feinststäube, die man mit aufwendigen Filtern einfangen und teuer deponieren muss.

8 Manchmal ist ein Text schwer zu verstehen, weil er viele Fachbegriffe und Fremdwörter enthält, die wir nicht kennen. Auch in diesem Text kommen gehäuft unbekannte Begriffe vor. Notiere dir alle Begriffe, die du nicht verstehst. Die folgenden Tipps helfen dir die Wörter verstehen zu lernen.

(1) Das Wort „verrät" sich selbst.
Beispiel: Kompasskurs
Das Wort setzt sich aus zwei Wörtern (*Kompass* und *Kurs*) zusammen, die erklären, was damit gemeint ist: Der Kurs des Flugzeuges richtet sich nach dem Kompass.

Suche weitere schwierige oder dir unbekannte Wörter im Text, deren Bedeutung du aus der Wortzusammensetzung erschließen kannst. Erkläre sie.

(2) Im Text steht die Erklärung.
Beispiel: thermische Verwertung
„thermische Verwertung, sprich das Verheizen in der Müllverbrennungsanlage"

Suche weitere Wörter im Text, deren Bedeutung du aus dem Text erkennen kannst. Erkläre sie.

(3) Die Bilder zeigen dir die Bedeutung des Wortes.
Beispiel: Monitor

Anhand des Fotos weißt du jetzt sicher, was gemeint ist.
Welchen anderen Begriff für *Monitor* kennst du?
Du findest ihn auch im Text.

(4) Im Lexikon kannst du die genaue Erklärung nachschlagen.
Wenn das Wort selbst keine Erklärung gibt und Text und Bilder auch nicht weiterhelfen oder wenn du wissen willst, welche genaue Bedeutung ein Wort hat, dann musst du Nachschlagewerke verwenden. Sicher findest du zu Hause oder in Büchereien verschiedene Lexika, die dir weiterhelfen können: Fremdwörterbuch, Sachlexikon, Jugendlexikon …

Beispiel: Platine <griech.>:
   1) in der Metallverarbeitung ein geschmiedetes, vorgewalztes oder zugeschnittenes Formteil
   2) in der Elektrotechnik eine Montageplatte für elektronische Bauteile

Finde heraus, welche der beiden Bedeutungen im Text gemeint ist.
Suche weitere Wörter im Text, deren Bedeutung du aus dem Lexikon entnehmen musst. Erkläre sie.
Vielleicht hast du auch die Möglichkeit ein CD-ROM-Lexikon zu benutzen. Dann schlage auch dort nach.

Leitfaden für die Arbeit an Sachtexten

In der folgenden Übersicht sind noch einmal die einzelnen Schritte zusammengefasst, die dir helfen Sachtexte leichter zu erschließen.

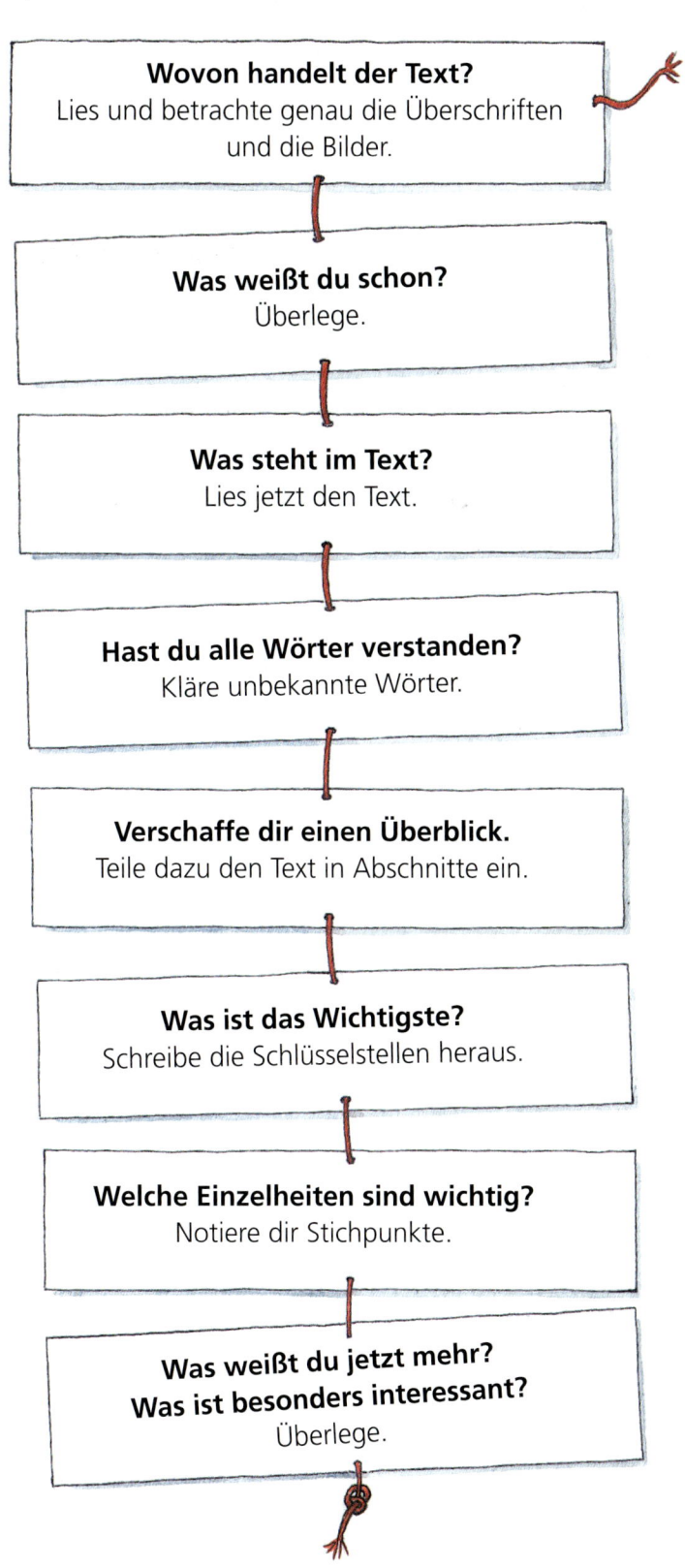

Wovon handelt der Text?
Lies und betrachte genau die Überschriften und die Bilder.

Was weißt du schon?
Überlege.

Was steht im Text?
Lies jetzt den Text.

Hast du alle Wörter verstanden?
Kläre unbekannte Wörter.

Verschaffe dir einen Überblick.
Teile dazu den Text in Abschnitte ein.

Was ist das Wichtigste?
Schreibe die Schlüsselstellen heraus.

Welche Einzelheiten sind wichtig?
Notiere dir Stichpunkte.

Was weißt du jetzt mehr?
Was ist besonders interessant?
Überlege.

Ich und die Welt

Wie lange dreht sich die Erde noch?
Sheldon Glashow

Am besten stellen wir uns jetzt einmal drei Kugeln vor: eine davon ist die Erde, eine der Mond und eine die Sonne. Alle drei drehen sich in sich selbst und sind außerdem ständig auf ihren so genannten Umlaufbahnen in Bewegung. Die Erde läuft um die Sonne. Dazu braucht sie ein Jahr. Der Mond läuft um die Erde.
5 Dazu braucht er etwa vier Wochen. Und die Sonne läuft um den Mittelpunkt der Milchstraße, diesen unglaublich großen Raum, in dem sich Sonne, Mond und alle Sterne befinden. Diese Drehung dauert etwa 250 Millionen Jahre. Das ist so lange, dass wir uns das gar nicht vorstellen können. Wenn euch interessiert, wie lange sich die Erde noch drehen wird, wollt ihr bestimmt auch wissen,
10 wie und wann das alles angefangen hat. Leider weiß das keiner von uns so genau. Wir vermuten, dass es vor Milliarden von Jahren eine gewaltige Explosion gegeben hat, den Urknall. Dabei entstanden Atome und mit ihnen die Materie, die festen Bestandteile, aus denen sich wiederum, um die Sonne herum, Planeten bildeten. Wann genau die Sonne entstanden ist, können wir aber nur erah-
15 nen, da es sich um eine Zeitspanne handelt, die wir mit unserem Zeitgefühl nicht begreifen können. (…)
Warum die Erde sich um ihre eigene Achse dreht, wissen wir nicht. Sie tut es einfach, obwohl sie es, um auf ihrer Umlaufbahn zu bleiben, gar nicht müsste. Isaac Newton lebte vor langer Zeit in England und hat erkannt, dass ein steifer,

fester Körper, wenn er sich in einer geraden Linie bewegt, nie stehen bleibt, bis sich ihm ein Widerstand in den Weg stellt. Dass er steif und fest ist, ist eine wichtige Voraussetzung. Man nennt diese Theorie das Newton'sche Gesetz der Bewegung und ihr werdet es bestimmt in der Schule im Physikunterricht lernen. Bewegung wird also durch Widerstand gestoppt. Ein Widerstand kann der Boden sein oder das Wasser, aber auch die Luft, selbst wenn sich das für euch jetzt komisch anhört. Haltet einmal eure Hand aus dem Fenster eines fahrenden Autos, was spürt ihr dann? Genau: Widerstand. Jeder Ball, jede Billardkugel, jeder Ziegelstein hört auf, sich zu bewegen, wenn er beispielsweise auf den Boden fällt. Im Weltall würden diese Dinge immer weiter fliegen. Denn das Weltall, durch das Sonne, Erde und Mond fliegen, ist ein luftleerer Raum, in dem es keinen Widerstand gibt.

Warum der Mond sich um die Erde und die Erde sich um die Sonne dreht, ist einfach. Sie ziehen sich an, so wie es Magneten tun. Im Grunde genommen kannst du dir jeden Planeten als einen Magneten vorstellen. Die Sonne, die Erde und der Mond würden sich theoretisch aufeinander zu bewegen, bis sie sich berührten, wenn sie nicht so unendlich weit voneinander entfernt wären. Die Kraft, mit der sie sich anziehen, reicht aber dazu nicht aus. Der Mond ist 384 400 Kilometer von der Erde entfernt, die Sonne etwa 150 Millionen Kilometer. Niemand von uns kann sich vorstellen, wie groß diese Entfernungen sind. Aber ihr habt bestimmt schon einmal im Fernsehen gesehen, wenn ein Reporter aus Europa einem Kollegen in Amerika eine Frage stellt. Beide sind so weit voneinander entfernt, dass es eine Verzögerung gibt, bis die Frage angekommen ist. Es sind nur Bruchteile einer Sekunde, aber wir bemerken sie. Die Frage muss nämlich reisen, über Funkverbindungen zu Satelliten, die über der Erde schweben, und den ganzen Weg wieder nach unten. Wenn wir einem Astronauten auf dem Mond eine Frage stellen, dauert es etwa eine Sekunde, bis sie ankommt. Bis zur Sonne würde es acht Minuten dauern. So weit ist sie entfernt.

Also, wir wissen jetzt, dass sich Erde, Mond und Sonne immer weiter bewegen, weil sie im Weltall herumsausen und es dort keinen Widerstand gibt. Und hier wird es jetzt interessant: Ich werde euch gleich erklären, warum sich die Erde trotzdem nicht ewig drehen wird. Ihr erinnert euch, dass Newton gesagt hat, eine Bewegung geht unendlich weiter, wenn es sich um einen steifen, festen Körper handelt. Unsere Erde aber ist nicht starr. Betrachtet sie wie eine gefüllte Praline, die aus mehreren Lagen besteht: einem flüssigen Kern, einer Zwischenschicht, einem Mantel, einer Kruste und einer Hülle drum herum – das ist die Luftschicht über uns; über der ist dann nur noch der luftleere Raum des Weltalls. Und dass sich in der Luftschicht etwas bewegt, wisst ihr, weil dort Wolken ziehen und Winde wehen. Außerdem müsst ihr noch wissen, dass in allen Schichten der Praline Bewegung ist. Diese Bewegung geht teilweise in die umgekehrte Richtung wie die der Erdoberfläche. Und weil alle Schichten sozusagen übereinander schwimmen, sich bewegen und höchst absonderliche Sachen machen, ist die Erde kein starrer Körper.

Denkt jetzt einmal nur an die eine Schicht, die Kruste. Das ist das, worauf wir uns bewegen und was wir sehen können: der Boden und die Meere. Die Erdkruste ist die dünnste von unseren Pralinenschichten. Siebzig Prozent davon sind bedeckt mit Wasser. Die größten Wasserflächen sind die Ozeane. In ihnen spielen sich Ebbe und Flut ab. Bevor ich weitererzähle, möchte ich, dass ihr ein Experiment macht: Nehmt eine große Plastikschüssel, füllt sie mit Wasser und rüttelt an ihr. Wenn ihr jetzt versucht, die Schüssel zu schieben, werdet ihr feststellen, dass ihr mehr Kraft braucht, als wenn das Wasser in dem Behälter still steht.

Leider geht unserer Erde langsam die Kraft aus, weil sie sich dauernd mit all dem schwappenden Wasser von Ebbe und Flut drehen muss. Deshalb dreht sie sich immer langsamer. Es ist nicht viel langsamer, vielleicht nur ein Bruchteil einer Sekunde jedes Jahr. Die Jahre werden dadurch aber länger. Darum müssen wir immer wieder die Uhr nachstellen. In der Zeit, als es noch Dinosaurier gab, hat die Erde sich schneller gedreht. Ein Tag hatte damals nur etwa 23 Stunden. Irgendwann wird ein Tag auf der Erde 25 Stunden haben, dann 26 Stunden und so weiter. Und deshalb wird es einen Zeitpunkt geben, an dem die Erde stehen bleiben wird. Ihr müsst jetzt keine Angst bekommen, denn es wird noch unendlich viel Zeit vergehen, bis es so weit ist. In der Zwischenzeit wird aber etwas mit dem Mond passieren, das ebenfalls eine Rolle spielt: Er wird sich immer mehr von der Erde entfernen. Seine Anziehungskraft lässt nach, weil er sich ebenfalls langsamer um sich selbst dreht. Wir können das messen, indem wir Signale zum Mond schicken und warten, bis sie zurückkommen. Das dauert heute länger als früher, zwar nur kleinste Teile von kleinsten Teilen einer Sekunde länger, aber eben länger.

Die Erde dreht sich also immer langsamer und der Mond entfernt sich immer mehr. Was in unserer Zukunft geschehen wird, können wir uns nur vorstellen. Wir Physiker glauben, dass der Mond, nachdem er aus seiner jetzigen Bahn geraten ist, wieder zur Erde zurückkommt. Wie bitte?, werdet ihr mich jetzt fragen, warum soll er denn wieder umdrehen und zurückkommen? Recht habt ihr. Es wird aber trotzdem passieren, weil die Sonne, an die sich der Mond immer weiter angenähert hat, ihn wieder zurückschicken wird. Das müsst ihr mir einfach glauben, ich habe das alles lange studieren müssen, um es selbst zu begreifen. Diese Vorgänge jetzt genauer zu erklären, wäre zu kompliziert.

Der Mond wird der Erde so gefährlich nahe kommen, dass riesige Kräfte auf ihn wirken werden, die ihn zersplittern lassen. All seine Teile werden auf die Erde regnen und die Welt zerstören. Ihr müsst jetzt keine Angst um eure Familien oder Freunde bekommen, denn bis es so weit ist, werden noch unzählige Millionen Jahre vergehen. Ich glaube, dass die Menschen dann längst ein neues Universum gefunden haben, mit einer anderen Sonne, einer anderen Erde und einem anderen Mond. Und sie werden die Möglichkeit haben, dort hinzureisen. Wo das sein wird, weiß ich nicht. Aber wir haben schließlich noch genug Zeit, das herauszufinden.

Hinweise zum Text: Seite 197.

Warum bin ich Ich?

Unsere Suche nach dem Ich beginnt an einem Ort, an dem es nicht ein einziges Ich gibt: in einem Ameisenhaufen. Ein Ameisenhaufen ist ein kunstvolles Bauwerk. Die Ameisen formen ihn wie einen Berg, sodass er von der Sonne gut beschienen wird. Damit der Regen nicht eindringt, bedecken sie ihn mit Tannennadeln. Dadurch kann das Wasser abfließen wie auf einem Ziegeldach. Im Inneren des Baus gibt es zahlreiche Kammern, die durch Gänge miteinander verbunden sind. Sogar mit einer Klimaanlage statten die Ameisen ihr Haus aus. Und mit einem Friedhof.

Viele hunderttausend Ameisen können in einem einzigen Ameisenbau leben. Alle wissen genau, was sie zu tun haben, und streiten sich nicht. Die kleineren Ameisen kümmern sich um den Nachwuchs. Sie füttern die Larven und tragen sie, wenn sie sich verpuppt haben, in eine Puppenstube. Die mittelgroßen Ameisen beschaffen Nahrung für das gesamte Volk und bessern das Nest aus, und die großen Ameisen verteidigen den Bau gegen Eindringlinge.

Hilfe, ich habe ein Ich!

Auch Menschen tun, was sie tun müssen. Sie spüren Hunger und essen ein Brot, sie merken, dass die Blase drückt, und gehen aufs Klo, sie schlafen, wenn sie müde sind, und abends, beim Spaziergang durch eine dunkle Straße, bekommen sie Angst. Angst ist ein Gefühl, gegen das sich Menschen nicht wehren können, weil es in ihren Körper eingebaut ist. Angst können sie nicht abschalten. Aber sie können etwas, was Tiere nicht können. Menschen können sich sagen: „Ich habe zwar Angst, aber ich gehe trotzdem weiter." Sie müssen ihrem Programm nicht folgen. Denn sie haben ein Ich.

Das Ich ist eine der seltsamsten Erfindungen der Natur. Fast alle Lebewesen der Erde müssen ohne Ich auskommen. Apfelbäume, Maulwürfe, Regenwürmer, Bakterien, Wellensittiche: Sie alle leben ohne das kleinste bisschen Ich. Außer dem Menschen gibt es nur noch ganz wenige Lebewesen, die über so etwas ähnliches wie ein Ich verfügen. Es sind Schimpansen und Delphine. Doch keine andere Art hat so viel aus ihrem Ich gemacht wie der Mensch. (…)

Damit kommen sie gut zurecht. Seit 130 Millionen Jahren leben Ameisen auf der Erde, und nie hat eine einzige Ameise je ein Ich vermisst. Alles, was sie wissen müssen, sagt ihnen ihr Programm: dass sie Nahrung brauchen, sich vermehren müssen, dass ein Käfer zu vertreiben ist, wenn er in den Bau eindringt, und natürlich auch, dass sie ihr Leben erhalten müssen. Doch das Leben selbst ist ihnen ganz egal. Ameisen haben keine Angst zu sterben. Sie wissen nicht einmal, dass sie leben. Sie tun, was sie tun müssen. (…)

Wohnt das Ich im Gehirn?
Tatsächlich braucht ein Ich auch einen Kopf, genauer gesagt: ein Gehirn. Menschen, deren Gehirn zerstört ist, wissen nicht mehr, dass es sie gibt, sie haben kein Ich mehr. Muss man sich also nur das Gehirn gut anschauen, wenn man etwas über das Ich lernen will? Einige Hirnforscher glauben das. Sie sind davon überzeugt, dass man herausfinden kann, was es mit dem Ich auf sich hat, wenn man die Vorgänge im Hirn studiert. (…)

Lernen, wenn man jung ist
Mit elf oder zwölf Jahren, wenn Kinder in die Kinder-Uni gehen, ist ihr Gehirn auf Neuigkeiten besonders gut vorbereitet. Jede Nervenzelle in ihrem Gehirn ist dann mit etwa 50 000 anderen Nervenzellen verbunden. In den folgenden Jahren werden die Verbindungen, die nicht benötigt werden, wieder gekappt. Die Nervenzellen von Erwachsenen sind nur noch mit 10 000 anderen Zellen verbunden.

Auch auf die Frage: „Warum bin ich Ich?" könnte man eine solche einfache Antwort geben. Man könnte sagen: „Du bist ein Ich, weil in deinem Gehirn eine Menge elektrischer Ströme zwischen verschiedenen Bereichen fließen und eine Vorstellung erzeugen, die du ‚Ich' nennst." Dieser Satz ist zweifellos richtig: Ohne die Aktivitäten unseres Gehirns könnten wir nicht denken, nicht sprechen und nicht einmal träumen vom Ich. (…)

Das Ich im Spiegel
Kleine Babys kennen ihr Ich noch nicht. Sie können zwischen sich und ihrer Umwelt noch nicht genau unterscheiden. Die Brust der Mutter oder der Arm des Vaters gehören genauso zu ihnen wie ihr Daumen. Erst wenn die Kinder ungefähr zwei Jahre alt sind, erkennen sie, dass sie etwas Besonderes sind, dass sie einen eigenen Körper haben mit Grenzen nach außen.

Ob ein Kind ein Ich hat, weiß man, wenn es vor einem Spiegel steht. Ein Kind, das schon von seinem Ich weiß, sieht das Bild darin und erkennt sich. Vielleicht hebt es den Arm und freut sich, dass sein Bild im Spiegel auch den Arm hebt. Oder es lächelt und betrachtet sein eigenes Lächeln. Viele Eltern bekommen gar nicht mit, wenn ihr Kind sich zum ersten Mal im Spiegel erkennt. Das ist kein Wunder. Denn das Ich schleicht sich heran wie ein Indianer: Plötzlich ist es da. Auch als Kind bemerkt man nicht, wie es näher kommt. Man lernt vielleicht, dass sich die eigene Haut anders anfühlt als die der Mutter, aus deren Bauch man gekommen ist. Man lernt, dass man sich plötzlich streiten muss mit der Mutter, wenn man etwas nicht bekommt. Und man lernt, dass man Hände hat, um die Dinge zu greifen, die man haben will. Aber was das alles mit dem Ich zu tun hat, weiß man als Kind noch nicht.

Wenn ein Mensch erst einmal weiß, dass er ein Ich ist, hat das eine große Bedeutung in seinem Leben. Er wird noch vieles lernen über die Welt, wird Freunde kennen lernen, traurig sein, Spaß haben und manchmal eins auf die Mütze bekommen. Er wird unterschiedliche Meinungen vertreten, mal laute Musik mögen, mal leise, mal Kakao zum Frühstück trinken, mal Kaffee. Aber bei all dem wird er immer von dem gleichen Ich begleitet. Es wird immer wissen: Das bin ich, der da trinkt.

Kinder freuen sich, wenn sie ein neues Skateboard bekommen oder den neuen Harry-Potter-Band oder eine Barbie-Puppe. Über ihr Ich freuen sie sich komischerweise nicht besonders. Dabei verändert das Ich die ganze Welt. Man kann sogar sagen, dass die Welt in gewisser Weise erst da ist, seit es das Ich gibt.

Natürlich gab es auch in der Ich-losen Zeit schon Sonnenaufgänge und Sonnenuntergänge, es haben große Tiere kleine Tiere gejagt, Dinosaurier liefen über die Erde, gigantische Vulkane brachen aus, und ganze Kontinente machten sich auf die Reise übers Meer. Nur hat es niemand gewusst. Es gab keine Ichs, die sagen konnten: „Boah ey" Oder: „Ist das schön!" Und dann ihren Fotoapparat holen, um das Dinobaby aufzunehmen. Die Welt war da, aber es hat niemanden interessiert. Das heißt: War sie eigentlich da?

Ist die Welt von Monstern gemacht?

Dass die Welt existiert, wissen wir nur, weil es uns gibt, weil wir ein Ich haben. Wir können die Welt fühlen und riechen, wir können sie sehen, auf ihr herumlaufen. Wir können uns an erfreuliche oder unerfreuliche Ereignisse erinnern. Aber was war eigentlich, bevor es uns gab? War da überhaupt was? Wir kennen Leute, die uns sagen: Es gab einmal einen Zweiten Weltkrieg, und da musste jemand, den du Großvater nennst, in den Krieg ziehen. Und jemand, den du Großmutter nennst, hat in Opladen gewohnt, Blümchenkleider genäht und ein Kind bekommen, das du heute Vater nennst.

Aber niemand kann dir sagen, ob das nicht alles geflunkert ist. Es könnte sein, dass die ganze Welt erst mit deiner Geburt angefangen hat. Opladen, Großvater, Großmutter und Vater, all das gab es vorher nicht. Und all das wird wieder aufhören, wenn du stirbst. Sie zeigen dir Fotos, auf denen Mutter und Vater vor dem Schiefen Turm in Pisa stehen und sagen, das war unsere erste Urlaubsreise, da hat Mama das kleine schwarze Kleid gekauft, das sie manchmal anzieht. Aber gab es diese Fotos wirklich schon vor deiner Geburt? (...)

Was immer wir auch tun, es steckt fast immer mindestens ein Ich dahinter, das sich die Sache ausgedacht hat. Auch hinter diesem Kapitel steckt ein Ich. Und zwar eines, das zum Schluss noch eine Frage stellt. Eine Frage für alle, die später mal Philosoph werden wollen. Eine fiese Frage, und sie geht so: Wenn ich über mein Ich nachdenke, ist das Ich, das nachdenkt, dann ein anderes Ich als das Ich, über das nachgedacht wird?

Hinweise zum Text: Seite 197.

Wer hat süßes Blut?

Stechmücken kommen meistens zu euch, wenn das Licht aus ist. Im Dunkeln kann man sie nicht sehen – allerdings hören wir den Flügelschlag und erkennen sie an ihrem hohen Surren: „Sssssssss!"

Dieses Geräusch haben vermutlich alle Menschen auf der Welt schon einmal gehört. Es gibt mehr als 3 400 Stechmückenarten, Davon leben 40 in Deutschland. Sie sind praktisch in allen Ländern der Erde auf Beute aus.

Es sind immer nur die Weibchen, die uns stechen. Sie brauchen das nahrhafte Blut, weil sie Eier herstellen müssen. Bevor sie richtig zu saugen anfangen, spritzen sie Spucke in die Stichwunde. Das funktioniert ganz ähnlich wie beim Floh: Einerseits sorgt der Speichel dafür, dass sich keine Kruste bildet und das Blut flüssig bleibt. Andererseits erzeugt der Speichel den Juckreiz, den man aber erst spürt, wenn der Unhold längst wieder weggeflogen ist. Ach ja: Die Mücken-Männchen lassen uns in Ruhe und schlürfen brav Pflanzensaft und Blütennektar.

Selbst in der Nähe des Nordpols gibt es Mücken. Und was für welche! Weil der Sommer hier nur ein paar Wochen dauert und es nicht so viele Beutetiere gibt, sind die Mücken besonders angriffslustig. Manche Weibchen haben nur wenige Stunden Zeit, ein Opfer zu finden, um Blut zu saufen und Eier abzulegen. Wehe dem, der in so einen Schwarm gerät!

Monster in der U-Bahn

Mücken stechen zwar auch andere Tiere, sie haben aber eine Vorliebe für Menschen. Kein Wunder, denn wir haben ja kein dickes Fell, sondern eine ziemlich dünne Haut. Wie anhänglich diese kleinen Monster sind, zeigt ein Blick in die Londoner U-Bahn.

Seit ihrem Bau vor hundert Jahren hat sich dort eine neue Mückenart entwickelt. Ursprünglich zapften die Stechmücken im Untergrund nur Vögel an. Die Nachkommen haben sich aber auf Mäuse, Ratten, U-Bahn-Fahrer und Gleisarbeiter spezialisiert. Die Mücken-Larven ernähren sich anscheinend von menschlichen Hautschuppen, die in ihre Brut-Pfützen rieseln. Die U-Bahn-Mücken haben noch nie die Sonne gesehen! Englische Biologen haben festgestellt, dass die in der Finsternis lebende Mückenart sich mittlerweile deutlich von ihren Verwandten, die über Tage leben, unterscheidet. Mehr noch: In verschiedenen U-Bahn-Linien soll es sogar unterschiedliche „Mücken-Linien" geben.

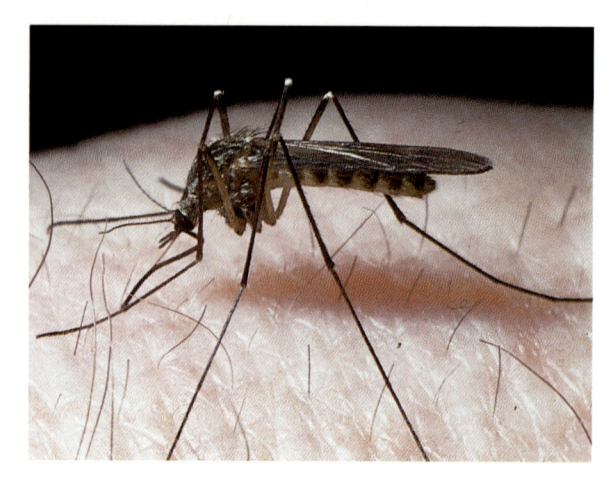

Sosehr Mücken auch auf Menschenblut fliegen – nicht jeder wird gestochen. Mückenforscher haben herausgefunden: In jeder Gruppe mit mehr als zehn Menschen findet sich immer einer, auf den Mücken besonders abfahren. Doch warum das so ist, welche Menschen also „süßes Blut" haben, das ist noch ein Rätsel.

Nachgefragt
Können Moskitos tödlich sein?
In Deutschland sind Mücken harmlos. In vielen Ländern der Welt jedoch kann ihr Stich einen Menschen sehr krank machen und sogar töten. Der Grund: Die Mücken sind selbst von winzig kleinen Krankheitserregern befallen. Diese Erreger können dann mit dem Speichel der Mücke in den Menschen gelangen. Alle 30 Sekunden stirbt ein Mensch an einer Krankheit, die er sich durch einen Mückenstich zugezogen hat. Die häufigste und schlimmste Krankheit, die durch Mücken übertragen wird, ist die Malaria. In Schüben bekommt man immer wieder hohes Fieber. Ungefähr 1,5 Millionen Menschen sterben jedes Jahr daran.

Experimente
Mit Käse gegen Mücken?
Mücken können einen Menschen auf eine Entfernung von 40 Metern riechen. Anscheinend haben sie eine Vorliebe für Schweißgeruch. Der Wissenschaftler Willem Takken aus den Niederlanden hat Riechexperimente mit den Stechinsekten durchgeführt und glaubt: Käsefüße locken Mücken an. Und da manche Schweißfüße bestimmten Käsesorten zum Verwechseln ähnlich riechen, kann man das Experiment in Sommernächten leicht zu Hause überprüfen: einen schönen Stinkekäse (Harzer Rolle oder Limburger Käse) in die Ecke des Schlafzimmers legen. Wenn man am nächsten Morgen keine Stiche hat, dann wird der Käse die Mücken wohl abgelenkt haben.

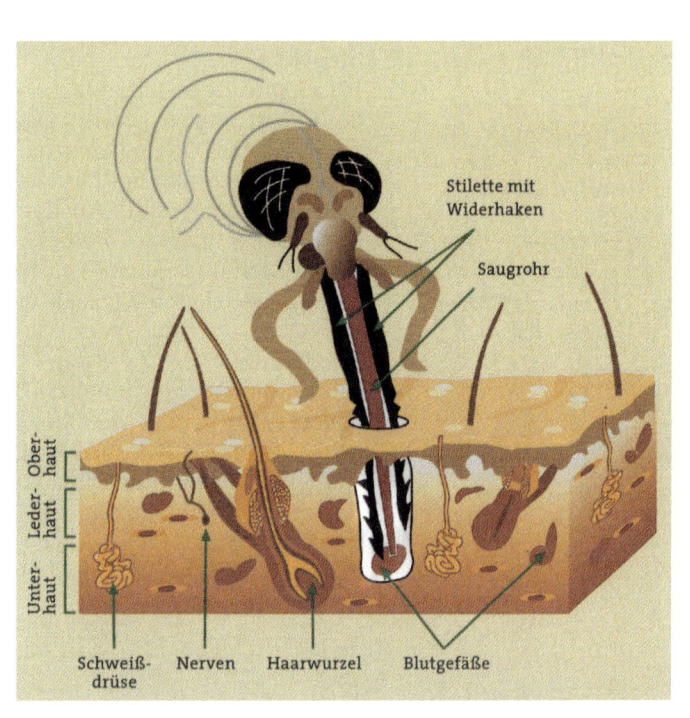

Hinweise zum Text:
Seite 198.

Glasherstellung

Die Grundlagen der Glasherstellung sind seit über 6000 Jahren bekannt: Man erhitzt eine Mischung aus Sand, Soda und Kalkstein. Durch Zugabe weiterer Substanzen kann man Farbe erzeugen und Eigenschaften wie Hitzebeständigkeit erzielen. Glas wirkt wie ein Feststoff, ist jedoch eine erstarrte Flüssigkeit. In heißem Zustand ist es dünnflüssig und kann durch Blasen, Gießen, Walzen oder Pressen geformt werden. Glas ist korrosionsbeständig, allerdings auch zerbrechlich. Wegen seiner Transparenz und Härte ist es als Werkstoff für Fenster und Kameralinsen unübertroffen.

Man nehme …
Glas wird aus Sand, Soda und Kalkstein hergestellt. Aus diesen Rohstoffen entsteht beim Erhitzen flüssige Glasmasse, die nach dem Formen und Abkühlen wasserundurchlässig ist.

Kalkstein   *Sand*   *Soda*

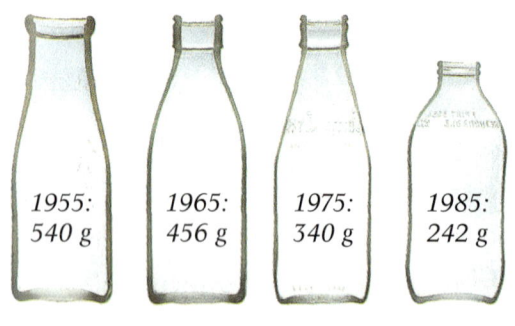

1955: 540 g   *1965: 456 g*   *1975: 340 g*   *1985: 242 g*

Leicht und billig
In diese vier Flaschen passt jeweils gleich viel Milch, dennoch sind sie unterschiedlich schwer. Leichte und zugleich stabile Flaschen verursachen weniger Material- und Transportkosten.

Glasmacherpfeife (Stahlrohr)

Glasrohstoffe werden im Wannenofen erhitzt.
Heißes Glas fließt in die Form.

Verschluss   *Druckluft presst die Glasmasse gegen die Wandung.*

So geht's
Flaschen werden sekundenschnell aus Glasschmelze geformt. Das flüssige Glas wird in eine kopfstehende Form gegeben und mit Druckluft nach oben gepresst. Dann lässt man die Flaschen langsam abkühlen, damit nicht durch ungleichmäßige Temperaturen Spannungen im Glas entstehen.

Wie früher
Ein Klumpen Glasschmelze, das Külbel, wird in eine Metallform gegeben. Wenn der Glasbläser in das Külbel bläst, dehnt es sich aus und schmiegt sich an die Wandung der Form. Heute werden Flaschen meist vollautomatisch hergestellt.

Vorgeblasenes Külbel

Durch Drehen und Aufsetzen auf einer Bodenplatte kommt die Form zustande.

Hinweise zum Text: Seite 198.

Fast ohne Worte

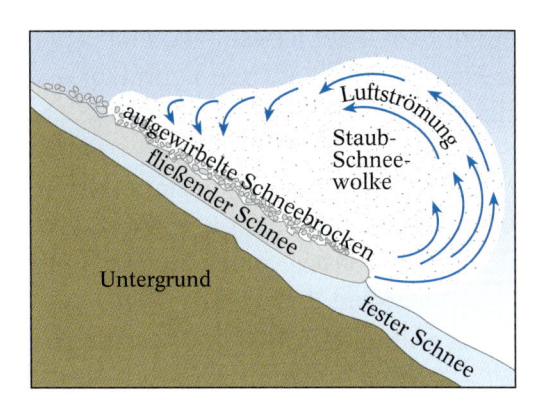

Das kalte Grauen

Eine Staublawine besteht aus drei Schichten. Auf festem, abschüssigem Grund gerät Schnee in Bewegung – er fließt. Darüber wirbeln bis zu einen Meter dicke Schneebrocken ins Tal. Und über allem wölbt sich eine undurchdringliche Wolke aus Schnee und Luft. Wen sie erfasst, der kann leicht ersticken.

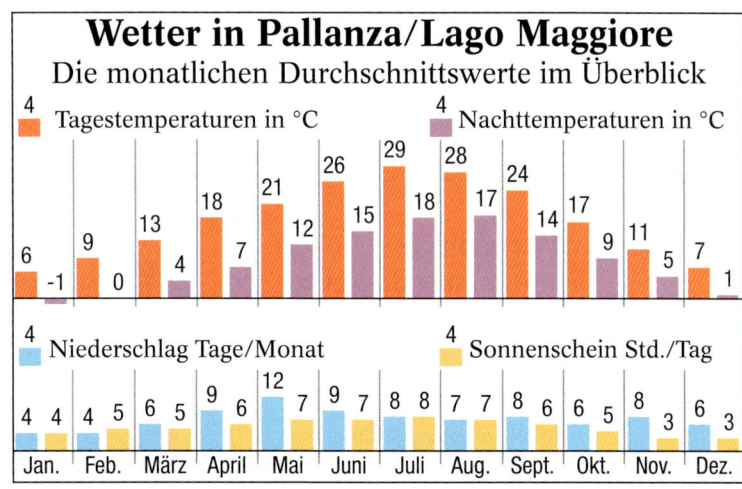

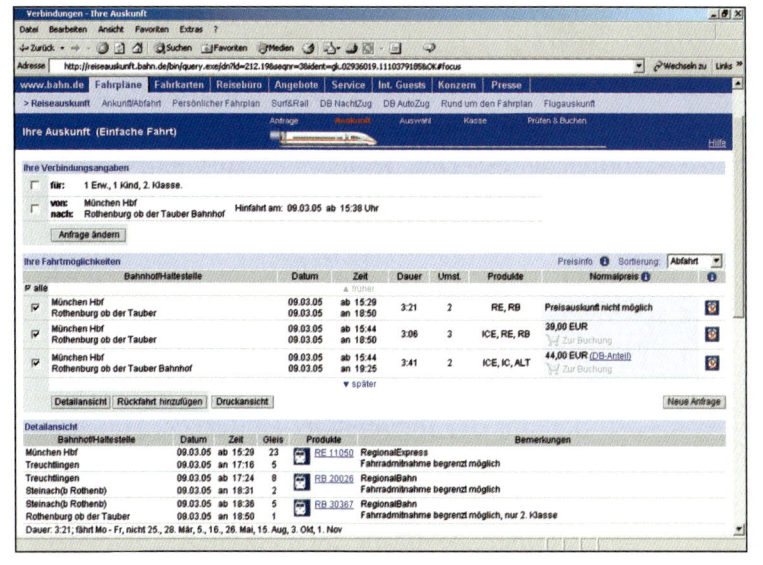

Inlineskaten ist erlaubt:

in Fußgängerbereichen

auf dem Gehweg

in verkehrsberuhigten Zonen

auf speziell für Skater vorgesehenen Plätzen

Skater gelten als Fußgänger!

Wetter in Pallanza/Lago Maggiore
Die monatlichen Durchschnittswerte im Überblick

Tagestemperaturen in °C / Nachttemperaturen in °C

	Jan.	Feb.	März	April	Mai	Juni	Juli	Aug.	Sept.	Okt.	Nov.	Dez.
Tag °C	6	9	13	18	21	26	29	28	24	17	11	7
Nacht °C	-1	0	4	7	12	15	18	17	14	9	5	1

Niederschlag Tage/Monat / Sonnenschein Std./Tag

	Jan.	Feb.	März	April	Mai	Juni	Juli	Aug.	Sept.	Okt.	Nov.	Dez.
Niederschlag	4	4	5	6	9	12	9	8	7	6	8	6
Sonnenschein	4	5	6	5	6	7	7	8	6	5	3	3

Hinweise zu den Texten: Seite 198/199.

Jonglieren – Das Geheimnis der fliegenden Bälle

Die Kaskade: Ob in der Zirkusschule oder auf dem Gauklerfest – wo immer man die Joglierkunst lernen kann, ist diese Figur die erste auf den Lehrplan: Die Kaskade sieht gut aus und ist – vergleichsweise – einfach.

1. Stellt euch in der Grundhaltung auf. Die Oberarme liegen nah am Körper. Sie sollen sich beim Jonglieren möglichst wenig bewegen. Die Unterarme winkelt ihr so nach vorn ab, dass ihr eure Hände etwa auf Hüfthöhe halten könnt.

2. In dieser Position beginnt ihr zunächst mit einem Ball. Werft den hoch, sodass er in die andere Hand fliegt und dabei einen Bogen beschreibt, dessen höchster Punkt etwas höher als euer Kopf liegt. Auf derselben Flugbahn geht's wieder zurück. Achtung: Schaut weder auf eure Hände noch dem fliegenden Ball hinterher. Euer Blick soll auf den höchsten Punkt des Bogens gerichtet sein!

3. Erst wenn ihr diesen Wurf so hinbekommt, dass euch der Ball nicht herunterfällt und seine Flugbahn bei jedem Wurf gleich bleibt, solltet ihr weitermachen. Dafür nehmt ihr in jede Hand einen Ball und haltet den jeweils mit kleinem und Ringfinger in der Handfläche fest. Den dritten Ball werft ihr wieder so hin und her wie im letzten Schritt beschrieben.

4. Wenn ihr auch diesen Schritt sicher beherrscht, geht es langsam zur Sache: Ihr werft wiederum einen Ball von einer Hand in die andere, sagen wir von rechts nach links. Doch sobald der den höchsten Punkt seiner Flugbahn erreicht hat, werft ihr den Ball aus der linken Hand nach rechts. Und zwar so, dass er unter dem anderen Ball hindurchfliegt. Auch das müsst ihr so lange wiederholen, bis es fehlerfrei gelingt!

5. Jetzt kommt der krönende Abschluss! Beginnt genau wie im letzten Schritt. Doch sobald der zweite Ball den Scheitelpunkt seines Fluges von links nach rechts erreicht hat, werft ihr wiederum den Ball aus der Rechten ab. Ist der ganz oben, kommt wieder einer von links und so weiter. Geübte Jongleure können das stundenlang machen. Bei euch sollte dieser Trick mindestens 20-mal klappen, bevor ihr euch an die nächste Figur wagt.

Hinweise zu den Texten: Seite 199.

Warum Schlafen wichtig ist

„Blöd, es ist erst sieben Uhr und ich soll schon ins Bett", meckert Miriam. „Warum früher schlafen?", mault Lukas. „Jeden Abend das gleiche Theater!", stöhnt die Mutter. „Die Kids haben eben immer Angst, dass sie etwas verpassen." Aber dem ist nicht so. Auch im Schlaf sind dein Körper und dein Gehirn voll in Aktion. Auch wenn du mit geschlossenen Augen ruhig daliegst, geht in dir die Post ab. Nach dem Einschlafen fällst du zuerst in einen fast zweistündigen Tiefschlaf. Dein Herz und dein Puls arbeiten langsamer. Deine Muskulatur entspannt sich. Dann aber beginnst du deine erste Traumphase. In jeder Nacht hast du sieben bis acht Traumzeiten. Sie dauern jeweils nur einige Minuten. Aber sie sind lebenswichtig. In den Träumen werden alle Erlebnisse des Tages verarbeitet. Sie entstehen im Gehirn. Und zwar gerade dann, wenn es sich ausruht. Träume können dir zeigen, was dich im Inneren bewegt. Im Traum sammelt unser Inneres neue Kräfte. Darum sind alle Träume gut für uns, die schlechten und die schönen. In den Traumzeiten laufen viele Vorgänge in deinem Körper fast ebenso intensiv ab, als wenn du wach wärst. Damit nicht genug. In dieser Zeit wird zum Beispiel fast die gesamte Tagesmenge des Wachstumshormons hergestellt. Schlafen ist also bestimmt keine vergeudete Zeit. Im Gegenteil – Schlafen ist lebenswichtig.

Wie viel Schlaf braucht der Mensch?
- 1– 4-Jährige: etwa 12 Stunden
- 5– 8-Jährige: etwa 11 Stunden
- 9–10-Jährige: etwa 10 Stunden
- 11–15-Jährige: etwa 9 Stunden

Schwierigkeiten beim Einschlafen können viele Gründe haben:
– Probleme mit den Eltern, Freunden, Schule …
– schlechte oder zu warme Luft im Schlafzimmer
– Wetterwechsel oder Vollmond
– Lärm
– Angst oder Nervosität

Warum brauchen Kinder mehr Schlaf als Erwachsene?
Fest steht, dass Menschen nicht aus purem Vergnügen schlafen, sondern weil der Körper diese Ruhephasen braucht. Zum Beispiel muss sich unser Gehirn von den vielen Eindrücken des Tages erholen. Babys erfahren und erlernen besonders viel – da muss das Oberstübchen erst einmal mitkommen. Daher brauchen sie bis zu 20 Stunden Schlaf am Tag. Manche Erwachsene kommen dagegen mit sechs bis sieben Stunden aus. Im Schlaf passiert aber noch mehr. Unser Körper produziert verschiedene Hormone. Das sind bestimmte chemische Stoffe, so etwas wie körpereigene Kuriere. Die schwimmen durch die Blutbahn zu den verschiedenen Organen und übermitteln dort Befehle. Eines dieser Hormone, das Wachstumshormon, löst aus, dass ihr größer werdet. Noch ein Grund mehr, dass junge Menschen länger schlafen müssen – bis das Wachstum etwa mit dem Ende der Pubertät abgeschlossen ist.

1 Warum ist Schlafen so wichtig? Schreibe zwei Gründe auf.

2 Was geschieht nach dem Einschlafen?
(a) Es beginnt eine Traumphase.
(b) Es folgt ein entspannender Tiefschlaf.
(c) Es beginnt eine Ruhepause für Körper und Gehirn.

3 Es gibt verschiedene Gründe für Probleme beim Einschlafen.
Welche Gründe kann man leicht ändern?

4 Stimmt es, dass man beim Schlafen wächst?
Schreibe die Antwort aus dem Text heraus.

5 Kinder der fünften Klasse sind etwa 11 Jahre alt.
Wie lange sollten sie in der Regel schlafen?

6 Welche Sätze über Träume sagen dir, dass diese nicht
die ganze Nacht andauern? Schreibe sie heraus.

7 Warum sind Träume lebenswichtig?
(a) In den Träumen fallen wir in den Tiefschlaf.
(b) In den Träumen werde alle Erlebnisse des Tages verarbeitet.
(c) In den Träumen erfahren wir viele Nachrichten.

8 Was ist die wichtigste Absicht dieser Texte?
(a) Sie sollen über die Bedeutung des Schlafens informieren.
(b) Sie sollen Probleme beim Einschlafen aufzeigen.
(c) Sie sollen Träume beschreiben.

9 Ungefähr ein Drittel unseres Lebens verschlafen wir. Mit anderen Worten:
Wer 75 wird, hat davon 25 Jahre geschlafen. So eine Verschwendung!
Was hätte man in der Zeit alles anstellen können!
„Schlafen: So eine Verschwendung!" – Oder etwa nicht?
Schreibe in Stichpunkten Gründe auf, um deine Meinung vorzutragen,
und bringe sie in eine günstige Reihenfolge.

Ich und die Welt

Philosophen denken über so komplizierte Sachen nach, dass Kinder es garantiert nicht verstehen. Denken viele Leute. Dabei haben Philosophen und Kinder vieles gemeinsam. Einrichtungen wie die Kinder-Uni zeigen, dass die Philosophen den Kindern eine ganze Menge zu sagen haben. Denkanstöße, Anregungen und vielleicht Antworten zu den wichtigsten Fragen von Kindern im Leben will dieses Kapitel geben.

Sheldon Glashow:
Wie lange dreht sich die Erde noch?

Sheldon Glashow, geb. 5.12.1932, bekam 1979 den Physik-Nobelpreis für die Beschreibung elektromagnetischer Wechselwirkungen. Er lehrt an der Harvard University in Boston, USA.

1. Kläre unbekannte Fachbegriffe.
2. Lies den Text mehrmals durch und versuche den Inhalt deinem Nachbarn zu erklären.
3. Was passierte vermutlich beim Urknall?
4. Warum bewegen sich Erde, Sonne und Mond immer weiter?
5. Was versteht man unter dem Newton'schen Gesetz?
6. Warum geht der Erde langsam die Kraft aus?
7. Baut ein Modell, in dem sich Sonne, Erde und Mond drehen können.
8. Warum müssen wir keine Angst davor haben, dass die Erde eines Tages stehen bleibt?
9. Wie gelingt es dem Nobelpreisträger Glashow, komplizierte Vorgänge anschaulich zu erklären?
10. Wenn dich der Bereich Astronomie interessiert, findest du im Internet Informationen und Wissenswertes unter: www.astronews.com

Manfred Frank:
Warum bin ich Ich?

Prof. Manfred Frank lehrt an der Uni Tübingen.
Weitere Informationen zum Autor unter:
www.uni-tuebingen.de/philosophie/frank/

1. Berichte mit eigenen Worten, worum es im Text geht.
2. Was hat dich am meisten an diesem Text beeindruckt?
3. Warum kann man nicht von einem Ich der Ameisen sprechen?
4. Die Frage „Warum bin ich Ich?" wird an einer Stelle im Text beantwortet. Zitiere sie.
5. Warum können wir nicht sicher sein, dass die Welt so ist, wie wir sie wahrnehmen?
6. Was ist deine Antwort zu der letzten Frage im Text?
7. Versuche, in einer Mindmap, einem Tagebucheintrag oder einer Collage auszudrücken, was alles zu deinem Ich gehört.

Der Text stammt dem Buch *Die Kinder-Uni*. An vielen Hochschulen in Deutschland, darunter auch in Würzburg, Bamberg und München können Kinder an speziellen Vorlesungen an der Universität teilnehmen. Die Termine findest du im Internet unter:
www.die-kinder-uni.de/html/munchen.html

Sachtext: Wer hat süßes Blut?

1. Welche der folgenden Aussagen ist richtig?
   (a) Am Nordpol gibt es keine Mücken.
   (b) Männchen und Weibchen können uns stechen.
   (c) Der Speichel der Stechmücken führt zum Juckreiz.
2. Erkläre an einem Beispiel, wie sich neue Mückenarten entwickeln können.
3. Was tust du, wenn du gestochen worden bist?
4. Warum sind Mücken am Nordpol besonders aggressiv?
5. Informiere dich über die Krankheit Malaria. Mehr Informationen findest du auch im Internet auf der Homepage des *Deutschen Grünen Kreuzes* (www.dgk.de) unter: www.dgk.de/web/dgk_content/de/kinderfuerkindergegenmalaria.htm
6. Probiere das Käse-Experiment aus.

Sachtext: Glasherstellung

1. Kläre folgende Begriffe – ein Fremdwörterbuch kann dir dabei helfen:
   a) Substanz
   b) korrosionsbeständig
   c) Transparenz
2. Kläre mit Hilfe eines Lexikons:
   a) Soda   b) Kalkstein   c) Wandung
3. Erkläre mit eigenen Worten, wie Glas hergestellt wird.
4. Fertige ein Schaubild zum Weg der Glasherstellung an.
5. Was versteht man unter einem *Külbel*?
6. Glas ist kein Feststoff. Begründe!
7. Warum sammeln wir Altglas?
8. Mehr zum Thema *Glasherstellung* unter: www.signlang.uni-hamburg.de/TLex/Lemmata/L2/L264.htm

Schaubild: Lawine

1. Erkläre mit eigenen Worten, wie eine Staublawine entsteht.
2. Informiere dich in einem Lexikon und im Internet über Lawinen: www.top-wetter.de/lexikon/l/lawine.htm Vergleiche die Angaben.
3. Wie können Lawinen verhindert werden?
4. Wie man sich als Skifahrer verhalten sollte und wie man Lawinen unterscheidet, findest du im Internet unter: www.dein-allgaeu.de/wetter/wetter_lawine1.html

Verkehrszeichen: Inlineskaten	1 Auf welchen Wegen ist Inlineskaten erlaubt? 2 Wie kann sich ein Inlineskater auf einem Gehweg höflich bemerkbar machen? 3 Auf welchen Straßen dürfen Inlineskater fahren? 4 Wie hoch ist die erlaubte Geschwindigkeit für Inlineskater? 5 Wie kannst du dich als Inlineskater passiv schützen?
Diagramm: Wetter	1 Pallanza liegt am Lago Maggiore in Oberitalien. Lies die Anzahl der Regentage und überlege, ob Mai ein idealer Zeitraum zum Wandern ist. 2 Welche Monate eignen sich für einen Badeurlaub am Lago Maggiore? 3 Es wird in Pallanza nie wärmer als 30 °C. Was meinst du zu dieser Aussage? 4 Warum gibt es am Lago Maggiore Palmen? 5 In welcher Zeit regnet es am meisten?

Fahrplan: Bundesbahn-Auskunft	1 Du willst nach 15.00 Uhr von München nach Rothenburg und möchtest dort vor 19.00 Uhr ankommen
	    a) Welche Möglichkeiten hast du?
	    b) Welche Zugverbindung wählst du? Begründe!
	2 Wie lange ist dein Aufenthalt in Steinach?
	3 Was bedeutet die Abkürzungen:
	    a) RE b) RB c) ICE d) IC e) ALT
	4 An welchen Tagen kannst du den Zug um 15:29 Uhr nicht nehmen?
	5 Suche im Internet nach einer Zugverbindung von deinem Heimatort bzw. einem nahegelegen Bahnhof nach Frankfurt. Du willst an einem Samstag um 10.00 Uhr losfahren und nicht mehr als dreimal umsteigen: www.diebahn.de

Sachtext: Jonglieren – Das Geheimnis der fliegenden Bälle	1 Welche Art von Bällen eignet sich wohl am besten zum Jonglieren? 2 Worauf kommt es bei der Körperhaltung am meisten an? 3 Wohin schaust du beim Jonglieren? 4 Übe die einzelnen Schritte zur Kaskade. Gehe erst zum nächsten Schritt, wenn du den vorhergehenden kannst.
Test: Warum Schlafen wichtig ist	Einen solchen Test mit ähnlichen Aufgaben zur Überprüfung der Bildungsstandard-Kompetenzen wirst du am Ende der 4. Klasse geschrieben haben. Daher sollte es dir leicht fallen, diese Aufgaben zu lösen.

Computer und Internet

Auf den folgenden Seiten findest du viele Informationen zum Internet und zum Umgang mit dem Computer. Außerdem sind einige Internetadressen genannt, die dir bei der Suche nach Informationen helfen können. Leider gibt es im Internet auch Inhalte, die für Kinder nicht geeignet sind oder sogar gegen die Menschenwürde verstoßen. Wenn du auf eine solche Internetseite gelangen solltest, verlasse sie sofort und sprich mit deinen Eltern oder deinem Lehrer darüber. Dies gilt auch für das Thema Chatten. Unsere Tipps sollen dir helfen, dich sicher in den so genannten *Chatrooms* zu bewegen.

Chatten

So kannst du im *tivi Treff* chatten
Im *tivi Treff* kannst du zu bestimmten Zeiten mit anderen chatten. Wann genau, kannst du auf der Chat-Seite im *tivi Treff* nachlesen. Wenn du mitchatten möchtest, musst du im *tivi Treff* angemeldet sein. Lesen kannst du auch, wenn du nicht Mitglied bist. Alle Chats im *tivi Treff* sind moderiert, das heißt sie werden vor dem Freischalten von einem *tivi Treff*-Moderator gelesen. Wenn ein Eintrag okay ist, wird er sofort freigeschaltet. www.tivi.de

So kannst du bei *br-online* chatten

Kurz bevor und während ein *Kinderinsel*-Chat geöffnet ist, kannst du auf den „Mitmachen"-Knopf auf der Übersichtsseite klicken.

Es öffnet sich ein zweites kleineres Fenster, in dem du dich anmelden kannst. Bei den Einstellungen in deinem Internet-Browser muss unbedingt *JavaScript* aktiviert sein, sonst öffnet sich das Fenster nicht!

Denk dir einen *Nickname*, also einen Spitznamen, aus – so wirst du im Chat heißen. Trage ihn in dem kleinen Fenster ein. Größe des Chat-Fensters wählen. Button *Ab in den Chat* drücken. Das Chat-Fenster öffnet sich und nach ca. 20–30 Sek. ist der Chat komplett geladen. www.br-online.de/kinder

Regeln für den BR-Kinderinsel-Chat

Wer beim *BR-Kinderinsel*-Chat mitmacht, muss sich an ein paar Regeln halten. Die Piraten vom *BR-Kinderinsel*-Team, von denen immer einer im Chat dabei ist, achten darauf, dass diese Regeln auch eingehalten werden. Wer gegen diese Regeln verstößt, muss damit rechnen, dass er aus dem Chat rausfliegt oder sogar dauerhaft ausgeschlossen wird.

Was ihr im *BR-Kinderinsel*-Chat schreibt, ist jeweils eure eigene Meinung. Es ist nicht die Meinung des *Bayerischen Rundfunks* und es kann auch sein, dass wir vom *Bayerischen Rundfunk* mal ganz anderer Meinung sind. Jeder, der im Chat mitmacht, ist für das, was er oder sie sagt, selbst verantwortlich!

Ganz kurz die Regeln:
Seid genauso freundlich und nett wie im normalen Leben.
Vergesst nicht: Ihr sprecht/schreibt mit anderen Kindern!
Sagt nichts, was ihr nicht selber gesagt bekommen möchtet.
Drängt euch anderen nicht auf.
Alle Kinder sollen sich im *BR-Kinderinsel*-Chat wohlfühlen und gerne wieder kommen.

Folgendes solltest du beachten, sonst fliegst du aus dem Chat und darfst nie wieder daran teilnehmen:
Benutze keine schlimmen Wörter als Spitznamen.
Schreibe deine Beiträge nicht in Großbuchstaben, denn Großschreibung bedeutet, dass du andere anschreist.
Benutze keine schlimmen Wörter im Chat, die andere beleidigen könnten.
Rufe nicht zu irgendetwas auf, das verboten ist. Zum Beispiel zu Gewalt gegen Menschen oder Sachen.
Biete keine Dateien zum Downloaden an (besonders Audio- und Videodateien).
Mache keine Werbung für irgendwelche Sachen, auch wenn du sie noch so toll findest.
Setze keine Computerprogramme im Chat ein, besonders nicht solche, die so tun, als wären sie Chatter.
Schreibe nicht mehrmals hintereinander den immer gleichen Text im Chat.

Kinderseiten im Internet

Hallo Kinder,
im *world wide web*, im Internet also, stehen so viele Informationen, die ausgedruckt in keine Bibliothek und in kein Gebäude dieser Welt passen würden: Allein in Deutschland gibt es über acht Millionen Internetadressen. Hinter jeder
5 dieser Adressen verbergen sich wiederum zahlreiche Seiten. Und jeden Tag kommen Tausende dazu: Allein in Deutschland sind es ungefähr 4000 Seiten am Tag. Alle Länder dieser Erde verfügen gemeinsam über eine unvorstellbare Fülle an Informationen, die im Prinzip jedem Menschen zugänglich sind.
Für Kinder gibt es eigene Seiten, mit viel Spaß, Rätseln und Spielen. Als Ein-
10 steiger könnt ihr euch zunächst auf der Seite www.internet-abc.de informieren, am besten gemeinsam mit euren Eltern oder einem Lehrer. Egal, ob ihr schon Internet-Profis oder noch Anfänger seid, ob ihr lernen oder spielen wollt, bei unseren Tipps findet ihr bestimmt die richtige Adresse.

Die *BR-Kinderinsel* ist das gemeinsame Internetangebot aller Kinderhörfunk- und Fernsehsendungen des *Bayerischen Rundfunks*. Auf der *BR-Kinderinsel* könnt ihr etwas lernen, Neues erfahren und viel Spaß haben – Bildung, Information und Unterhaltung nennen das Erwachsene. Oberinselpiraten sind die Online-Redakteure. Sie wählen aus den vielen Themen von Radio und Fernsehen die aus, die sich fürs Internet eignen. So entsteht eine bunte Inselwelt mit Kindernachrichten, verschiedenen Lexika, aber auch Bastel-, Hör- und Lesetipps, witzigen Spielen und kniffeligen Rätseln.
www.br-online.de/kinder

Eine Internet-Suchmaschine für Kinder ist *Blinde Kuh*. Hier könnt ihr einfach einen Suchbegriff eingeben und die Seite macht euch Vorschläge mit Internetseiten und Links, wo ihr die Antworten finden könnt. Außerdem gibt es noch viele aktuelle Themen, Rezepte, Kinder-Post und ein Forum, in dem ihr Brieffreunde zum Mailen suchen könnt.
www.blinde-kuh.de

Kleine und große Wissenschaftler sind auf den Kinderseiten des Wissenschaftsmagazins *Geo* gut aufgehoben. Die Themenfelder *Pflanzen und Tiere*, *Wissenschaft und Technik* sowie *Menschen und Länder* bieten Antworten auf spannende Fragen. Besonders toll ist der Bereich *Basteln und Experimentieren*, der Anleitungen und Erklärungen für Experimente bietet. Nachmachen empfohlen! Für Kinder ab zehn Jahren.
www.geolino.de

Von wegen Physik ist langweilig! Die Grundlagen von Elektrizität, Wärme und Licht werden hier erklärt und Entdeckungen vorgestellt. Auch auf die Frage, wie eine Kerze in Schwerelosigkeit brennt, gibt es eine Antwort. Besonders schön: Die *Sternwarte* liefert viele Informationen über Sonne, Erde und die anderen Planeten und Sterne. Für Kinder ab zehn Jahren.
www.physikforkids.de

Wenn du gerne experimentierst und Interesse an Stoffen und Phänomenen aus deiner täglichen Umgebung hast, solltest du dir den Wettbewerb *Experimente antworten* nicht entgehen lassen. Wie der Name sagt, sind es oftmals Experimente, die Antwort auf Fragen zu naturwissenschaftlichen Phänomenen geben können. Dreimal pro Schuljahr wird eine Experimentieraufgabe zu einem naturwissenschaftlichen Phänomen gestellt, die du selbstständig zuhause mithilfe von Alltagschemikalien und -geräten aus Drogerie und Baumarkt bewältigen kannst.
www.experimente-antworten.bayern.de

Das Bayerische Staatsministerium für Unterricht und Kultus veranstaltet mehrere Schülerwettbewerbe. Hier eine Auswahl:
– *Mut schenken macht uns stark!* (Krebs bei Kindern geht uns alle an!)
– *Experimente antworten*
– Schülerwettbewerb *Die Deutschen und ihre östlichen Nachbarn*
– Wettbewerb für bayerische Schülerzeitungen
Darüber hinaus gibt es auch viele Bundeswettbewerbe.
www.km.bayern.de/km/schule/wettbewerbe/bayern

Buch-, Hörbuch- und Internettipps findest du auf den Seiten:
www.ard.de/kinder/leseratten: die besten neuen Krimis und Märchen, Bilder- und Sachbücher, die für dich schon mal Probe gelesen wurden.
www.tivi.de: Hier findest du Buchempfehlungen, z. B.:

Ganz allein in Afrika
Der Junge Taro hat beide Eltern verloren. Kurz bevor sein Vater von Menschenhändlern verschleppt wurde, hatte er seinem Sohn noch zugerufen, Wakas Garten zu suchen. Also macht sich Taro auf die Suche nach dem Land, in dem es keine Kriege gibt und jeder zu essen hat. Unterwegs begegnet er einem verletzten Elefanten. Die beiden setzen ihre Reise gemeinsam fort. – Die ungewöhnliche Geschichte einer ungewöhnlichen Freundschaft. – Ab zehn Jahren.

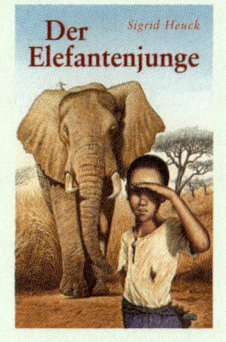

Die mediale Herausforderung

PC

Der vielerorts vorhandene Multimedia-PC wird mit unterschiedlicher Motivation und Zielrichtung verwendet: Vom Spielcomputer bis zum ausschließlichen Arbeitsmittel, wobei Mischkombinationen die Regel sein dürften. Mittlerweile kann er auch als Radio, Fernseher oder zum Betrachten von Spielfilmen mittels DVD oder Internet-Download verwendet werden.

Vorzüge und Chancen: Mit dem PC eröffnen sich neue Kommunikationswege: Interaktivität und kreative Nutzungsmöglichkeiten, wie z. B. Gestaltung einer eigenen Website, Erlernen des Umgangs mit den neuen Medien für Schule, Beruf und Hobby. Er bietet grenzenlose Informationsmöglichkeiten, Wissensvermittlung sowie interaktive Lernformen.

Gefahren: Zum Problem kann der PC werden (wie der Fernseher), wenn er die einzige Freizeitaktivität des Kindes ist. Wenn Kinder überwiegend gewaltorientierte Inhalte konsumieren, sind die Gefahren ähnlich wie beim Fernsehen. Auch die Online-Nutzung des PC birgt Gefahren für Kinder und Jugendliche. Hier ist in erster Linie der Kontakt mit legaler wie illegaler Pornografie sowie Gewalt verherrlichenden Inhalten zu nennen. Auch die Nutzung von sog. *Chatrooms* oder von *Newsgroups* kann riskant sein.

Handy

Handys dienen auch der Kommunikation zwischen Eltern und ihren Kindern, wenn diese z. B. alleine unterwegs sind. Dies trägt zur Erhöhung der Sicherheit der Kinder bei. Große Probleme können aber auch durch die neue Handy-Generation entstehen, mit der ebenfalls auf das Internet zugegriffen werden kann.

Video- und Computerspiele

Vorzüge und Chancen: Video- und Computerspiele können zur Entwicklung von Kompetenzen und zum Training des Gehirns beitragen, insbesondere was die Schulung von Koordination, Reaktionsfähigkeit, visueller Wahrnehmung und vernetztem Denken angeht.

Gefahren: Die bereits genannten Gefahren – Isolation, Einseitigkeit, Abstumpfung oder gar Verrohung, Realitätsverlust sowie Verkümmerung bzw. Verlust von sozialen Fähigkeiten – können auch beim übermäßigen Spielen auftreten. Die gesundheitliche Belastung (Rücken, Augen) sowie die Gefahr der Spielsucht dürfen nicht unterschätzt werden. Studien zufolge soll das intensive Spielen gewaltverherrlichender Spiele die Aufnahmefähigkeit und das Erinnerungsvermögen für andere Lerninhalte deutlich einschränken. Die Beschaffung bzw. der Austausch von nicht altersentsprechenden bzw. zugelassenen Video- und Computerspielen geschieht oftmals auf dem Schulhof. Deshalb ist die Kontrolle seitens der Eltern ganz besonders notwendig.

Gefahren von Referate-, Hausaufgaben- und Textbörsen im Internet

Internetseiten, auf denen Referate, Facharbeiten und Hausaufgaben getauscht und herunter geladen werden können, erfreuen sich seit Jahren großer Beliebtheit unter Schülerinnen und Schülern. Neben der Möglichkeit der Materialbeschaffung bieten diese Seiten oft auch Gelegenheit zum Austausch mit anderen
5 Schülern in Foren. Seit einigen Monaten ist jedoch verstärkt zu beobachten, dass gerade die bekanntesten dieser Seiten so genannte *Dialer* installiert haben. Dialer sind kleine Programme, die sich unbemerkt auf dem PC installieren und eine kostenpflichtige Telefonverbindung aufbauen. Bei der Aktivierung eines Dialers können auf einzelnen Seiten Verbindungspreise von etwa 30 € pro Ver-
10 bindung oder mehreren € pro Minute fällig werden.

Das Mehrwertdienste-Gesetz schützt Verbraucher vor unseriösen Angeboten, die in der Vergangenheit zu sehr hohen Telefonrechnungen geführt haben, indem es u.a. eine Pflicht zur Preisangabe und einen Kostenrahmen vorsieht. Allerdings sind diese oft bewusst unauffällig platziert und zudem so schwer lesbar,
15 dass Jugendliche sie bei der Benutzung der Seite leicht übersehen.

Die Installation des Dialers wird in der Regel durch die Eingabe der Buchstaben *OK* in ein Feld aktiviert, das dem jugendlichen Nutzer einen einfachen und sicheren Zugang zu den Angeboten der Seite vorgaukelt. In Einzelfällen muss vor der Nutzung des Angebots ein Passwort mit einer Kurznachricht (SMS)
20 angefordert werden, die ebenfalls zu vergleichsweise hohen Kosten führen kann.

Eltern kann geraten werden, ihre Kinder auf das Kostenrisiko hinzuweisen bzw. die Benutzung von kostenpflichtigen 0190er-Nummern, der sich diese Anbieter bedienen, beim eigenen Telefonanbieter sperren zu lassen. Informationen zum
25 Schutz vor Dialern sind auch im Internetangebot der bayerischen Polizei unter der folgenden Adresse einsehbar: www.polizei.bayern.de/ppmuc/schutz/

Das Staatsministerium empfiehlt, Schülerinnen und Schülern im Unterricht anhand der Besprechung konkreter Beispiele deutlich zu machen, dass die Benutzung der Internetangebote finanzielle und rechtliche Risiken birgt und auch
30 aufgrund der bedenklichen Qualität der meisten Materialien dem Lernerfolg nicht zuträglich sein kann.

1. Was heißt die Abkürzung *PC*?
2. Was versteht man unter *Multimedia*?
3. Erkläre die Begriffe *Chatroom* und *Newsgroup*.
4. Wofür kann ein PC benutzt werden?
5. Was ist deine Hauptbeschäftigung am PC und wie viel Zeit verbringst du damit?
6. Wann sind Handys sinnvoll?
7. Warum bergen auch Handys Gefahren?
8. Ein Mitschüler bietet dir ein illegales Computerspiel an. Wie verhältst du dich?

Computer

Computer (sprich: kompjuter) sind Alleskönner. Man kann mit ihnen Texte schreiben und bearbeiten, elektronische Post und Faxe abschicken, Musik hören, spielen, Filme ansehen und Grafiken erstellen. Und nicht zu vergessen: Man kann mit ihnen rechnen. Das war nämlich ihre erste Aufgabe: Computer waren einst Rechenmaschinen. Der Einfachheit halber rechneten schon die ersten Computer mit nur zwei Zahlen, 0 und 1. Mit diesen beiden Ziffern kann man alle Dezimalzahlen darstellen. Im Lauf der Zeit gelang es, auch Buchstaben, Muster, Farben, Töne und Geräusche in digitale Form zu bringen und mit den beiden Ziffern 0 und 1 darzustellen. Auf diese Weise erlangte der Computer seine heutige Vielseitigkeit. Noch heute rechnet der Computer nur mit den beiden Ziffern 0 und 1. Doch er tut dies so rasend schnell, dass er nun auch komplizierteste Aufgaben übernehmen und zum Beispiel Flugzeuge allein steuern kann.

Eine heutige Computerausrüstung besteht zunächst aus dem Rechner. In dem Gehäuse befinden sich die Zentraleinheit und die Festplatte. Mit dem Rechner allein kann man aber noch nichts anfangen. Man braucht für die Ein- und Ausgabe von Befehlen noch Peripheriegeräte. Mit der Tastatur (Keyboard) gibt man Texte und Zahlen ein, die dann auf dem Bildschirm oder Monitor gezeigt werden. Was man auf dem Bildschirm sieht, kann man sich vom Drucker oder Printer auf Papier ausdrucken lassen. Mit der Maus bewegt man auf dem Bildschirm einen Mauszeiger. Befehle erteilt man durch Klicken mit den Tasten der Maus. Damit man Musik und Sprache hören kann, sind Lautsprecher mit dem Computer verbunden. Jeder Rechner hat mindestens zwei Laufwerke, eines für Disketten und eines für CDs oder CD-ROMs. Für größere Speicherplatten braucht man ein ZIP-Laufwerk. Mit dem Scanner rastert man Bilder oder Texte in Bildpunkte auf, um sie am Monitor aufzubauen.

Ein Computer besteht aus mehreren Einzelteilen.

Sein „Herz", die Recheneinheit, ist meist ein viereckiger Kasten. Die Eingabe erfolgt über die Tastatur oder die Maus, die Ausgabe der Daten über den Bildschirm oder den Drucker. Mit verschiedenen Laufwerken liest man Disketten und CDs. Mit dem Scanner kann man Bilder und Texte einlesen.

Informationstechnik

Computertechnik und Nachrichtentechnik (Telekommunikation) waren einst getrennte Gebiete. Doch in den vergangenen 20 Jahren sind sie zusammengewachsen. Es begann damit, dass der Computer Anschluss an das Telefonnetz fand. Mit einem Modem konnte man Daten über analoge Telefonleitungen übertragen. Beim heutigen ISDN-Netz braucht man kein Modem mehr. Vielmehr wird das Telefongespräch in der Fernsprechkapsel sofort digitalisiert und in Form von Datenpaketen weitergeleitet.

Durch die Verbindung zwischen Computer und Telefon entstanden weltweite Computernetze wie das Internet. Der Computer hat aber auch das Telefonieren von Grund auf verändert. Nur mit Computertechnik gelang es, das mobile Telefonnetz zu entwickeln. Handys sind heute schon kleine Computer, mit denen man Bilder und Daten aus dem Internet empfangen kann.

Computerbegriffe

Bit: Kurzwort für *Binary Digit*, also „binäre Ziffer". Das Bit ist die kleinste Informationseinheit. Man stellt ein Bit als 0 oder 1 dar. Eine Einheit aus 8 Bit heißt Byte.

Byte: Eine Einheit aus 8 Bit. Den Informationsgehalt von Dateien und den Speicherplatz von Computern gibt man in Kilobyte (1000 Byte), Megabyte (1 Million Byte) oder Gigabyte (1 Milliarde Byte) an.

Datei: Eine zusammenhängende Einheit von Daten. Auf Englisch sagt man *File* (sprich: fail). Jede Datei erhält eine eigene Bezeichnung, die aus zwei Teilen besteht (Dateiname und Dateiendung) und die man im Dateiverzeichnis nachsehen kann.

Festplatte: Eine in den Rechner eingebaute Magnetplatte, die große Datenmengen speichern kann. Diese werden von einem Schreib- bzw. Lesekopf überschrieben und gelesen. Die Festplatte dreht sich mit rund 3000 Umdrehungen pro Minute.

Formatieren: Bevor eine Diskette Daten aufnehmen kann, muss sie formatiert werden. Man legt dabei magnetische Spuren, Sektoren und ein Inhaltsverzeichnis an. An diesen Punkten kann sich das Betriebssystem orientieren. Als unformatiert bezeichnet man z.B. auch Texte, die aus einer beliebig langen Kette von Zeichen bestehen. Die Formatierung entspricht in diesem Beispiel dem Layout und der Festlegung der Schriftart.

Hardware: Die Maschinenausrüstung von Computern, d.h. der Rechner und alle Peripheriegeräte. Mit der Hardware allein kann man nichts anfangen. Man braucht zum Arbeiten auch Software.

Laptop: Ein tragbarer kleiner Computer. Er lässt sich aufklappen und hat einen Bildschirm mit Flüssigkristallanzeige. Noch kleiner als die Laptops sind die Notebooks.

Menü: Eine Reihe verschiedener Befehle oder Funktionen auf dem Bildschirm. Durch Klicken mit der Maus aktiviert man einzelne Felder.

Online: Bezeichnung für einen Computer, der mit dem Internet verbunden ist.

Passwort: Eine Art Schlüssel, der die Benutzung bestimmter sonst gesperrter Geräte oder Funktionen ermöglicht.

Programm: Eine Aufeinanderfolge von Befehlen für den Computer. Zum Arbeiten mit dem Computer braucht man Programme.

Software: Die Gesamtheit aller Programme eines Computers.

Virus: Ein unerwünschtes Teilprogramm, das sich von Rechner zu Rechner ausbreitet. Die meisten Viren sind schädlich und füllen den Speicher mit Datenmüll.

---

1 Mit welchen Ziffern rechnet ein Computer?

2 Was versteht man unter a) digital, b) Peripheriegeräte, c) Monitor, d) binär?

3 Stelle in einer Tabelle die deutschen und englischen Fachbezeichnungen gegenüber: z.B. *Tastatur – Keyboard*, *Drucker – Printer*.

4 Der Text stammt aus dem Jahr 2001. Welche Informationen sind schon veraltet?

5 Lies dir die Computerbegriffe durch. Erkläre sie mit eigenen Worten deinem Nachbarn.

6 Lege eine Wörterliste mit Erklärungen für den Themenbereich *Computer* an.

7 Was kannst du am Computer besonders gut, wo bist du „Experte"?

Oskars ganz persönliche Geheimdatei
Marliese Arold

Kennst du das Passwort?
******
Achtung, Lesen verboten!!!
Alle Einträge sind streng geheim!
5 WARNUNG:
Der Computer schlägt zurück!
Wer das liest, den soll ein Fluch treffen.
Er soll mit einer Dornwarze auf der Fußsohle oder einem saftigen Eiterpickel auf der Nase bestraft werden!
10 Das gilt besonders für dich, Kristin, falls du wieder mit meinem Computer rumspielst, wenn ich nicht da bin. Ich kenne dich doch, du gemeines Aas! Falls du meinen guten Rat nicht befolgst und entgegen allen Warnungen diesen Text doch liest, dann sollst du auch wissen, was ich von dir halte. Ich bin fest überzeugt, dass Mama und Papa dich in Wirklichkeit adoptiert haben. Wir können
15 gar nicht verwandt sein! Das Schicksal hat uns alle mit dir gestraft. Du bist so was von eitel und eingebildet, außerdem hast du das Herz einer Schlange! Kotz! Falls du glaubst, dass dir die Jungs nachlaufen, dann irrst du dich gewaltig! Kein Schwein guckt dich mit dieser Pampe im Gesicht an! Männer sind doch nicht doof! Ich bin schließlich selbst einer!
20 Willst du noch mehr über dich lesen, Kristin? Dann mach nur weiter. Übrigens: Es nützt gar nichts, wenn du versuchst, auf den Tasten rumzuhacken und den Text zu ändern. Immer wenn die Abkürzung HZ auftaucht, dann bist du gemeint, jawohl! HZ bedeutet: hirnamputierte Zimtzicke!
Ätsch!
25 Diese Datei ist übrigens schreibgeschützt!

• Oskars Geheimdatei • Oskars Geheimdatei • Oskars Geheimdatei •

Der Urknall und warum ich mein Leben unbedingt ändern muss
Datum: *Samstag, 1. Februar, aber den Tag sollte man besser aus dem Kalender streichen*
30 Autor: *Oskar Weiß*
Die Welt begann mit einem Urknall. Danach war nichts wie vorher. Ich bin heut auch hingeknallt.
In der Eisdisco. Mindestens zweihundert Leute (die Hälfte davon Mädchen!) haben dabei zugeschaut.
35 Ich lag platt wie eine Flunder auf dem Eis. Es muss wunderschön ausgesehen haben. Daniel hat Fotos gemacht, damit ich mich auch noch mit neunzig an den peinlichsten Augenblick meines Lebens erinnere. (Der Fotoapparat gehört übrigens mir, ich hab ihn zu Weihnachten gekriegt!) Wenn ich die Bilder sehe, schieße ich mir eine Kugel in den Kopf!

Vielleicht sollte ich den Film lieber gleich vernichten. Aber ich kann leider nicht vernichten, was die anderen gesehen haben. *(Wart ihr neulich auch dabei, wie Oskar beim Schlittschuhlaufen auf die Fresse geflogen ist?)*
Schade, dass ich mir nichts gebrochen habe. Dann hätten die anderen mich bemitleidet, ein Krankenwagen wäre aufgetaucht und ich wäre höchst dramatisch abtransportiert worden. Aber so habe ich nur ein paar blaue Flecken und das hat noch keinen Kerl umgebracht (meint Kliffe, unser Klassenlehrer).
Das nicht, aber die Blicke von den anderen! Und das Grinsen!
Gut, ich mache mir nicht grad viel aus Sport. Aber Schlittschuhe sind wirklich eine hundsgemeine Erfindung. Sie haben keine Bremse und bevor man „Blubb!" sagen kann, ziehen sie einem die Beine unterm Hintern weg. Außerdem bin ich überzeugt, dass es Schlittschuhe gibt, die man sabotieren kann. (So wie die Gewehre auf den Jahrmärkten, mit denen man nie trifft!) Genau solche Schlittschuhe hatte ich. Ich hätte sie an der Kasse umtauschen und mir andere geben lassen sollen.
ABER KANN MAN DENN IM VORAUS ALLES WISSEN? Wenn ich gewusst hätte, was passiert, wäre ich heut gar nicht mitgefahren, sondern hätte mich krank gemeldet. (Wir mussten einen Unterrichtstag nachholen und Kliffe hat den Vorschlag mit der Eisdisco gemacht. Die meisten aus meiner Klasse waren begeistert. Ich nicht!)
Wie soll ich mit dieser Blamage am Hals bloß weiterleben?
Ich habe mir verschiedene Möglichkeiten überlegt:
a) Auswandern;
b) das Gerücht verbreiten, dass es sich gar nicht um Oskar gehandelt hat, sondern um seinen Zwillingsbruder (leider hab ich keinen!);
c) erzählen, dass ich Hinfallen geübt habe, weil ich neuerdings als Stuntman beim Film arbeite;
d) so berühmt werden, dass es keiner mehr wagt, mich auszulachen. Richtig berühmt sein, das wär's überhaupt. Dann ist man stinkreich und alle Leute wollen Autogramme. Das stelle ich mir schön vor.
Höchstwahrscheinlich werde ich Möglichkeit d) nehmen.
Auswandern kann ich immer noch. Außerdem ist auf der Südhalbkugel grad Regenzeit. Glaub ich wenigstens.

1. Warum will Oskar sein Leben unbedingt ändern?
2. Oskar benutzt den Computer auch als Tagebuch. Wofür nutzt du den Computer?
3. Wie würdest du deine Dateien schützen?
4. Weil er sich beim Schlittschuhlaufen blamiert hat, überlegt sich Oskar vier Möglichkeiten, damit umzugehen. Welche gefällt dir am besten? Welche anderen Möglichkeiten gibt es noch?
5. Oskar hat sich entschieden, berühmt zu werden. Schreibe einen Tagebucheintrag aus der Sicht Oskars zum Thema *So werde ich garantiert berühmt*.
Info zur Autorin im Internet unter:
www.stuttgart.de/chilias/literatur/aut_a-d/arold/1arold.htm

Computeritis

Nina Schindler

Das Telefon klingelt. Natürlich geht niemand ran. Seufzend wirft Ricki den Lappen in die Spüle und flitzt hin. Ein Freund von Johannes ist dran. Ob er den mal sprechen könnte?
Ricki brüllt hoch in den zweiten Stock.
5 Nichts.
Sie pfeift auf zwei Fingern.
Nichts.
Sie pfeift auf vier Fingern.
Immer noch nichts.
10 Sie vertröstet den Anrufer und erklimmt fuchsteufelswild den zweiten Stock, reißt keuchend die Tür zu Klaas' Zimmer auf und sieht einen Vierertrupp dicht gedrängt dasitzen: Alle haben den Blick starr auf die Mattscheibe gerichtet. Johannes und sein Freund Basti halten einen Joystick in der Hand, umklammern ihn mit der andern und vollführen ruckartige, winzige Bewegungen damit,
15 während Klaas und Marvin stumm gaffen.
Das Bild auf dem Monitor flimmert, wechselt rasend schnell, Zahlenkolonnen verraten den jeweiligen Spielstand und ab und zu entweicht ein leises Stöhnen den Mündern der Spieler und der Zuschauer, wenn das zappelnde bunte Männchen in den tiefen Schacht stürzt oder von einer bunten Seifenblase zum Plat-
20 zen gebracht wird.
„Telefon, Johannes. Vielleicht kannst du mal diese wichtige Tätigkeit kurz unterbrechen?"
Rickis Hohn verpufft. Johannes starrt unentwegt auf die Mattscheibe und sagt nur: „Nee, geht jetzt schlecht. Wer ist es denn und was will er? Kannst du das
25 nicht klären?"
Ricki schnappt nach Luft.
Diese Zombies!
Diese Computeridioten!

Sie ist kurz davor einen der Joysticks an sich zu reißen und aus dem Fenster zu schmeißen. „Du bist wohl nicht ganz dicht! Du gehst jetzt sofort selber hin und kümmerst dich um deinen Anruf!"

„Ricki!" Ein empörter Aufschrei aus tiefstem Herzensgrund. „Das geht jetzt echt nicht! Ich brech grad meinen eigenen Rekord!"

„Du hast wohl einen Schatten, du bist ja nicht mehr ganz von dieser Welt, du!"

Aber Ricki merkt, dass ihr keiner mehr zuhört, und sie hat keine Lust, vor den Kumpanen ihrer großen Brüder als Furie herumzutanzen. Als letzten Racheakt reißt sie noch das Fenster auf, damit den Düften, die den dicht zusammenhockenden Körpern entströmen, ein bisschen Frischluft beigemischt wird.

Dann erledigt sie ihren Auftrag am Telefon und schwört sich in Zukunft Butler-Zulage von Johannes und Klaas einzufordern.

Beim Abendbrot erhofft sie sich von den Eltern Verstärkung und wütet los. „Sag mal, was fällt dir eigentlich ein, dass du einfach nicht ans Telefon gehst, wenn dich der Computerfimmel in den Klauen hat? Seid ihr eigentlich total bekloppt? Ihr solltet euch mal sehen als Computerzombies, wenn ihr dasitzt und glotzt und glotzt und euch überhaupt nicht von der Stelle bewegt. Ein grässlicher Anblick!"

„Und was willste, was wir machen sollen?" Klaas schnappt sich die letzte Salamischeibe und grinst.

„Vielleicht hin und wieder mal ein Buch lesen statt immer nur vor dem Bildschirm zu hängen und Knöpfchen zu drücken!"

Die Eltern sehen gespannt zu und murmeln etwas Beifälliges. Das ist aber nichts Besonderes, denn beide sind lesesüchtig.

Klaas grinst. „Ach, und beim Lesen schaust du nicht zufällig immer in eine bestimmte Richtung! Und dabei joggen tust du doch auch nicht, oder?"

Ricki beißt sich auf die Zunge. Das weiß sie auch, dass man beim Bücherlesen keine Purzelbäume schlägt, haha. Vorsichtshalber gibt sie Klaas unter dem Tisch einen Tritt, damit er nicht denkt, sie würde klein beigeben.

„Bloß weil du von Computern keine Ahnung hast, brauchst du dich noch lange nicht so aufzuspielen." Johannes spricht mit vollem Mund, aber statt dass er dafür den üblichen Rüffel einheimst, knurrt der Vater eher etwas Zustimmendes.

Ricki schaut die Mutter an und die schaut den Vater strafend an. „Also, ich finde, Ricki hat Recht. Den Dienstboten spielen ist schon ziemlich ätzend, aber dann auch noch wegen solch dämlicher Spiele – also nein! Das ist wirklich eine Zumutung!"

„Komm, Mama, du hast doch selbst gesagt, man soll nicht schlecht über Dinge reden, die man gar nicht kennt. Ricki soll nachher mal mit raufkommen und sich das selbst ansehen, okay?" Johannes grinst seine Schwester frech an. „Wir zeigen dir mal ein richtig tolles Computerspiel, ja? Es gibt nämlich nicht nur Schrott oder Plattmacherspiele, ehrlich."

Ricki weiß, wenn sie geschlagen ist. „Na gut."

Vielleicht kriegt sie so mehr Munition für Argumente gegen stundenlanges Computerisieren.

Nach dem Abendbrot klettert sie mit den Brüdern wieder die Treppen hoch bis in den zweiten Stock.

„Bitte, nimm Platz!" Johannes zeigt auf den Hocker vor dem Computertisch. „Das Spiel des heutigen Abends heißt Sim City und – ob du's glaubst oder nicht – gleich wirst du eine ganze Stadt konstruieren."

Schon flimmert der Bildschirm, das Spiel ist installiert und man sieht die Landschaft, in der die neue Stadt gebaut werden soll. Das Terrain ist sowohl als Reliefkarte als auch als Karokästchen am Reißbrett zu sehen und Ricki wird als Erstes in die Planung der Energieversorgung eingeweiht. Weil sie eine Umweltfreundin ist, entscheidet sie sich für Windräder.

Mittlerweile ist sie von der Stadtplanung völlig fasziniert und macht Vorschläge, die jedoch meistens zurückgewiesen werden, weil sie keine Ahnung von den Kosten hat oder davon, wie zum Beispiel die Polizei und die Feuerwehr eingeplant werden müssen. Zu guter Letzt bauen sie noch eine Brücke vom Hafen hinüber zu dem Industriegebiet und dann wird die Stadt von Klaas und Johannes für fertig erklärt. Außerdem ist auch der Stadtsäckel leer, besonders, weil sie einmal statt einer Wasserleitung lauter Pumpen gebaut haben und das Abreißen ebenfalls Geld kostet.

Ricki seufzt leise. Dann räuspert sie sich. „Hört doch mal eben auf. Ich will das auch können. Richtig, wer bringt mir das bei?"

Klaas und Johannes sehen sich an.

„Äh", sagt Johannes. „Wie meinst du das?"

„Och", sagt Ricki kühl. „Ihr müsst mir das jetzt zeigen. Ich werde jetzt Oberbürgermeisterin von Sim City und dann muss das alles richtig klappen. Schuldenfrei und so."

Klaas grinst. „Da haben wir uns was eingebrockt, Jo. Na gut, morgen zeig ich dir das noch mal alles ganz langsam und später kannst du's selbst austüfteln."

„Ja", sagt Ricki zufrieden. „Und wenn ich's dann kann, bring ich's Mama bei."

1 Ricki ist am Schluss von dem Computerspiel begeistert.
Wie kam es zu dem Sinneswandel?

2 Die Autorin Nina Schindler lässt zwei Jungen am Computer spielen, während das Mädchen anfangs kein Interesse daran hat.
Sind deiner Meinung nach Jungen wirklich computerbesessener als Mädchen?
Woran könnte dies liegen?

3 Johannes sagt: „Es gibt nämlich nicht nur Schrott oder Plattmacherspiele …".
Welche Computerspiele, in denen es nicht um Gewalt geht, kennst du?

Zapping¹ am Nachmittag

Karlhans Frank

    Zu schnell daran gewöhnt
    Dein Haar hätte es dringend
    Gesiegt, tapferer Krieger
    Beim Thema Guten Appetit
5 Zum Kennenlernpreis
    Mit deinem lausigen
    Freuen sich über
    Dem Ufer des ungarischen Sees
    Er ist wieder voll da
10 For the second shot
    Ihr Geld nicht
    Haben die Bank ausgeraubt
    Nacken und Wirbelsäule werden
    Was Sie kriegen können
15 Sie war in ihren Anfängen
    Ein scheußliches Gefühl
    Rufen Sie die Polizei
    Bis zum Mittelpunkt der Erde
    The world is
20 Für Wissensdurst und Fragelust
    Auf der falschen Straßenseite
    Vollständig verdorben
    Die Weite von ihm dreiundvierzig
    Vom Allerfeinsten
25 For a young man
    Frieden in unserer Gesellschaft
    Hatte vorher mit Ihrer Frau

¹ Zapping oder Zappen nennt man das häufige Umschalten zwischen verschiedenen Fernsehprogrammen mittels der Fernbedienung.

1 Jede Zeile steht für einen Ausschnitt aus einem Fernsehprogramm. Dabei kann es sich um eine Nachrichtensendung, eine Werbesendung, einen Spielfilm, eine Talkshow oder eine andere Sendung handeln.
Versuche die Zeilen bestimmten Formen von Sendungen zuzuordnen.

2 Kann man Karlhans Franks *Zapping am Nachmittag* als Gedicht bezeichnen? Begründe deine Meinung.

3 Verfasse selbst ein Zapping-Gedicht.

So spannend kann ein Buch sein

Klappentext
Preis
Buchnummer
Autor
Titel
ISBN
Buchrücken

Was ein Buch verrät, bevor man es liest

1 a) Was bedeutet die Redensart „Da kräht kein Hahn nach dir"?
   b) Warum hat der Autor wohl diesen Titel gewählt?

2 Lies den Klappentext. Welche Aufgabe hat er?

3 a) Welche Angaben findest du auf dem Buchrücken?
   b) Warum sind gerade dort so viele Informationen abgedruckt?

4 ISBN ist die Abkürzung für „International Standard Book Number". Weißt du, wofür man sie braucht?

5 Manche entscheiden sich für ein Buch, weil sie es von jemandem empfohlen bekamen, andere, weil ihnen der Titel gefällt, wieder andere, weil sie die Thematik des Buches interessiert. Nach welchen Gesichtspunkten wählst du ein Buch aus?

6 a) Du möchtest ein Jugendbuch, das dir ein Freund oder eine Freundin empfohlen hat, in der Buchhandlung kaufen.
Welche Informationen musst du haben, damit du das richtige Buch bekommst?
   b) Spielt in einem Rollenspiel, wie ein Kunde in der Buchhandlung ein bestimmtes Buch kaufen will.

Was im Buch drinsteht

Die Miker, die neue Lederjacke, eine Mutprobe, die Gabi und der ungleiche Kampf

Bernd ist mit seinen Eltern und seiner kleinen Schwester Renate, die noch ein Baby ist, in die Stadt gezogen. Nach einem schweren Autounfall, bei dem Bernds Vater ein Bein verlor, musste die Familie den Bauernhof auf dem Land aufgeben. Für Bernd ist es in der neuen Umgebung gar nicht so einfach: Er muss sich erst einmal zwischen den vielen Hochhäusern zurechtfinden und Futter für seine Hasen Zwick und Zwack gibt es auch nicht überall. Ungewohnt sind auch die neuen Mitschüler und Mitschülerinnen in der Schule. Freunde hat er noch keine. Da macht ihm Rudi, ein Klassenkamerad, den Vorschlag Mitglied in der Mikerbande zu werden, einer Gruppe, die als Erkennungszeichen Lederjacken trägt.

Vier Tage nach Ferienbeginn ist der Bernd im Besitz einer tollen braunen Lederjacke. Die schaut fast so aus wie die vom Mike.
Der Sommerschlussverkauf ist ihm zu Hilfe gekommen. Das war ein Sonderangebot. Die Mama konnte nicht nein sagen. Und dem Papa war es egal.
5 Das Wetter passt noch nicht so recht. Zu viel Sonne, zu wenige Wolken. Das ist kein richtiges Lederjacken-Wetter!
Seit dem Gespräch mit dem Rudi hat er keinen mehr von der Bande gesehen. Zuerst probiert er die Lederjacke vormittags zu Hause vor dem Spiegel an. Die Mama ist einkaufen gegangen. Die Renate schläft auf dem Balkon. Der Papa ist
10 in der Schule; der hat keine Ferien.
Der Bernd dreht sich vor dem Spiegel, geht vor und zurück, setzt einen gefährlichen Gesichtsausdruck auf und macht eine lässige Handbewegung wie der Mike, wenn er den Rudi oder die Gabi herwinkt. Er gefällt sich nicht schlecht. Er kann sich gut vorstellen, dass er in die Bande passt.
15 Am Nachmittag geht er mit einer Plastiktüte auf die Suche nach Hasenfutter. An der Glasscheibe bei der Haustür kann er nicht vorbeigehen ohne sein Spiegelbild noch einmal ausgiebig zu bewundern. Gleich darauf stolziert er über die Wiese wie ein Gockel über den Misthaufen.
Der Bernd fühlt sich sauwohl. Die ganze Umgebung gefällt ihm mit einem Mal
20 viel besser. Irgendwie gehört er jetzt hierher.
Fast fühlt er sich nun hier zu Hause.
Doch wo sind jetzt die Miker?
Keine Spur von denen. Die sind wie vom Erdboden verschluckt. Drei Tage lang schlendert der Bernd sooft es geht im Hochhausviertel herum: immer auf der
25 Friedrich-Ebert-Straße rundherum um die Hochhaus-Insel. Über die Parkplätze geht er, über den Kinderspielplatz. Dann nimmt er sein Fahrrad und vergrößert seine Kreise.

Endlich trifft er den Rudi unten vor den Schaufenstern beim Fahrrad- und Motorradgeschäft ... Er kaut Kaugummi und starrt durch die Scheiben ins Geschäft.
Der Bernd haut ihm auf die Schulter und sagt:
„He – du, Rudi, ich hab mir's überlegt!"
Der Rudi tut, als ob er nicht kapiert.
„Was denn, he!"
„Ich mach mit bei eurer Bande, alles klar, ja?"
„Ach so, ja, gut –"
„Wo ist der Mike? Ich habe euch schon überall gesucht."
Der Bernd merkt, dass der Rudi nicht mehr so richtig zieht.
„Du hast doch gesagt, dass ich mitmachen soll, oder nicht?", fragt er ihn wild entschlossen.
„Ja, stimmt schon."
„Also, los, dann bring mich hin!"
„Besser morgen."
Der Rudi weicht aus. Aber der Bernd gibt nicht nach.
„Warum nicht heut?", will er wissen.
„Also, von mir aus, fahr hinter mir her!", sagt plötzlich der Rudi, packt sein Fahrrad und rast los.
Der Bernd jagt hinter ihm her in Richtung Hochhausviertel. Beim Supermarkt biegen sie ab und fahren in den Hinterhof von der Ladenkette. Schachteln liegen dort aufgetürmt, Obstkisten stehen herum und große Stapel aus Bier- und Limoträgern. Hinter der Laderampe wird der Hof schmäler und ein Betonplattenweg führt in den Nachbarhof. Nichts als Garagen, Lieferautos, eine Zapfsäule für Benzin ...
Der Rudi lehnt sein Fahrrad an die Wand.
„Komm mit!", sagt er bloß und geht voran ohne sich umzudrehen.
Der Bernd stellt sein Rad neben das vom Rudi und folgt ihm durch eine Tür neben den Garagen. Über eine Treppe gelangen sie nach unten. Es riecht nach Benzin und Autoabgasen. Sie befinden sich in einer Tiefgarage. An abgestellten Fahrzeugen vorbei hasten sie in die hinterste, düsterste Ecke. Dort reißt der Rudi eine verrostete Eisentür auf, steigt einen Treppenabsatz hoch und bleibt vor einer weiteren Tür stehen. Sie ist von oben bis unten mit Sprüchen und Bildern beschmiert.
Der Rudi klopft zweimal kurz, zweimal lang.
Die Tür öffnet sich langsam ...
Da stehen sie in einem dämmrigen Raum. Durch zwei Kellerschächte fällt Licht herein. Die Luft ist zum Schneiden dick. Irgendwo in einer finsteren Nische winselt ein Radio oder ein Kassettenrekorder. Leere Bierträger stehen herum.
Auf alten Matratzen hocken die Leute von der Bande:
der Dieter, der Günter, der Florian, der Manuel, der Markus, diese Bohnenstange, und natürlich die Gabi und der Mike.

Sie haben ein Brett als Tisch über zwei Bierträger gelegt. Anscheinend sind sie gerade beim Kartenspielen. Überrascht blicken sie auf die Neuankömmlinge. Der Mike steht auf und schnauzt den Rudi an:
„Was soll das, hä? So haben wir nicht gewettet, Rudilein!"
75 Der Rudi wird ganz kleinlaut, weicht ein paar Schritte zurück und beginnt zu stottern: „I ... ich wollt, ich hab –"
Der Mike geht auf ihn zu und schubst ihn vor sich her, bis er mit dem Rücken an der Betonwand steht.
„Du hast doch was anderes mitbringen sollen, oder?
80 Was war denn abgemacht, hä? Ich glaub, du tickst nicht richtig!
Was sollen wir denn mit dem da, hä?"
Der Rudi steht vor dem Mike wie ein Schüler vor dem Lehrer.
„Das geht nicht, wie du dir das vorstellst. Da waren ja kaum Leute im Geschäft. Die hätten das doch gemerkt, wenn ich – Du, Mike, der Bernie will bei uns mit-
85 machen!"
Er spult seine Sätze mit einer Affengeschwindigkeit ab. Man merkt, der hat Muffensausen.
Der Mike stutzt und wirft einen geringschätzigen Blick auf den Bernd.
Dann steckt er die Daumen hinter den breiten Gürtel von seiner Jeans und
90 lacht. Er meckert wie eine Ziege. Der kriegt sich gar nicht mehr ein. Die anderen stehen auch auf und kommen näher. Der Bernd weicht zurück bis zur Tür. Er bekommt ganz feuchte Hände. Am liebsten würde er sich verdünnisieren.
„Bernie" hat ihn der Rudi genannt. Das hat sich eigentlich gut angehört. Das könnte sein Name in der Bande sein.
95 Aber der Mike macht sich darüber lustig.
„Der Bernie, der Bernie will mitmachen bei uns, habt ihr das gehört?"
Der Mike spricht den Namen Bernie gedehnt aus und wie einen Spottnamen. Das lässt nichts Gutes erwarten. Aber der Bernd will sich nicht anmerken lassen, dass er Angst hat.
100 „Ja – ich möcht gern mitmachen bei eurer Bande, Mike!"
Der Manuel flüstert dem Mike etwas ins Ohr.
„O.k.", sagt der Mike, „mal sehen, ob du cool genug bist für unsere Mannschaft. Wenn du die Probe bestehst, gehörst du zu uns, Bernielein! Manuel, Dieter, Mark, Florian, Günter, Gabi, kommt mal alle her, wir lassen uns was einfallen,
105 los, du auch, Rudi!"
Sie verziehen sich nach hinten und flüstern.
Was meint der bloß mit cool? Der Bernd weiß nicht, was er von der Sache halten soll. Er wartet einfach mal ab. Nach kurzer Zeit lachen die anderen plötzlich; sie schauen zu ihm herüber, nicken, kichern und grinsen. Die scheinen
110 sich einig zu sein. Der Bernd kommt sich vor wie ein Hahn auf Besuch im Fuchsbau. Alle sind gegen ihn. Er fühlt sich winzigklein und hässlich.
Er wünscht, er könnte jetzt ein anderer sein. Einer, der mehr Kraft hat und mehr Mut und, ja, und ...
Da kommen sie auf ihn zu.

Der Manuel und der Mike voran. Die Hände in den Hosentaschen, bleiben sie vor ihm stehen und schauen ihn herausfordernd an.

„Und – bist bereit?", fragt der Manuel.

„Ja", antwortet der Bernd zögernd, „was muss ich machen?"

Er ist entschlossen die Probe zu bestehen. Und er steckt die Hände auch in die Hosentaschen, versucht lässig auszusehen. Es gelingt ihm nicht so ganz. Er weicht dem Blick der beiden aus, linst nach oben zur kahlen Betondecke, dann schaut er unsicher auf seine staubigen Turnschuhe.

„Verbind ihm die Augen, Gabi!", befiehlt der Mike.

Ohne ein Wort zu sagen, tritt die Gabi seitlich an den Bernd heran. Sie hat einen schmutzigen blauen Schal in der Hand, legt ihn um seine Augen und verknotet ihn hinter seinem Kopf. Stockdunkel ist es jetzt für den Bernd.

Mehrere Hände packen ihn an den Schultern, drehen ihn, immer schneller drehen sie ihn, bis ihm fast schwindlig wird. Er taumelt. Sie halten ihn fest.

„Die Jacke brauchst du jetzt nicht", krächzt die Stimme vom Markus.

Und zwei Hände zerren ihm die Jacke vom Leib.

„Die Hose auch nicht", sagt die Stimme vom Florian und zwei Hände öffnen ihm den Gürtel.

Das wird dem Bernd zuviel.

„He, was soll das!"

Er wehrt sich, hält die Hose fest, schlägt blind um sich.

„Willst du bei uns mitmachen oder nicht!", redet ihn die Stimme vom Mike scharf an.

„Ja, aber ich ... was habt ihr vor mit mir ... ich möcht das vorher wissen!", sagt er und seine Stimme zittert und stockt.

„Mutprobe ist Mutprobe. Willst dich verkrümeln, dann sag's gleich und hau ab, Waschlappen brauchen wir hier nicht", erwidert der Mike.

„Nein, nein, ist schon gut, ich mach ja alles!"

Der Bernd hat einen Mordsbammel. Er beißt die Zähne zusammen.

Er will jetzt keine Angst haben.

„Also, dann zieh deine Schuhe aus!", sagt die Stimme vom Mike drohend.

Der Bernd bückt sich, tastet nach den Schuhbändern, zieht die Turnschuhe aus.

„Und jetzt die Hose!"

Der Bernd will etwas einwenden.

„Ich –"

„Halt die Klappe!", unterbricht ihn Mike sofort.

Der Bernd zieht die Hose aus. Eine Hand greift danach und zieht sie weg.

Will ich wirklich zur Bande gehören? überlegt er.

Seine Gedanken schlagen Purzelbäume. Ja, er will.

„Und das Hemd!", kommandiert der Mike weiter.

Der Bernd knöpft langsam sein Hemd auf, lässt es zu Boden fallen. Jetzt hat er nur noch seine Unterhose an. Er fühlt ein Kribbeln im Bauch. Am liebsten wäre er jetzt zu Hause.

Er würde den Hasenkarton sauber machen, auf die Renate aufpassen, alles. Statt dessen steht er hilflos und blind hier bei diesen Idioten, die er sowieso nicht leiden kann. Seine Füße werden kalt. Die Zehen krallen sich in den rauhen Betonboden. Er hört, wie sich die Tür öffnet. Hände schieben ihn vorwärts. Er tastet sich an der Wand entlang eine Treppe hinauf, riecht wieder Benzin, Auspuffgestank. Die Tiefgarage …
Wie ein Kalb beim Metzger, denkt er.
Da geht wieder eine Tür auf. Durch den Schal vor seinen Augen dringt etwas Licht. Er hört das Motorengeräusch von Autos. Das ist der Parkplatz. Drüben muss irgendwo der Supermarkt sein und die Straße. Sie schieben ihn weiter voran. Geruch von Mülltonnen. Wenn ihn jetzt jemand sieht. Bis in den Hals hinein spürt er sein Herzklopfen. Der Bodenbelag wechselt. Betonplatten.
„Die Schnur, Gabi!", befiehlt die Stimme vom Mike herrisch.
„Wir spielen jetzt ein bisschen Indianer. Du darfst unser Gefangener sein, Bernielein!"
Mehrere Hände schieben den Bernd an ein kaltes Metallgitter, pressen ihn an die Stäbe, biegen ihm seine Hände nach hinten, umschlingen sie mit einer Schnur und zurren sie fest zusammen. Willenlos lässt der Bernd alles mit sich geschehen. Er kann seine Hände nicht mehr bewegen. Sie sind fest am Gitter hinter seinem Rücken zusammengebunden. Genauso binden sie die Füße an den Gitterstäben fest.
Der Bernd kann sich kaum noch rühren, höchstens den Kopf drehen, sonst nichts.
„So, Bernielein. Mach's gut!", sagt die Stimme vom Florian.

1 Welche Rolle spielt Rudi in der Miker-Bande?

2 Mit welchen Mitteln versucht Mike der Bande zu imponieren?

3 Weshalb macht Bernd die Mutprobe?

4 Was hat diese Mutprobe mit Mut zu tun?

5 Hast du auch schon mal eine Mutprobe ablegen müssen?

6 Beschreibe das Gefühl, das Bernd mit seiner neuen Lederjacke hat!

7 a) Wie wichtig sind für dich „Klamotten"?
   b) Worauf achtest du beim Kauf?

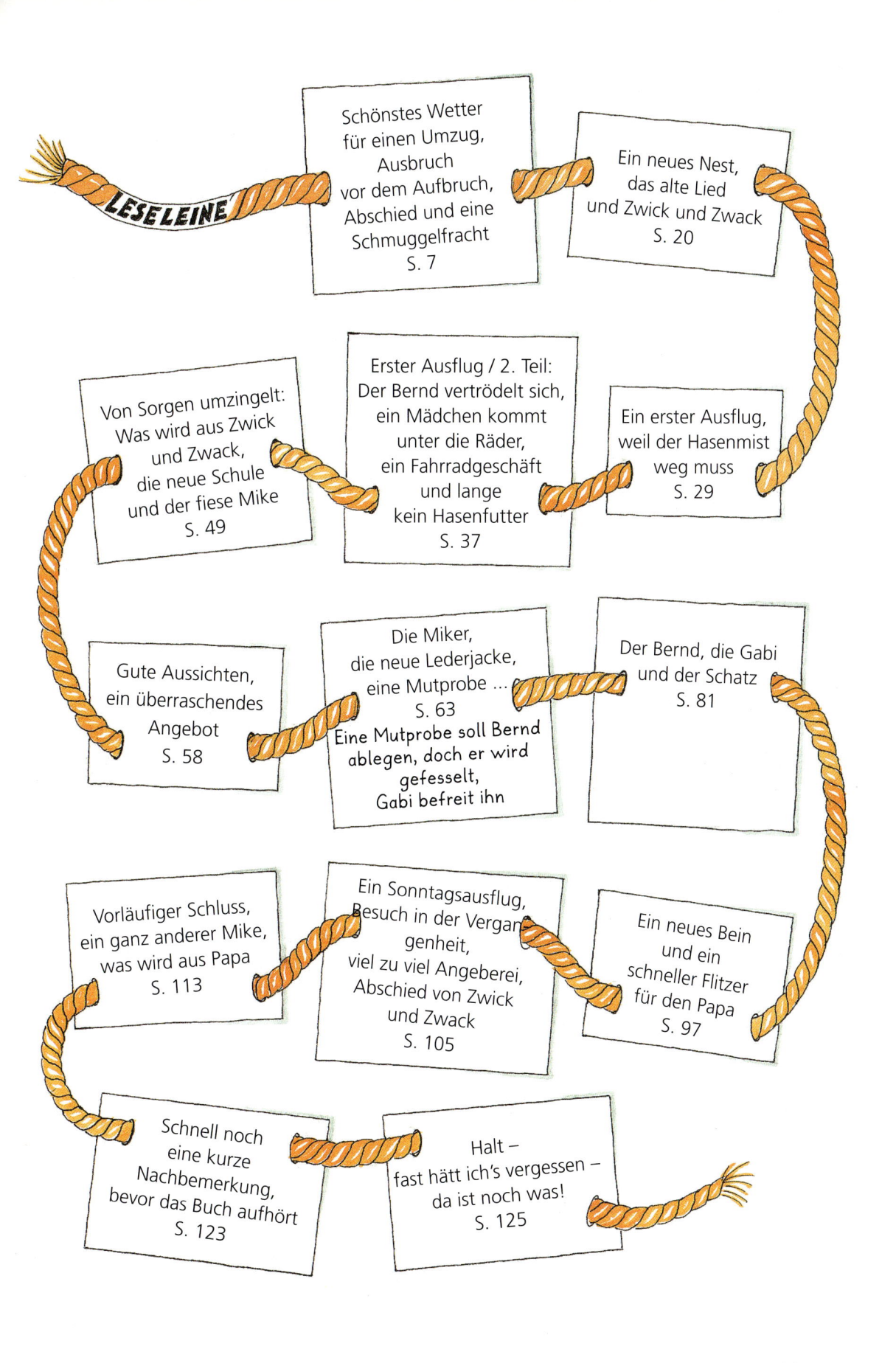

LESELEINE

- Schönstes Wetter für einen Umzug, Ausbruch vor dem Aufbruch, Abschied und eine Schmuggelfracht
S. 7

- Ein neues Nest, das alte Lied und Zwick und Zwack
S. 20

- Ein erster Ausflug, weil der Hasenmist weg muss
S. 29

- Erster Ausflug / 2. Teil: Der Bernd vertrödelt sich, ein Mädchen kommt unter die Räder, ein Fahrradgeschäft und lange kein Hasenfutter
S. 37

- Von Sorgen umzingelt: Was wird aus Zwick und Zwack, die neue Schule und der fiese Mike
S. 49

- Gute Aussichten, ein überraschendes Angebot
S. 58

- Die Miker, die neue Lederjacke, eine Mutprobe ...
S. 63
Eine Mutprobe soll Bernd ablegen, doch er wird gefesselt, Gabi befreit ihn

- Der Bernd, die Gabi und der Schatz
S. 81

- Ein neues Bein und ein schneller Flitzer für den Papa
S. 97

- Ein Sonntagsausflug, Besuch in der Vergangenheit, viel zu viel Angeberei, Abschied von Zwick und Zwack
S. 105

- Vorläufiger Schluss, ein ganz anderer Mike, was wird aus Papa
S. 113

- Schnell noch eine kurze Nachbemerkung, bevor das Buch aufhört
S. 123

- Halt – fast hätt ich's vergessen – da ist noch was!
S. 125

1 Die Leseleine zeigt einen Weg durch die 13 Kapitel des Buches.
Für die Abschnitte, die du hier im Buch schon gelesen hast,
steht ein Satz, der kurz den Inhalt wiedergibt,
jeweils unter der Überschrift auf den Leseleinen-Kärtchen.
Vielleicht gelingt es dir, auch für die anderen Kapitel solche Untertitel
zu finden, die das Wichtigste dieser Abschnitte zusammenfassen.

2 In der Geschichte tauchen viele Personen auf, die eine große Rolle spielen.
Bernd, Gabi, Mike, Bernds Eltern … Wie stellst du sie dir vor? Erstelle
mit Bildern aus Zeitschriften und Illustrierten Collagen von diesen Personen.

3 Schreibe zu jedem der Buchstaben aus dem Titel einen Satz
oder ein paar Worte, die dir zum Buch einfallen. Beispiel:

```
D ieters Walkman
A ngst vor den Mikern
K eine Freunde hat Bernd am Anfang in der neuen Klasse.
R
Ä
H
T
K
E
```

Geschichten hören nicht einfach auf, auch nicht, wenn das Buch zu Ende ist, in dem sie stehen.
Nicht einmal Märchen hören einfach auf; dort heißt es: „Wenn sie nicht gestorben sind, dann leben sie heute noch." Na und? Was tun sie denn, wenn sie heute noch leben? Und wenn sie gestorben sind, dann ist das doch auch irgendwie geschehen. Und wie ist es danach weitergegangen …
Fragen über Fragen, weil eben eine Geschichte nie wirklich zu Ende ist. Jeder Mensch hat eine Geschichte, manchmal mehr, manchmal weniger interessant. Und jedes Leben besteht aus vielen kleineren und größeren Geschichten. In jeder Geschichte stecken viele andere Geschichten.
Viele Geschichten können nun noch folgen. Was wird aus dem Bernd, aus der Gabi, aus dem Mike? Wie wird der Papa vom Bernd zurechtkommen und die Mama? Und was wird aus der Renate? Keine Ahnung.

4 Mit dieser Nachbemerkung beendet Harald Grill sein Buch.
Habt ihr Ideen, wie es weitergehen könnte?
Ihr könnt eure Geschichten an einer Leseleine sammeln.

Lesequiz

für aufmerksame Leserinnen und Leser

Für jede richtige Lösung erhältst du einen Punkt.

1 Wie lange gehörte der Hof der Familie Sander?

2 Wie heißen Bernds Hasen?

3 Wer sind Mischi und Bummerl?

4 Mit welcher Figur aus der Schatzinsel vergleicht Bernd seinen Vater?

5 Wie viele Stockwerke hat das Hochhaus, in dem Bernd wohnt?

6 Wofür bekommt Bernd zwei Mark von einem älteren Mann?

7 Welchen Beruf will Bernds Vater mit der Umschulung erlernen?

8 Wo findet Bernd an seinem ersten Schultag seine Schultasche wieder?

9 Bernd fährt nur ungern seine Schwester Renate am Nachmittag spazieren. Nenne zwei Gründe!

10 Warum will Bernd eine neue Lederjacke?

11 Wo trifft sich die Mikerbande?

12 Nenne möglichst viele Mitglieder der Mikerbande! (Je ein Punkt.)

13 Wie spät ist es, als Gabi Bernd befreit?

14 Wann vergraben Bernd und Gabi den Schatz?

15 Mike weint am Schluss. Warum?

16 Welche Vermutungen und Gerüchte gehen in Bernds Klasse um, als Mike nicht mehr zur Schule geht?

Auswertung:

14 – 23 Punkte: Super, du bist sehr aufmerksam beim Lesen, dir entgeht einfach nichts.

9 – 13 Punkte: Nicht schlecht. Das meiste hast du noch in Erinnerung, ein paar Einzelheiten aber schon wieder vergessen.

0 – 8 Punkte: Hat dich das Buch nicht interessiert oder warum hast du es gar nicht richtig gelesen?

Der Autor Harald Grill

Harald Grill wurde 1951 in einem kleinen Dorf in Niederbayern als Sohn eines Landwirts geboren. Aufgewachsen ist er in Regensburg. Heute lebt Harald Grill mit seiner Frau und seinen zwei Söhnen im Landkreis Cham im Bayerischen Wald. Von Beruf ist er heute Schriftsteller, zuvor jedoch arbeitete er einige Jahre als Förderlehrer an einer Hauptschule. Bekannteste Veröffentlichungen sind *Gute Luft, auch wenn's stinkt* und *Da kräht kein Hahn nach dir*. Außerdem schrieb Harald Grill auch mehrere Gedichtbände, Theaterstücke, Mundartliteratur und Drehbücher für das Fernsehen.

Die folgenden Fragen haben sich die Schüler und Schülerinnen einer fünften Klasse überlegt.
Sie haben Harald Grill einen Brief geschrieben und ihn gebeten ihre Fragen zu beantworten. Das hat er auch getan.

Wollten Sie schon immer Schriftsteller werden?

Meine ersten Gedichte schrieb ich mit 16 Jahren. Als mein erstes Buch erschien, war ich 27 Jahre alt. Im Alter von 37 Jahren gab ich meinen Lehrberuf auf und wurde „freiberuflicher Schriftsteller". Schriftsteller war mein Traumberuf schon seit meiner Kindheit.
Meine Eltern hatten nur wenige Bücher. So waren Bücher für mich etwas ganz Tolles und ich wollte schon im Alter von zehn Jahren Autor werden und ähnliche Bücher schreiben, wie sie in der Bücherei zu finden waren. Als ich 12 Jahre alt war, machte ich im Fasching einen Schriftsteller: karierte Jacke, Brille (ohne Gläser), Stifte in der Brusttasche, eine karierte Mütze und ein ganz ernstes Gesicht (Schriftsteller müssen immer ganz ernst aussehen, dachte ich damals). Das Ergebnis: Meine Freunde dachten, ich hätte mich in einen Privatdetektiv verkleidet. Das war mein erster „Misserfolg" als Schriftsteller.

Sind Gabi, Bernd und Mike Personen, die Sie kennen?
Gibt es sie wirklich?

Also, alles was in dem Buch *Da kräht kein Hahn nach dir* steht, ist wirklich so passiert. Der Sandler-Bauer lebte hier in der Nähe unseres Dorfes. Von seinem Unfall las ich in der Zeitung. Beim Bäcker und beim Friseur erfuhr ich Näheres. Danach sprach ich mit dem Bernd. Er erzählte mir, dass die Sandler-Familie in die Stadt ziehen würde.
Auch die Gabi kenne ich persönlich. Das Hochhausviertel ist in der Stadt Regensburg zu finden. Dorthin fuhr ich mehrere Monate lang und sprach mit vielen Kindern aus der Miker-Bande. Die wirklichen Namen aller, die im Buch vorkommen, veränderte ich natürlich, weil ich die Menschen, über die ich schreibe, nicht bloßstellen oder anprangern will.
Übrigens: Mein Vater hatte auch nur ein Bein. Vieles, was im Buch in der Sandler-Familie geschieht, konnte ich gut verstehen und nachvollziehen. Alles, was innerhalb von Bernds Familie geschieht, habe ich ergänzt durch meine Kindheitserinnerungen (Schließlich konnte ich beim Bernd zu Haus nicht unterm Tisch sitzen und lauschen!).

Woher kommen die Ideen für Ihre Bücher?

Ich bin Geschichtenfinder – nicht Geschichtenerfinder!
Alle meine Geschichten sind wirklich passiert. Nur Kleinigkeiten erfinde ich dazu. Ganz zu Beginn der Arbeit eines Buches steht (bei mir) ein Ereignis, ein Erlebnis … Irgendetwas passiert und ich mache mir Notizen.
Eine ziemlich schwierige Arbeit ist das Ordnen meiner Merkzettel.
In meinem Arbeitszimmer stehen meist einige Schuhkartons herum – voll mit solchen Zetteln. Beim Ordnen der Notizen, die zu einem Buch gehören, spanne ich mir stets eine Wäscheleine quer durch mein Arbeitszimmer. Daran hänge ich mit Wäscheklammern die vielen Zettel. So bekomme ich gut Übersicht und kann auch die Reihenfolge immer wieder verändern.
Danach tippe ich die Geschichten in meinen Computer.
Nur die Fassung, die meinen Söhnen gefallen hat, schicke ich letztendlich zum Buchverlag. Dann ist meine Arbeit am Buch beendet.

Wie lange brauchen Sie für ein Buch?

Für die Arbeit an einem Buch brauche ich durchschnittlich zwei Jahre.
Oft komme ich nur langsam voran. Manchmal gibt es Tage, da ist das richtig nervig! Von manchen Geschichten gibt es bis zu dreißig Fassungen. An einem meiner Erwachsenenbücher (Hochzeit im Dunkel) habe ich fast acht Jahre lang gearbeitet.

Wie sieht Ihr Tagesablauf aus?

Wenn ich nicht gerade auf Lesereise oder bei einer Schriftstellertagung bin oder zu Nachforschungen für eine Geschichte herumreise, dann sitze ich ab 7.30 Uhr am Schreibtisch und arbeite bis gegen 13.30 Uhr. Da kommen meine Kinder mit dem Schulbus heim und es gibt Mittagessen. Am Nachmittag gehe ich gern spazieren und denke über das nach, was ich gerade schreibe, oder ich unterhalte mich mit meiner Frau und meinen Kindern darüber oder ich mache einfach Blödsinn.

Erst am Abend gegen 20.00 Uhr setze ich mich noch einmal an den Schreibtisch und überprüfe die Arbeit vom Vormittag. Danach beantworte ich meine Post. Das dauert manchmal bis Mitternacht. Es gibt aber auch viele Tage, da läuft das ganz anders ab. Oft hilft mir meine Frau, wenn es um Korrekturen der geschriebenen Seiten geht. Dafür gibt es auch Tage, da übernehme ich das Kochen. Die Gartenarbeit erledigen wir meist zusammen.

Schreiben Sie mehr für Kinder oder mehr für Erwachsene?

Bisher habe ich mehr für Erwachsene geschrieben.
Aber am liebsten schreibe ich Bücher, die Erwachsene und Kinder gern lesen. Das Buch *Da kräht kein Hahn nach dir* war in der Mittelbayerischen Zeitung (unsere Tageszeitung) als Fortsetzungsgeschichte für Erwachsene abgedruckt. Später habe ich auch eine bayerische Dialektfassung geschrieben – die wird auch mehr von Erwachsenen gelesen.

Welches ist Ihr Lieblingsbuch von den Büchern, die Sie geschrieben haben?

Unter meinen Büchern kann ich kein Lieblingsbuch nennen. Das ist wie bei meinen Kindern. Ich will doch nicht eines dem anderen vorziehen. Die wären ja dann eifersüchtig aufeinander.

1 Welche Antworten des Schriftstellers haben dich am meisten überrascht?

2 Gibt es noch weitere Fragen, die du gerne an den Autor gestellt hättest?

Worum geht es in der „Schatzinsel"?

Bernd erzählt Gabi ganz begeistert von der *Schatzinsel*, aber sie kennt das Buch nicht. Vielleicht geht es euch wie Gabi. Dann lest die folgende Inhaltsangabe.

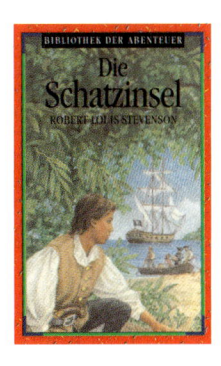

Held und Ich-Erzähler des in der Mitte des 18. Jahrhunderts spielenden Romans ist der siebzehnjährige Jim Hawkins. In dem einsam an der englischen Westküste gelegenen Gasthof seiner Eltern lernt er eines Tages den Seemann Bill Bones kennen, der von seinen einstigen Kumpanen aus der Mannschaft des berüchtigten Piratenkapitäns Flint verfolgt wird. Nachdem Bones aus Schrecken über die empfangene Todesdrohung der Seeräuber einem Schlaganfall erlegen ist, entdecken Jim und seine väterlichen Freunde Dr. Livesey und Squire Trelawney in der Hinterlassenschaft des Toten eine Landkarte mit genauen Hinweisen auf das Versteck des von Flint angesammelten Schatzes. Daraufhin erwirbt der abenteuerlustige Squire den Schoner *Hispaniola*, den die Freunde in Bristol für die Fahrt zur Schatzinsel ausrüsten. Durch die Schwatzhaftigkeit Trelawneys aufmerksam gemacht, lassen sich Bones' übelste Komplizen mit ihrem Anführer, dem einbeinigen Schiffskoch Long John Silver, anheuern. Auf See erfährt Jim aus einem zufällig belauschten Gespräch, dass Silver und seine Leute planen, Trelawney, Kapitän Smollett und die anderen loyalen[1] Seeleute zu töten, sobald die Insel erreicht ist, um sich das Schiff und den Schatz anzueignen. Die Meuterei kann zwar nicht verhindert werden, doch gelingt es den zahlenmäßig unterlegenen Gegnern der Piraten sich auf der Insel zu verbarrikadieren und Waffen, Vorräte sowie Flints Landkarte in für beide Seiten verlustreichen Kämpfen zu verteidigen. Schließlich erobert Jim in einem gefährlichen Handstreich das Schiff zurück und navigiert[2] es in eine verborgene Bucht. An Land fällt er in die Hände der Meuterer, die kurzen Prozess mit ihm machen wollen, aber von Silver überredet werden ihn zu verschonen. Als Gegenleistung bedingt sich der Schiffskoch aus, dass ihn Jim nach der Heimkehr durch eine günstige Aussage vor dem Galgen bewahrt. Mit Hilfe des alten Ben Gunn, eines vor drei Jahren von den Piraten auf der Insel ausgesetzten Matrosen, besiegen Jims Freunde schließlich die Meuterer und finden den von Gunn an einer anderen Stelle versteckten Schatz. Als sie auf der Rückfahrt die Westindischen Inseln anlaufen um eine neue Mannschaft anzuheuern, flieht Silver mit einem Sack Goldmünzen. Den Rest des Schatzes teilen die Freunde nach der glücklichen Heimkehr untereinander auf.

[1] *loyal: redlich;* [2] *navigieren: steuern, lenken*

1 Könnt ihr euch vorstellen, was Bernd so gut an diesem Buch gefällt?

2 Was hast du schon von der Schatzinsel gehört? Berichte.

Das Leseversteck

Paul Maar

Es gab drei Dinge, die Lippel ganz besonders gern mochte: Er liebte Sammelbilder, eingemachtes Obst und Bücher.

Eigentlich mochte er noch vieles andere ganz besonders gern. Aber das hing alles mit diesen drei Dingen zusammen, deshalb kann man die Sammelbilder, das eingemachte Obst und die Bücher schon besonders hervorheben.

Mit seiner dritten Vorliebe, mit den Büchern, war das so: Weil er Bücher liebte, las er gerne. Am liebsten las er ein Buch in einem Zug durch, ohne abzusetzen.

Weil er das Lesen liebte, blieb er am Abend gern lange auf. Denn je länger man aufbleibt, desto länger kann man lesen.

Und weil er es liebte, lange aufzubleiben, liebte er den Verschlag unter der Treppe im ersten Stock. Das war Lippels Versteck.

Familie Mattenheim wohnte in einem Einfamilienhaus, in dem schon Lippels Großeltern gewohnt hatten, bevor sie nach Australien ausgewandert waren.

Lippels Zimmer lag im ersten Stock, gleich gegenüber der Treppe. Dummerweise hatte die Tür zu seinem Zimmer oben eine schmale Milchglasscheibe. So konnten seine Eltern immer sehen, ob bei ihm Licht brannte oder nicht. Sie mussten dazu nicht einmal die Treppe hochsteigen. Man sah es schon, wenn man unten im Flur stand.

Und wenn Lippel gerade beschlossen hatte, nach dem Zubettgehen noch ein Stündchen oder zwei zu lesen, kam bestimmt keine Viertelstunde später seine Mutter ins Zimmer und sagte: „Lippel, Lippel, Lippel! Hast du wieder das Licht an! Jetzt wird aber endlich geschlafen, schließlich hast du morgen Schule!"

Dann fuhr sie ihm noch einmal durchs Haar, wartete, bis er das Buch unters Bett geschoben hatte, knipste das Licht aus und ging wieder nach unten.

Eine Zeit lang hatte Lippel versucht mit der Taschenlampe unter der Bettdecke zu lesen. Aber das war unbequem und umständlich: Man musste in der einen Hand das Buch und in der anderen die Taschenlampe halten, und wenn man die Seite zu Ende gelesen hatte, hatte man keine Hand frei, um umzublättern.

Deshalb war Lippel schließlich auf den Verschlag gekommen.

Das war so eine Art Wandschrank mit schräger Decke, den Lippels Vater unter der Treppe zum Dachboden eingebaut hatte. Dort wurde alles aufbewahrt, was sonst nur im Weg stehen würde: Dosen mit Ölfarbe oder mit Salzgurken, leere Kartons und volle Limonadenkästen.

Es gab im Verschlag auch Licht. Und irgendwann, als Lippel nach dem Zubettgehen noch einmal aufgestanden war, um aufs Klo zu gehen (natürlich mit einem Buch unter dem Arm), war er auf dem Rückweg nicht nach rechts in sein Zimmer gegangen, sondern nach links geschlichen, hatte leise die Tür zum Verschlag geöffnet und das Licht angeknipst. Dann hatte er sich auf sein altes, zusammengerolltes Schlauchboot gesetzt, das hier auf den Sommer wartete, hatte die Tür von innen zugezogen und angefangen zu lesen.

Später am Abend hörte er, wie Vater unten aus dem Wohnzimmer kam, halblaut zu Mutter sagte: „Alles dunkel bei Lippel. Er schläft!", und wieder ins Wohnzimmer zurückging.

Von da an verbrachte Lippel viele gemütliche Abende in seinem Versteck, las und trank zwischendurch manche Flasche Limonade leer. (Der Limonadenkasten stand gleich neben dem Schlauchboot. Lippel musste nicht einmal aufstehn, wenn er sich bedienen wollte.) Er schaffte es auch jedes Mal, wieder im Bett zu liegen, bevor seine Eltern schlafen gingen. Denn dann schauten sie meistens noch einmal leise in sein Zimmer.

So war sein Versteck bis jetzt noch unentdeckt geblieben.

Nur Lippels Vater wunderte sich manchmal, weil er alle fünf Tage einen neuen Kasten Limonade kaufen musste, und sagte: „Irgendetwas geht da nicht mit rechten Dingen zu!"

Paul Maar, geboren 1937, war Kunstlehrer an einem Gymnasium bei Stuttgart, konzentrierte sich dann aber auf seine größte Kunst: Geschichten erzählen und malen für Kinder und junge Leute. 1973 erfand er sein erfolgreichstes Geschöpf, das furchtlose *Sams*, das aus seinem „Papa", Herrn Taschenbier, einen selbstbewussten Menschen macht. Für seine Bücher ist Maar vielfach ausgezeichnet worden, zweimal mit dem Deutschen Jugendliteraturpreis.

„Als Kind war ich ein Träumer und gehörte zu den Kleineren und Schwächeren. Mein Vater prophezeite mir, dass aus mir nie etwas Rechtes würde. *Der Eisenhans* wurde damals zu meinem ständigen Begleiter. Wie der Prinz in Grimms Märchen, der seine goldenen Haare unter einem Käppchen verbarg, würde ich meinem Vater eines Tages zeigen, was in mir steckt."

Weitere Informationen zu Paul Maar findest du im Internet unter:

www.zeit.de/archiv/2000/50/200050_c-seriemaar.xml

1 Warum liest Lippel in einem Verschlag unter einer Treppe?

2 Wie schöpft der Vater Verdacht?

3 Was ist dein Lieblingsplatz fürs Lesen?

4 Warum sollte man nicht zu lange mit Taschenlampenlicht lesen?

5 Lippel liest gerne stundenlang, sein Vater ist damit aber nicht einverstanden. Versuche in einem Rollenspiel, den Vater von den Vorteilen des Lesens zu überzeugen.

6 Welche Bücher von Paul Maar kennst du? Informiere dich in einer Bibliothek oder in der Schulbücherei über seine Werke. Stelle eines vor.

Die Nacht der Leseratten

Abenteuer in der Schule

Bad Endorf (bar) – Die Hauptschule Endorf scheint einsam und verlassen dazuliegen, wie an jedem späten Abend. Doch diesmal täuscht der Eindruck: Wer die Tür zur Klasse 5a öffnet, erlebt eine Überraschung: 12 Mädchen und 11 Buben haben hier Quartier bezogen. Beladen mit Büchern, Schlafsäcken, Taschenlampen, Decken, Leselampen, Kuscheltieren und Waschzeug haben sie es sich auf dem Fußboden bequem gemacht.

Am Abend freiwillig in die Schule kommen und dort sogar übernachten? Einen Abend ohne Fernseher verbringen, stattdessen stundenlang „nur" lesen? Warum nicht? Jedenfalls zeigt die Aufregung der Fünftklässler und ihr Gekicher, dass ihre Schule sie heute zu einem großen Abenteuer eingeladen hat.

„Lesenacht" nennt sich das Vergnügen, das die Zehn- bis Elfjährigen miteinander erleben wollen. Da werden erst einmal Luftmatratzen aufgepumpt und Streitereien um den richtigen Schlafplatz geschlichtet.

„In der Schule übernachten, das ist einfach cool", schwärmt Andreas, der ein Buch über die Geschichte der Wikinger in der Hand hält und sich auf seiner Isomatte gemütlich einrichtet.

„Ich werde die ganze Nacht wach bleiben", schwört er. Doch es dauert nicht lange, bis sich der Trubel legt und es im Klassenzimmer leise wird, denn alle Mädchen und Buben hat bereits das Lesefieber gepackt. Eine richtige Leseratte ist Sonja, sie liest die Geschichte von dem verliebten Riesen. Damit sie einmal ungestört schmökern kann, hat sie am Nachmittag eine Stunde Schlaf im Voraus „getankt". Von Lesemüdigkeit ist jetzt noch keine Spur. Selbst eingefleischte Gameboy-Spieler, die nach Aussagen ihrer Eltern sonst kaum ein Buch in die Hand nehmen, vertiefen sich in eine spannende Lektüre. Vielleicht hat so der eine oder andere Lesemuffel entdeckt, dass Lesen auch im Zeitalter des Computers und des Fernsehens Spaß macht.

1 Die Mädchen und Buben der 5a sind freiwillig am Abend in die Schule gekommen. Warum?

2 Was stellt ihr euch unter einer „Lesenacht" vor?

3 Vielleicht habt ihr jetzt auch Lust auf eine Lesenacht bekommen. Dann lest auf den folgenden Seiten nach. Hier erhaltet ihr ein paar Tipps und Anregungen, wie ihr eine Lesenacht planen und durchführen könnt. Also dann, viel Spaß!

Bücher für 1001 Nacht

1 Vor Beginn der Lesenacht haben die Endorfer Mädchen und Buben ihre Bücher auf einem Büchertisch ausgebreitet.
Welche Arten von Büchern sind das?

2 Welche Bücher interessieren euch auch?

3 Welche Bücher würdet ihr selbst außerdem noch empfehlen?

Und wie soll eure Lesenacht aussehen?

Damit eine Lesenacht gelingt und so richtig Spaß macht, muss sie gut vorbereitet werden.
Die folgenden Fragen sollen euch dabei helfen:

CHECKLISTE LESENACHT

1 Wo soll die Lesenacht stattfinden:
in einer Bücherei, im Klassenzimmer …?

2 Wie lange wird die Lesenacht dauern:
bis Mitternacht, bis zum anderen Morgen …?

3 Wie soll die Lesenacht verlaufen?
Gibt es einen gemeinsamen Anfang, Schluss?

4 Wie wird gelesen?
– Jeder schmökert für sich.
– Alle lesen in Kleingruppen.
– Der Lehrer, die Lehrerin liest vor.

5 Wen müssen wir um Erlaubnis bitten:
Schulleiter/in, Bibliothekar/in, Hausmeister …?
Erprobt eure Anfrage(n) in einem kurzen Rollenspiel.

6 Wie sorgen wir für Essen und Trinken?
Gibt es am Morgen ein gemeinsames Frühstück?

7 Wenn ihr all diese Fragen miteinander geklärt habt,
braucht ihr euch nur noch auf einen Termin zu einigen.
Beachtet, dass euch genügend Zeit zur Vorbereitung bleibt.

Auch die Eltern wollen informiert sein

> 5. März
>
> Liebe Eltern,
>
> wir, die Klasse 5a, haben beschlossen in unserer Schule eine Lesenacht durchzuführen.
> Sie findet am 21. März statt. Sie beginnt um 19 Uhr und endet mit einem gemeinsamen Frühstück am nächsten Morgen.
> An diesem Abend wollen wir ...

1 So ähnlich könnte ein Brief an eure Eltern beginnen.
   Wozu ist dieser Brief wichtig?

2 Schreibt gemeinsam einen Brief an eure Eltern.
   Welche Informationen muss er enthalten?

3 Zum Brief gehört auch eine Einverständniserklärung der Eltern.
   Entwerft sie gemeinsam und lasst sie von den Eltern unterschreiben.

Wie man sich bettet, so liest man!

Sicherlich wollt ihr es euch zum Lesen gemütlich machen und euren Leseraum herrichten. Dazu muss einiges mitgebracht werden. Damit ihr nichts vergesst, empfiehlt sich eine Mitbring-Liste:

1 Erstellt eine solche Liste.

2 Überlegt, was jeder dabei haben sollte und was vielleicht nur von einigen von euch mitgebracht werden muss.

3 Computerspiele, Walkman, CD-Player haben auf der Liste nichts zu suchen. Warum wohl?

- Decken
- Isomatte
- Verlängerungskabel
- Leselampe
- Handtuch und Waschbeutel

Wo den Lesestoff finden?

Welche Fundorte kennt ihr noch?
Vielleicht startet ihr aber auch eine gemeinsame „Suchaktion",
z. B. in eurer Gemeindebücherei.

1 Wer war schon einmal dort und hat ein Buch ausgeliehen?

2 Wie ging das Ausleihen vor sich? Berichtet.

3 Damit ihr nicht vor verschlossenen Türen steht:
   Bringt die Öffnungszeiten in Erfahrung.
   Wenn ihr eine Führung durch die Bücherei wollt, solltet ihr euch
   vorher unbedingt anmelden.

„Auf die Suche – fertig – los". Viel Erfolg!

Wie den Lesestoff finden?

Keine Lesenacht ohne Bücher! Und damit euch der Lesestoff nicht ausgeht, solltet ihr auch genügend Bücher zur Auswahl haben.

Hier einige Tipps:

1 Lass dir genügend Zeit beim Suchen deines Buches.

2 Viele Bücher geben dir Hinweise:
   a) Achte auf die Altersangabe (Buchrücken).
   b) Lies den Klappentext auf der Rückseite.
   Der verrät dir schon einiges über den Inhalt, sodass du leichter entscheiden kannst, ob dich die Geschichte anspricht oder nicht.

3 Frage bei deinen Mitschülern und Mitschülerinnen, Freunden oder Freundinnen nach.
   Vielleicht können sie dir ein Buch empfehlen, das ihnen selbst gut gefallen hat.

4 Auch Buchhändler oder Bibliothekarinnen machen gerne Buchvorschläge, wenn man ihnen sagt, wofür man sich besonders interessiert.

Nimm ein Buch
Wolf Harranth

Nimm ein Buch, mach es auf:
Du kommst auf was drauf.

Lass es sein, mach es zu:
Es gibt keine Ruh.

So ist das eben:
Die Bücher leben.

Protokoll einer Lesenacht

Donnerstag, 21. März

11.00 Uhr	Besprechung des Ablaufs und der Verhaltensregeln mit den Schülern und Schülerinnen.
15.00 Uhr	Aus- und Umräumen des Klassenzimmers. Es entstehen mehrere kleine Kuschelnischen. Verlegen der Verlängerungskabel.
19.15 Uhr	Ankunft an der Schule.
20.00 Uhr	Sammeln zum Sitzkreis. Jeder stellt seine Buchauswahl kurz vor.
20.30 Uhr	Die Schüler und Schülerinnen ziehen sich zurück und lesen einzeln oder in Gruppen.
23.00 Uhr	Langsam kehrt Ruhe ein. Einige lesen noch, andere schlafen ein.
00.00 Uhr	Längst haben sich die meisten still und leise mit Taschenlampe und Buch in ihren Schlafsack verkrochen. Manche „unruhigen Geister" spuken jedoch immer wieder durchs Zimmer.
1.00 Uhr	Nach einigen ernsten Ermahnungen wird es ruhiger. Noch immer lesen etwa 10 Kinder.
2.00 Uhr	Letzter Rundgang. Immer noch brennen einige Taschenlampen.
3.00 Uhr	Ich versuche selbst noch ein wenig zu lesen.
4.00 Uhr	Die letzten zwei Schüler lesen, immer noch flüstern einige. Ich schlafe irgendwann ein.
6.30 Uhr	Als ich aufwache, sind bereits wieder (oder immer noch?) einzelne Kinder in Bücher vertieft.
7.30 Uhr	Beim Frühsport in der Turnhalle wird klar: Die Kinder sind noch frischer als ihr Lehrer. Beim Fangspiel muss ich irgendwann erschöpft aufgeben.
8.00 Uhr	Frühstück in der Schulküche: Die Eltern haben ein sagenhaftes Büfett aufgebaut.

1 Was erfahrt ihr aus dem Protokoll des Lehrers über die Vorbereitung und den Ablauf der Lesenacht?

2 Von Verhaltensregeln ist die Rede. Welche könnten das sein?

3 Welche Verhaltensregeln stellt ihr für eure Lesenacht auf?

Der Tag nach einer langen Lesenacht

Bestimmt lohnt es sich, am nächsten Morgen
eure Erfahrungen untereinander auszutauschen.

1 Jeder sollte erzählen, wie es ihm ergangen ist.

2 Ihr könnt eure Gedanken und Erlebnisse auch einmal so ausdrücken:
Schreibt das Wort Lesenacht in großen Buchstaben untereinander.
Notiert nun, was euch dazu einfällt. Beginnt jeweils
mit den Anfangsbuchstaben.

L
Erst gegen drei Uhr eingeschlafen
S
E
N
A
C
H
T

3 Als eine weitere Möglichkeit, eure Erinnerungen an die Lesenacht aufzuschreiben, bietet sich das Tagebuch an. Wie könnte dein Tagebucheintrag lauten?

4 Auf jeden Fall solltet ihr euch gegenseitig aus euren Büchern vorlesen
oder erzählen. Wer Lust hat, kann auch eine kurze Buchvorstellung
z. B. für die Schülerzeitung schreiben.

Von nächtlichen Leseabenteuern

Der überaus starke Willibald
Willi Fährmann

Willibald nutzte die Angst vor der Katze um sich zum Boss eines Mäuserudels zu machen. Nur die kleine Lillimaus wagte Kritik und wurde zur Strafe in die Bibliothek verbannt. So kommt es, dass Lillimaus viele Nächte allein in der großen Bibliothek verbrachte. Aus Langeweile rutschte sie heimlich über Bücher, hüpfte Büchertreppen hinauf und hinunter und begann vor lauter Langeweile das Zählen zu üben.

Lillimaus schlich bedrückt wieder in die Bibliothek zurück. Sie hatte die ganze Nacht noch nichts gefressen und suchte nach ein paar Krumen. Unter dem Schreibtisch fand sich nichts und auch nichts im Papierkorb. Selbst auf dem Teppich neben dem Ohrensessel am Fenster, in dem tagsüber gelegentlich ein Menschenriese saß und beim Lesen ein paar Nüsse knabberte oder knusprige Kekse verzehrte, war kein Bissen aufzuspüren. So erging es Lillimaus oft und oft, und wenn nicht Mäusefriederike oder Karlemaus und neuerdings auch der Mausephilipp ihr heimlich etwas zugesteckt hätten, so wäre sie längst verhungert.

In dieser Nacht nun begann Lillimaus aus Langeweile in einem Buch zu blättern. Sie hatte schon manches Buch durchgestöbert und auch Bilder gefunden. Dieses Buch aber war anders als all die vielen, die in den Regalen standen.

Es hatte sechs bunte Bilder auf jeder Seite. In jedes Bild war ein Zeichen gedruckt, das für Lillimaus nichts bedeutete. Unter jedem Bild stand eine Reihe ähnlicher Zeichen. Auch damit konnte Lillimaus nichts anfangen.

Was aber auf den Bildern dargestellt war, davon erkannte sie dies und das. Auf der ersten Seite sah sie eine Ameise, eine Aprikose, eine Amsel, einen Akrobaten und einen Apfel. Auf einer anderen Seite waren ein Umhang, ein Uhu, eine Urkunde, ein Unterrock und eine Uhr gemalt. Auf einer weiteren waren ihr nur der Igel, der Iltis und der Indianer mit den Federn auf dem Kopf bekannt. Schließlich sprach sie leise vor sich hin: „Ochse, Osterei, Opa, Ohr, Ofen, Oberhemd." Sie rätselte an den Zeichen herum, murmelte die Wörter, kam aber lange zu keinem Ergebnis. Sie sprach die Wörter laut und leise, schnell und langsam. Aufgeben wollte sie nicht und versuchte viele Nächte hindurch, hinter das Geheimnis zu kommen. Endlich, dreizehn Nächte später, fiel ihr etwas auf.

Sie sprach ganz langsam und deutlich: „O-fen, O-sterei, O-chse, O-pa." Es fiel ihr wie Schuppen von den Augen. „Die Wörter fangen ja allesamt gleich an", rief sie. „Überall geht es los mit einem O. Das muss das Zeichen sein, was in das Bild gedruckt ist."
Sie versuchte es auch mit den anderen Seiten, es gelang überraschend gut. „A-meise, A-rena, A-prikose, A-krobat." Bei „A-msel" hatte sie Schwierigkeiten, weil das A nicht so rein klang. Lillimaus arbeitete wie besessen. Buchstaben für Buchstaben entschlüsselte sie. Sie kannte bald von A bis Z alle 26 und lernte allmählich, sie miteinander zu verbinden.
Mit „Opa" hatte sie zuerst Erfolg. „O-p-a", stotterte sie, schüttelte den Kopf, sah auf das Bild und sprach: „Opa, nicht O-p-a." Sie eroberte sich Wort für Wort, probierte aus, dachte angestrengt nach und schrie ab und zu begeistert auf, wenn sie ein neues Wort herausbekommen hatte. Sie vergaß ihre Einsamkeit. Ihre Traurigkeit verflog. Manchmal spürte sie sogar ihren Hunger und ihr ganzes Elend nicht mehr. Eines Nachts war es soweit: Sie konnte lesen, Wörter konnte sie lesen, Sätze, kleine Abschnitte, ganze Seiten schließlich und endlich hatte sie in einer Nacht ein Buch von der ersten bis zur letzten Seite gelesen. Zugegeben, es war ein dünnes Buch. Aber ein Buch ist schließlich ein Buch.
Sie war so voller Stolz und voller Freude, dass sie die gute Nachricht nicht für sich allein behalten wollte. Sie flüsterte ihrer besten Freundin, der Mäusefriederike, ins Ohr: „Ich will dir ein großes Geheimnis anvertrauen. Denk dir, ich kann lesen."

1 Wie verbringt Lillimaus ihre Nächte?

2 Welche entscheidende Entdeckung macht sie?

3 Stellt euch vor, Lillimaus hätte sich während eurer Lesenacht bei euch eingeschlichen. – Was würde Lillimaus wohl am nächsten Tag aufgeregt ihrer Freundin Mäusefriederike erzählen?

4 Sicher lässt sich diese Begegnung auch szenisch darstellen. Am besten, ihr probiert es aus.

Textsortenverzeichnis

Brief
233 Liebe Eltern ...

Cartoons
62 Streit   Aliki
72 Friedensstifter   e. o. plauen

Diagramme/Grafiken
193 Das kalte Grauen
193 Inlineskaten
193 Wetter in Pallanza
193 Bundesbahn-Fahrplan
194 Jonglieren   Gunnar Steudel

Erzählungen und Kurzgeschichten
30 Diebstahl im Hotel   Originalbeitrag
36 Faule Eier!   Originalbeitrag
39 Warum müssen wir in die Schule gehen?   Kenzaburô Oe
41 Uli und ich   Irmela Wendt
42 Maslief schreibt einen Brief   Guus Kuijer
44 Sag ich's? Oder sag ich's nicht?   Achim Bröger
51 Der gelbe Junge   Peter Härtling
54 Die Sache mit Britta   Annette Weber
57 Anna aus Russland   Manfred Mai
66 Isabel spricht nicht mehr mit mir   Christa Zeuch
69 Eins zu null für Bert   Hiltraud Olbrich
85 Der Fremde   Toril Brekke
100 Ich will, dass er durchkommt   Hanna Hanisch
135 Das Märchen vom Gück   Erich Kästner
210 Computeritis   Nina Schindler
213 Zapping am Nachmittag   Karlhans Frank

Fabeln
162 Löwe und Maus   Äsop
163 Schildkröte und Hase   Äsop
163 Schildkröte und Hase   James Thurber
164 Hase und Schildkröte   Tony Ross
166 Affe als Schiedsrichter   Volksgut

Gedichte
9/16 Das freche Schwein   Monika Seck-Agthe
10/16 Gewitter   Erwin Moser
11/16 Leute   Günter Kunert
12/16 Spiegel   Alfred Könner
12/16 Durch den Schlamm   Josef Guggenmos
13/17 Gefunden   Johann Wolfgang von Goethe
14/17 Sonntagsbild   Josef Guggenmos
15/17 Inserat   Theodor Storm
23 O unberachenbere Schreibmischane   Josef Guggenmos
23 Speibekarte   Unbekannter Verfasser
26 Wenn die Möpse Schnäpse trinken   James Krüss
42 Schulzeit   Fitzgerald Kusz
44 Kein Trost   Manfred Mai
50 Du und ich   Karlhans Frank
68 Die Wand / Die Brücke   Renate Welsh
97 auf dem land   Ernst Jandl
146 Zu Neujahr   Wilhelm Busch
147 Der Januar   Erich Kästner
148 Frühling   Hermann Wächter
148 Lenz   Mascha Kaléko
149 summä   Fitzgerald Kusz
150 Der glückliche Garten   Peter Huchel
151 Herbstbild   Friedrich Hebbel
151 Herbstwind   Günter Ullmann
152 Wenn es Winter wird   Christian Morgenstern
152 Winter   Wolfgang Borchert
153 Die Vögel warten im Winter vor dem Fenster   Bertolt Brecht
154 Verkündigung   Ludwig Thoma
155 Schenken   Joachim Ringelnatz
155 Gebet   Eduard Mörike
155 Was einer ist   Hans Carossa
235 Nimm ein Buch   Wolf Harranth

Inhaltsangaben
118 Kick it like Beckham – Filmheft
227 Die Schatzinsel   Robert Louis Stevenson

Internettexte
118 Kick it like Beckham – Filmheft
120 Frauenfußball
193 Bundesbahn-Fahrplan
200 Chatten
204 Mediale Herausforderung
205 Gefahren von Referate-, Hausaufgaben- und Textbörsen im Internet

Interviews
91 Oskar, 10 Jahre, Kaffeepflücker   Andreas Boueke
224 Der Autor Harald Grill

Jugendbuchauszüge
29 Als ich ein kleiner Junge war   Erich Kästner
63 Tom und der Neue (Tom Sawyers Abenteuer)   Mark Twain

77	*Sombo verlässt ihr Dorf* (Wie der Fluss in meinem Dorf) Nasrin Siege		Roland Bischoff
81	*Ein Leben zwischen Gräbern* (Erzähl mir von Melong) Ilse Kleberger	184	*Wie lange dreht sich die Erde noch?* Sheldon Glashow
98	*Rennschwein Rudi Rüssel* Uwe Timm	187	*Warum bin ich Ich?* Manfred Frank
105	*Der Hund, der unterwegs zu einem Stern war* Henning Mankell	190	*Wer hat süßes Blut?* Jörg Blech

Jugendmagazinartikel
- 76 *Chance am Backofen*
- 76 *Wo aus Kindern Soldaten werden*
- 95 *Tipps für den Tierfreund* Barbara Mühlich
- 107 *Delfine reden auch durch Berührungen*
- 194 *Jonglieren* Gunnar Steudel
- 202 *Kinderseiten im Internet*

Lexikonartikel
- 192 *Glasherstellung*
- 206 *Computer*

Märchen
- 128 *Rumpelstilzchen* Jacob und Wilhelm Grimm
- 131 *Rumpelstilzchen* Rosemarie Künzler-Behncke
- 132 *Federfrau und Morgenstern* Indianermärchen

Mundarttexte
- 42 *Schulzeit* Fitzgerald Kusz
- 148 *Früahling* Hermann Wächter
- 149 *summä* Fitzgerald Kusz
- 154 *Verkündigung* Ludwig Thoma

Sach- und Gebrauchstexte
- 76 *Chance am Backofen*
- 76 *Wo aus Kindern Soldaten werden*
- 95 *Tipps für den Tierfreund* Barbara Mühlich
- 107 *Delfine reden auch durch Berührungen*
- 109 *Aus der Welt der Delfine*
- 118 *Kick it like Beckham* – Filmheft
- 120 *Frauenfußball*
- 123 *Fußball-Volley*
- 175 *Ein Problem stinkt zum Himmel* Rolf-Andreas Zell
- 179 *Lichtverschmutzung*
- 181 *Sondermüll aus Hightech*

Fortsetzung rechte Spalte:

- 77 ...
- 81 ...
- 98 ...
- 105 ...
- 121 *Kannibalistisch-touristische Voodoomacht* (Die wilden Fußballkerle) Joachim Masannek
- 208 *Oskars ganz persönliche Geheimdatei* Marliese Arold
- 216 *Da kräht kein Hahn nach dir* Harald Grill
- 228 *Das Leseversteck* (Lippels Traum) Paul Maar
- 238 *Der überaus starke Willibald* Willi Fährmann

- 184 *Wie lange dreht sich die Erde noch?* Sheldon Glashow
- 187 *Warum bin ich Ich?* Manfred Frank
- 190 *Wer hat süßes Blut?* Jörg Blech
- 192 *Glasherstellung*
- 193 *Fast ohne Worte*
- 194 *Jonglieren* Gunnar Steudel
- 195 *Warum Schlafen wichtig ist*
- 200 *Chatten*
- 202 *Kinderseiten im Internet*
- 204 *Die mediale Herausforderung*
- 205 *Gefahren von Referate-, Hausaufgaben- und Textbörsen im Internet*
- 206 *Computer*
- 232 *Checkliste „Lesenacht"*

Sagen
- 104 *Der heilige Franziskus und die Wölfe* Volksgut
- 138 *Bertold und die Seejungfrau* Mi Jepsen-Föge
- 139 *Der Teufel in der Frauenkirche* Unbekannter Verfasser
- 140 *Der Rattenfänger von Hameln* Volksgut

Schülertexte
- 38 *Seit sechs Wochen in der Hauptschule*
- 65 *Das traurige Erlebnis in der Schule*
- 103 *Der gerettete Vogel*
- 174 *Meine Zukunft*
- 174 *Wie ich die Zukunft sehe*

Schwänke
- 32 *Wie ein armer Mann seine Zeche zahlte* Unbekannter Verfasser
- 35 *Die beiden Fuhrleute* Johann Peter Hebel
- 167 *Der Hodscha Nasreddin* Volksgut
- 168 *Die Schildbürger bauen sich ein Rathaus* Volksgut
- 170 *Seltsamer Spazierritt* Johann Peter Hebel

Sprachspiele
- 23 *O unberachenbere Schreibmischane* Josef Guggenmos
- 23 *Speibekarte* Unbekannter Verfasser
- 25 *Traumpyramide* Originalbeitrag

Zeitungs-/Zeitschriftentexte
- 179 *Lichtverschmutzung*
- 202 *Kinderseiten im Internet*
- 230 *Abenteuer in der Schule*

Zitat
- 37 *„Die guten Leutchen ..."* J.W. von Goethe

Quellenverzeichnis

Texte

Arold, Marliese
208 *Oskars ganz persönliche Geheimdatei*
aus: Marliese Arold, Oskars ganz persönliche Geheimdatei, Fischer Taschenbuch-Verlag, Frankfurt a.M. 1999, S. 9–13

Äsop
162 *Der Löwe und die Maus*
163 *Die Schildkröte und der Hase*
aus: Antike Fabeln, Übersetzung: Johannes Irmscher, Aufbau Verlag, Berlin/Weimar 1978

Borchert, Wolfgang
152 *Winter*
aus: Wolfgang Borchert, Laterne, Nacht und Sterne, Rowohlt Verlag, Reinbek bei Hamburg 1946

Boueke, Andreas
91 *Oskar, 10 Jahre, Kaffeepflücker*
aus: Uwe Pollmann, Zum Beispiel Kinderarbeit, Lamuv Verlag, Göttingen 1995

Brecht, Bertolt
153 *Die Vögel warten im Winter vor dem Fenster*
aus: Bertolt Brecht, Gesammelte Werke in 20 Bänden. Band 7, hrsg. von Elisabeth Hauptmann, Suhrkamp Verlag, Frankfurt/Main 1967

Brekke, Toril
85 *Der Fremde*
aus: Toril Brekke, Vogeljunge und Goldberg, Übersetzung: Gabriele Haefs, © 1996 by Verlag Sauerländer, Aarau, Frankfurt/Main und Salzburg

Bröger, Achim
44 *Sag ich's? Oder sag ich's nicht?*
aus: Achim Bröger, Geschwister – nein danke!?, Arena Verlag, Würzburg 1987

Busch, Wilhelm
146 *Zu Neujahr*
aus: Wilhelm Busch. Historisch-kritische Gesamtausgabe, hrsg. von Friedrich Bohne, Vollmer Verlag, Wiesbaden und Berlin 1959

Carossa, Hans
155 *Was einer ist, was einer war*
aus: Lyrik des Abendlandes, hrsg. von Georg Britting und Hans Hennecke, Carl Hanser Verlag, München 1978

Fährmann, Willi
238 *Der überaus starke Willibald*
aus: Willi Fährmann, Der überaus starke Willibald, © 1983 by Arena Verlag, Würzburg

Frank, Karlhans
50 *Du und ich*
aus: Karlhans Frank, Vom Dach die Schornsteinfeger grüßen, Franz Schneider Verlag, München o.J.
213 *Zapping am Nachmittag*
aus: Reiner Engelmann, Alles so schön bunt hier, © 1996 by Arena Verlag, Würzburg

Goethe, Johann Wolfgang von
13, 17 *Gefunden*
37 *Goethe zu Eckermann*
aus: Goethes Werke. Hamburger Ausgabe in 14 Bänden, hrsg. von Erich Trunz, Christian Wegner Verlag, Hamburg 1948

Grill, Harald
216 *Die Miker, die neue Lederjacke, …*
222 *Geschichten hören nicht einfach auf*
aus: Harald Grill, Da kräht kein Hahn nach dir, Rowohlt Taschenbuch Verlag, Reinbek bei Hamburg 1990

Grimm, Jacob und Wilhelm
128 *Rumpelstilzchen*
aus: Brüder Grimm, Kinder- und Hausmärchen, hrsg. von Heinz Rölleke, Verlag Philipp Reclam jun., Stuttgart 1980

Guggenmos, Josef
12, 17 *Durch den Schlamm*
14, 17 *Sonntagsbild*
aus: Josef Guggenmos, Ich will dir was verraten, Beltz Verlag, Weinheim und Basel 1992
23 *O unberachenbere Schreibmischane*
aus: Hans A. Halbey, Schmirgelstein, so herzbetrunken, Carl Hanser Verlag, München 1988

Hanisch, Hanna
100 *Ich will, dass er durchkommt*
aus: Tiergeschichten, hrsg. von Jutta Pastor, © 1994 by Arena Verlag, Würzburg

Härtling, Peter
51 *Der gelbe Junge*
aus: Peter Härtling, Zum laut und leise lesen. Gedichte und Geschichten für Kinder, Hermann Luchterhand Verlag, Neuwied 1975

Harranth, Wolf
235 *Nimm ein Buch*
aus: Überall und neben dir, hrsg. von Hans-Joachim Gelberg, Beltz Verlag, Weinheim und Basel 1986

Hebbel, Friedrich
151 *Herbstbild*
aus: Friedrich Hebbel, Werke, Band 3, hrsg. von Gerhard Fricke, Wissenschaftliche Buchgesellschaft, Darmstadt 1965

Hebel, Johann Peter
35 *Die beiden Fuhrleute*
aus: Johann Peter Hebel, Schatzkästlein des rheinischen Hausfreundes, Winkler Verlag, München 1972
170 *Seltsamer Spazierritt*
aus: Johann Peter Hebel, Werke, Band 2, hrsg. von Wilhelm Altwegg, Atlantis Verlag, Zürich 1958

Huchel, Peter
150 *Der glückliche Garten*
aus: Peter Huchel, Gesammelte Werke in zwei Bänden. Band 1: Die Gedichte, hrsg. von Axel Vieregg, Suhrkamp Verlag, Frankfurt/Main 1984

Jandl, Ernst
97 *auf dem land*
aus: Ernst Jandl, laut und luise, Luchterhand Verlag, Neuwied 1985

Jepsen-Föge, Mi
138 *Bertold und die Seejungfrau*
aus: Mi Jepsen-Föge, Märchenhafte Deutschlandreise, Econ Verlag, Düsseldorf 1975

Kästner, Erich
29 *Als ich ein kleiner Junge war*
aus: Erich Kästner, Als ich ein kleiner Junge war, Cecilie Dressler Verlag, Hamburg, © 1957 by Atrium Verlag, Zürich
135 *Das Märchen vom Glück*
aus: Erich Kästner, Gesammelte Schriften in 7 Bänden. Band 5: Vermischte Beiträge, Atrium Verlag, Zürich o.J.
147 *Der Januar*
aus: Erich Kästner, Die 13 Monate, Atrium Verlag, Zürich o.J.

Kaléko, Mascha
148 *Lenz*
aus: Verse für Zeitgenossen, hrsg. von G. Zoch-Westphal, Eremiten-Presse, Düsseldorf 1978

Kleberger, Ilse
81 *Ein Leben zwischen Gräbern*
aus: Ilse Kleberger, Erzähl mir von Melong, Patmos Verlag, Düsseldorf 1992

Koch, Julia
174 *Meine Zukunft* / Schülerbeitrag

Könner, Alfred
12, 16 *Spiegel*
aus: Überall und neben dir, hrsg. von Hans-Joachim Gelberg, Beltz Verlag, Weinheim und Basel 1986

Krüss, James
26 *Wenn die Möpse Schnäpse trinken*
aus: James Krüss, James' Tierleben, Annette Betz Verlag, München 1965

Künzler-Behncke, Rosemarie
131 *Rumpelstilzchen*
aus: Neues vom Rumpelstilzchen, hrsg. von Hans-Joachim Gelberg, Beltz Verlag, Weinheim und Basel 1976

Kuijer, Guus
42 *Maslief schreibt einen Brief*
aus: Schulgeschichten, hrsg. von Anne Braun, © 1995 by Arena Verlag, Würzburg

Kunert, Günter
11, 16   *Leute*
aus: Überall und neben dir, hrsg. von Hans-Joachim Gelberg, Beltz Verlag, Weinheim und Basel 1986

Kusz, Fitzgerald
42   *Schulzeit*
aus: Fitzgerald Kusz, mä machd hald siiu weidä. Der gesammelten Gedichte 2. Teil, Verlag Klaus G. Renner, München 1982
149   *summä*
aus: Fitzgerald Kusz, Seid meiner nachm mond gäihd. Der gesammelten Gedichte 3. Teil, Verlag Klaus G. Renner, München 1984

Maar, Paul
228   *Das Leseversteck*
aus: Paul Maar, Lippels Traum, Oetinger Verlag, Hamburg 1984, S. 12–18

Mai, Manfred
44   *Kein Trost*
57   *Anna aus Russland*
aus: Schulgeschichten, hrsg. von Anne Braun, © 1995 by Arena Verlag, Würzburg

Mankell, Henning
105   *Der Hund, der unterwegs zu einem Stern war*
aus: Henning Mankell, Der Hund, der unterwegs zu einem Stern war, (Übers.:) Angelika Kutsch, Deutscher Taschenbuch Verlag, München 2001, S. 5–8

Masannek, Joachim
121   *Kannibalistisch-touristische Voodoomacht*
aus: Joachim Masannek, Die wilden Fußballkerle, Band 9, Baumhaus Buchverlag, Leipzig & Frankfurt a.M. 2003, S. 107–112

Mörike, Eduard
155   *Gebet*
aus: Mörikes Werke. Kritisch durchgesehene und erläuterte Ausgabe in drei Bänden. Band 1: Gedichte, hrsg. von Harry Mayne, Bibliographisches Institut, Leipzig o.J.

Morgenstern, Christian
152   *Wenn es Winter wird*
aus: Christian Morgenstern, Gesammelte Werke in einem Band, hrsg. von Margarete Morgenstern, R. Piper Verlag, München 1965

Moser, Erwin
10, 16   *Gewitter*
aus: Überall und neben dir, hrsg. von Hans-Joachim Gelberg, Beltz Verlag, Weinheim und Basel 1986

Oe, Kenzaburô
39   *Warum müssen wir in die Schule gehen?* Aus dem Japanischen von Nora Bierich.
aus: Bettina Stiekel (Hrsg.), Kinder fragen, Nobelpreisträger antworten, Heyne Verlag, München 2001, S. 62–64 (gekürzt)

Olbrich, Hiltraud
69   *Eins zu null für Bert*
aus: Mut tut gut. Geschichten, Lieder und Gedichte vom Muthaben und Mutmachen, hrsg. von Rosemarie Portmann, Arena Verlag, Würzburg 1994, © by Hiltraud Olbrich

Ringelnatz, Joachim
155   *Schenken*
aus: Joachim Ringelnatz, Und auf einmal steht es neben dir. Gesammelte Gedichte, Diogenes Verlag, Zürich 1994

Ross, Tony
164   *Der Hase und die Schildkröte*
aus: Tony Ross, Fuchs Fabelhaft, Altberliner Verlag, Berlin 1992

Schindler, Nina
210   *Computeritis*
aus: Alles so schön bunt hier, hrsg. von Reiner Engelmann, ©1996 by Arena Verlag, Würzburg

Schrupp, David
174   *Wie ich die Zukunft sehe*
Schülerbeitrag

Seck-Agthe, Monika
9,16   *Das freche Schwein*
aus: Überall und neben dir, hrsg. von Hans-Joachim Gelberg, Beltz Verlag, Weinheim und Basel 1986

Siege, Nasrin
77 *Sombo verlässt ihr Dorf*
aus: Nasrin Siege, Wie der Fluss in meinem Dorf, Beltz Verlag, Weinheim und Basel 1996

Stevenson, Robert Louis
231 *Inhaltsangabe zu „Die Schatzinsel"*
aus: Robert Louis Stevenson, Die Schatzinsel, aus dem Englischen neu übertragen und mit einem Nachwort versehen von Dr. Hans Küfner,
© 1968 by Arena Verlag, Würzburg

Storm, Theodor
15, 17 *Inserat*
aus: Theodor Storm, Sämtliche Werke. Band 1, hrsg. von Peter Goldammer, Aufbau Verlag, Berlin und Weimar 1972

Thoma, Ludwig
154 *Verkündigung*
aus: Ludwig Thoma, Gesammelte Werke. Neue erweiterte Ausgabe in acht Bänden, R. Piper Verlag, München 1956

Thurber, James
163 *Die Schildkröte und der Hase*
aus: James Thurber, 75 Fabeln für Zeitgenossen, Übersetzung: Ulla Hengst, Hans Reisinger und H. M. Ledig-Rowohlt, Rowohlt Verlag, Reinbek bei Hamburg 1967

Timm, Uwe
98 *Rennschwein Rudi Rüssel*
aus: Uwe Timm, Rennschwein Rudi Rüssel, Deutscher Taschenbuch Verlag, München 1995

Twain, Mark
63 *Tom und der Neue*
aus: Mark Twain, Tom Sawyers Abenteuer, Übersetzung: Lore Krüger, Arena Verlag, Würzburg, © 1965 by Carl Hanser Verlag, München

Ullmann, Günter
151 *Herbstwind*
aus: Überall und neben dir. Gedichte für Kinder, hrsg. von Hans-Joachim Gelberg, Beltz Verlag, Weinheim und Basel 1986

Wächter, Hermann
148 *Früahling*
aus: Hermann Wächter, 's schwäbische Herz, Eigenverlag Hermann Wächter, Augsburg o.J.

Weber, Annette
54 *Die Sache mit Britta*
aus: Annette Weber, Man müsste miteinander reden, Franz Schneider Verlag, München 1987

Welsh, Renate
68 *Die Wand*
68 *Die Brücke*
aus: Hans Domenego (Hrsg.), Das Sprachbastelbuch, Verlag Jugend und Volk, München 1975

Wendt, Irmela
41 *Uli und ich*
aus: Geh und spiel mit dem Riesen. 1. Jahrbuch der Kinderliteratur, hrsg. von Hans-Joachim Gelberg, Beltz Verlag, Weinheim und Basel 1971

Zeuch, Christa
66 *Isabel spricht nicht mehr mit mir*
aus: Mut tut gut. Geschichten, Lieder und Gedichte vom Muthaben und Mutmachen, hrsg. von Rosemarie Portmann, Arena Verlag, Würzburg 1994, © by Christa Zeuch

Sachtexte

76 *Chance am Backofen*
76 *Wo aus Kindern Soldaten werden*
aus: GEOlino 2/2005, S. 11/61

95 Barbara Mühlich
Tipps für den Tierfreund
aus: Tierfreund, Heft 3/95, Johann Michael Sailer Verlag, Nürnberg 1995

107 *Delfine reden auch durch Berührungen*
Aline Alexander Newman. In: National Geographic World 12/2003 S. 8–13

109 *Aus der Welt der Delfine*
www.isb.bayern.de/isb/download.asp?DownloadFileID=5459810c87f153db00ec2ff28d12a1bb
(Jahrgangsstufentest Deutsch 2004 HS Jgst. 6) Text nach: Torge Lamp. In: www.kinder-tierlexikon.de

118 „Kick it like Beckham"
120 *Frauenfußball*
aus: Karin Theresa Schaeffer: Filmheft zu „Kick it like Beckham" Bundeszentrale für politische Bildung, Bonn 2004, S. 3–4/15–16

123 *Fußball-Volley*
aus: Die große Fußballschule, gondolino / Gondrom Verlag, Bindlach 2004, S. 42–43

175 Rolf-Andreas Zell
Ein Problem stinkt zum Himmel
aus: Thema Müll. Sparkassen-Wettbewerb 1993, Deutscher Sparkassenverlag, Stuttgart 1993

179 *Lichtverschmutzung*
aus: ich TU WAS! im November 1996, der Zeitschrift für große und kleine Naturforscher. Domino Verlag, München

181 Roland Bischoff
Sondermüll aus Hightech
aus: Thema Müll. Sparkassen-Wettbewerb 1993, Deutscher Sparkassenverlag, Stuttgart 1993

184 Sheldon Glashow
Wie lange dreht sich die Erde noch?
aus: Bettina Stiekel (Hrsg.), Kinder fragen, Nobelpreisträger antworten, Heyne Verlag, München 2001, S. 179–184

187 Manfred Frank
Warum bin ich Ich?
aus: Ulrich Janßen, Ulla Steuernagel, Die Kinder-Uni, Zweites Semester, DVA, München 2004, S. 168–187

190 Jörg Blech
Wer hat süßes Blut?
aus: Jörg Blech, Mensch & Co, Rowohlt Verlag, Reinbek 2001, S. 68–71

192 *Glasherstellung*
aus: Das visuelle Lexikon der Technik, Gerstenberg Verlag, Hildesheim 1996, S. 119

193 *Das kalte Grauen*
aus: Geolino 12/2003, S. 59

193 *Inlineskaten*
aus: G. Ladig/F. Rüger: Richtig Inlineskaten, BLV Verlag, München 2004, S. 59

193 *Wetter in Pallanza*
nach: Marco Polo Reiseführer Oberitalienische Seen, Mairs Geographischer Verlag, Ostfildern 2000, S. 95

193 *Bundesbahn-Fahrplan*
www.reiseauskunft.bahn.de

194 Gunnar Steudel
Jonglieren – Das Geheimnis der fliegenden Bälle
aus: Geolino 06/2004, S. 36

195 *Warum Schlafen wichtig ist*
aus: www.kmk.org/schul/Bildungsstandards/Grundschule_Deutsch_BS_307KMK.pdf S. 22–25 (Bildungs-Standards Kl.4 nach dem Beschluss der Kultusministerkonferenz vom 15.10.2004)

200 *So kannst du im tivi Treff chatten*
www.tivi.de

201 *So kannst du bei br-online chatten*
www.br-online.de

202 *Kinderseiten im Internet*
aus: fairkehr 1/2005, S. 35; www.km.bayern.de

204 *Die mediale Herausforderung*
www.polizei.propk.de/mediathek/
medien/pdf/medienkompetenz.pdf

205 *Gefahren von Referate-, Hausaufgaben- und Textbörsen im Internet*
aus: Schreiben des Bayerischen Staatsministeriums für Unterricht
und Kultus 31.1.05
www.illertal-gymnasium.de/
homepage2001/ igv_frameset_
start.htm

206 *Computer*
207 *Informationstechnik*
207 *Computerbegriffe*
aus: Der Kinder Brockhaus in vier Bänden, Band 1, Brockhaus Verlag Mannheim 2001, S. 88–89

Unbekannte Verfasser

Schülerbeiträge
38 *Seit sechs Wochen in der Hauptschule*
65 *Das traurige Erlebnis in der Schule*
103 *Der gerettete Vogel*
149 *Löwenzahnsamen*
174 *Meine Zukunft*
174 *Wie ich die Zukunft sehe*
224 *Interview mit Harald Grill*

23 *Speibekarte*
aus: Erich Ballinger und Gerda Anger-Schmidt, Noch schlimmer geht's immer, Carl Ueberreuter Verlag, Wien 1994

32 *Wie ein armer Mann seine Zeche zahlte*
aus: Das große Vorlese- und Erzähl-buch, hrsg. von P. Gogon, Moderne VerlagsGmbH, Landsberg o.J.

104 *Der heilige Franziskus und die Wölfe;*
Volksgut
aus: Herbert Ossowski, Legenden der Heiligen, Georg Bitter Verlag, Recklinghausen 1989

132 *Federfrau und Morgenstern;*
Indianermärchen
aus: Margaret Mayo, Federfrau und Morgenstern, Verlag Herder, Freiburg 1996

139 *Der Teufel in der Frauenkirche*
aus: Bayerische Sagen. Sagen aus Alt-bayern, Schwaben und Franken, hrsg. von Günther Kapfhammer,
Eugen Diederichs Verlag, Düsseldorf und Köln 1971

140 *Der Rattenfänger von Hameln;*
Volksgut
www.kmk.org/schul/
Bildungsstandards/Grundschule_
Deutsch_BS_307KMK.pdf S. 28–31
(Bildungs-Standards Kl.4 nach dem Beschluss der Kultusministerkonferenz vom 15.10.2004)

166 *Der Affe als Schiedsrichter;*
Volksgut aus Korea
aus: Einhundert Fabeln, Hamburger Lesehefte Verlag Iselt & Co., Husum o.J.

167 *Der Hodscha Nasreddin;*
Volksgut aus der Türkei
aus: Spaßgeschichten von Schelmen und närrischen Leuten, hrsg. von
Max Stebich, Verlagsbuchhandlung
J. Breitschopf, Wien, München, Zürich 1982

168 *Die Schildbürger bauen sich ein Rathaus;*
Volksgut
aus: Die Schildbürger, ausgewählt und bearbeitet von O. Hohenstatt, Union Verlag, München 1962

230 *Abenteuer in der Schule*
aus: Bad Endorfer Tageszeitung

Alle übrigen Texte: Originalbeiträge

Abbildungen

29 Cover zu Erich Kästner: Als ich ein kleiner Junge war. © Cecilie Dressler, Hamburg 1957
38 Tanja Ripke, Hamburg

50 Westermann Schulbuchverlag GmbH, Eckard Schönke
57 © laif, Agentur für Photos und Reportagen, Köln; Foto: Axel Krause

62	aus: Aliki, Gefühle sind wie Farben, © 1987 by Beltz Verlag, Weinheim und Basel, Programm Beltz u. Gelberg
66/69	aus: Mut tut gut. Geschichten, Lieder und Gedichte vom Muthaben und Mutmachen, hrsg. von Rosemarie Portmann, Illustrationen: Dagmar Geisler, Ebersberg, © by Arena Verlag GmbH, Würzburg 1994
72	aus: e.o. plauen, Vater und Sohn. Gesamtausgabe, © by Südverlag GmbH, Konstanz 1982 (ren.), mit Genehmigung der Gesellschaft für Verlagswerte GmbH, Kreuzlingen/Schweiz
76.1	Harald Oppitz/KNA, Bonn
76.2	dpa/picture-alliance
79	Deutsche Welthungerhilfe, Bonn
81	© laif, Agentur für Photos und Reportagen, Köln; Foto: Gernot Huber, Köln
82	Rainer Binder, München
85	aus: Toril Brekke, Vogeljunge und Goldberg, Foto: Terje Sundby, © 1996 by Verlag Sauerländer, Aarau, Frankfurt/Main und Salzburg
88	Photo- und Presseagentur FOCUS, Hamburg; Foto: B. und C. Alexander
91	© laif, Agentur für Photos und Reportagen, Köln; Foto: Axel Krause, Köln
94	Carl Valiquet/ZEFA, Hamburg
95	© by IFA-Bilderteam, Düsseldorf
100	Bildarchiv Otto Hahn, Bopfingen
103	Mauritius, Mittenwald
105	Cover zu Mankell, Henning: Der Hund, der unterwegs zu einem Stern war. Umschlagbild: Peter Knorr. Umschlagkonzept: Balk & Brumshagen. Frankfurt/M.: dtv 3. Auflage 2002.
106	Susanne Spannaus, Erfurt
107	Cover zu „National Geographic World", Heft Dezember 2003. Hamburg: G+J/RBA GmbH & Co. KG.
108	Westermann Kartographie/Technisch-Graphische Abteilung, Braunschweig
114.1	Rauschenbach/Mauritius, Mittenwald
114.2	age fotostock/Mauritius, Mittenwald
118.1–4	Cinetext, Frankfurt/M.
122	© 2001 dreamotion media GmbH, München
123/124	Aus: Die große Fußballschule. S. 42/43. © 1998 by Usborne Publishing Ltd., London
130	akg-images, Berlin
132	aus: Margaret Mayo, Federfrau und Morgenstern, Illustrationen: Jane Ray, Verlag Herder, Freiburg 1996. © Jane Ray/Orchard Books, London.
139	© by Kunstverlag Keller und Burkardt, München
140	Susanne Spannaus, Erfurt
148	Botzek/ZEFA, Hamburg
149	Albrecht Dürer, Das große Rasenstück, © Graphische Sammlung Albertina, Wien
150	Emil Nolde, Trollhois Garten Stiftung Seebüll Ada und Emil Nolde, Neukirchen
151	Gerhard Richter, Wolkenbild No. 265 © Museum Folkwang, Essen
152/153	Bildagentur Mauritius, Berlin; Foto: Thonig
164/165	aus: Tony Ross, Fuchs Fabelhaft, Altberliner Verlag, Berlin 1992
167	aus: Ron Fischer, Also sprach Mulla Nasrudin. Geschichten aus der wirklichen Welt, Zeichnungen: Bärbel Jehle, © 1993 Droemersche Verlagsanstalt Th. Knaur Nachf. GmbH & Co. KG, München
175	Photo- und Presseagentur FOCUS, Hamburg; Foto: Walter Mayr
179	Astrofoto, Sörth
181	© Bildagentur Zefa, Düsseldorf; Foto: Bramaz
184	K. Willenbrock, Hamburg
187	J. Meul-Van Cauteren/Blickwinkel, Witten
190	Bruchner/Silvestris, Kastl
191	Pressefoto Bayer AG
192.1+4	Science Museum, London
192.2+3	Aus: Das visuelle Lexikon der Technik. S. 119. © 1995 Dorling Kindersley Ltd., London. Deutsche Ausgabe © 1996 Gerstenberg Verlag, Hildesheim
193.1–3	Westermann Kartographie/Technisch-Graphische Abteilung, Braunschweig
193.4	www.reiseauskunft.bahn.de. © Deutsche Bahn AG
194.1–5	Westermann Kartographie/Technisch-Graphische Abteilung, Braunschweig
200	www.tivi.de/tivi/tivitreff. © ZDF 2005
203	Cover von Tilmann Michalski. © Arena Verlag, Würzburg.
206	Aus: Der Kinder Brockhaus in vier Bänden, Bd. 1. Mannheim: Brockhaus Verlag 2001. S. 88/89.
214	Harald Grill, Da kräht kein Hahn nach dir, Bernd zieht in die Stadt, Erzählung, Umschlagillustration: Hanno Rink & Team 86, rotfuchs-comic Jan P. Schniebel © 1990 by Rowohlt Taschenbuch Verlag GmbH, Reinbek
224	© Rowohlt Taschenbuch Verlag GmbH, Reinbek; Foto: Stefan Hanke
227	Robert Louis Stevenson, Die Schatzinsel, Titelillustration: Otmar Michel, © by Arena Verlag GmbH, Würzburg 1968
229	dpa/picture-alliance
231	Klaus Günter Kohn, Braunschweig
234	Klaus Günter Kohn, Braunschweig
238/239	aus: Willi Fährmann, Der überaus starke Willibald, Illustrationen: Werner Blaebst, © by Arena Verlag GmbH, Würzburg 1983